ARQUITETURA EM DIÁLOGO

ALEJANDRO ZAERA-POLO

COSACNAIFY

ARQUITETURA EM DIÁLOGO
ALEJANDRO ZAERA-POLO

ARQUITETURA EM DIÁLOGO

ALEJANDRO ZAERA-POLO

ARQUITETURA EM DIÁLOGO

ALEJANDRO ZAERA-POLO

MARTIN CORULLON

APRESENTAÇÃO ORGANIZAÇÃO

ARQUITETURA EM DIÁLOGO

ALEJANDRO ZAERA-POLO

TRADUÇÃO
CID KNIPEL

TRADUÇÃO
CRISTINA FINO

ARQUITETURA EM DIÁLOGO

ALEJANDRO ZAERA-POLO

ARQUITETURA EM DIÁLOGO
ALEJANDRO ZAERA-POLO
ARQUITETURA EM DIÁLOGO
ALEJANDRO ZAERA-POLO
ARQUITETURA EM DIÁLOGO
ALEJANDRO ZAERA-POLO
ARQUITETURA EM DIÁLOGO
ALEJANDRO ZAERA-POLO
ARQUITETURA EM DIÁLOGO

APRESENTAÇÃO
MARTIN CORULLON

O contraste entre o discurso afirmativo e autoconsciente de Rem Koolhaas e o laconismo exasperante de Sejima e Nishizawa, na primeira e na última entrevistas deste livro, poderia ser a síntese do pensamento arquitetônico dominante nos últimos trinta anos. A diversidade de influências teóricas, métodos projetuais, interesses e intenções de cada um dos arquitetos entrevistados revela a complexidade e a multiplicidade de uma geração formada nos anos 1970, após o desmonte crítico do cânone moderno, e que iniciou sua produção simultaneamente aos processos de globalização.

Estas entrevistas integraram edições monográficas da *El Croquis* dedicadas à obra então recente de dez escritórios de arquitetura. Ativa desde 1982, a revista espanhola teve um papel importante na difusão e na legitimação de certa produção arquitetônica ao publicar a documentação completa e detalhada dos projetos, com desenhos, imagens, ensaios críticos e entrevistas. As conversas selecionadas aqui foram realizadas entre 1992 e 2000 pelo arquiteto e crítico Alejandro Zaera-Polo. Tendo estabelecido uma intensa e reconhecida prática projetual – primeiro no OMA de Rem Koolhaas e depois em seus escritórios Foreign Office Architecture (FOA) e AZPML –, Zaera-Polo é um personagem ativo do próprio campo arquitetônico com o qual dialoga nos textos, e é também, a exemplo de grande parte dos entrevistados, um arquiteto praticante com uma produção teórica e acadêmica contínua.

Por isso, vemos neste conjunto de entrevistas um engajamento entre entrevistador e entrevistado incomum e muito rico, que parte de interpretações e provocações produtivas. Embora sejam muito heterogêneas, é possível reconhecer alguns traços comuns nas narrativas dos arquitetos e também nas interpretações de Zaera-Polo. Em todos os casos, há uma busca explícita por dar à arquitetura o status de prática cultural relevante, para além de seu sentido utilitário – algo muito frequente no debate arquitetônico da época. Não por acaso, recorrem a conceitos de outras disciplinas em suas definições ou análises: Koolhaas emprega uma terminologia psicanalítica quando define a posição essencialmente esquizofrênica do arquiteto – entre poder e impotência – e uma retórica política para definir sua atuação. Peter Eisenman se refere aos filósofos Gilles Deleuze, Félix Guattari e Jacques Derrida, formulando sua arquitetura em termos linguísticos e semióticos. Tanto Steven Holl como Jacques Herzog se consideram arquitetos interessados em aspectos fenomenológicos do espaço construído. Álvaro Siza discute em termos quase antropológicos as relações entre aspectos locais e o contexto global, e Jean Nouvel considera a arquitetura como veículo de crítica cultural. Algumas entrevistas discutem temas ainda hoje muito em pauta, como as questões decorrentes das relações entre edifício e cidade – Rafael Moneo e também Enric Miralles –, ou a relação entre arte e arquitetura, caso de Herzog & de Meuron – com uma leitura beuysiana da arquitetura como escultura social.

Organizadas em ordem cronológica, as entrevistas retratam um momento de consciência crítica bastante madura sobre a própria produção, embora as principais obras destes arquitetos tenham sido realizadas posteriormente. Alguns dos nomes aqui reunidos viriam a formar, na década seguinte, o grupo dos chamados *starchitects*, tornados quase celebridades pela produção de edifícios extraordinários espalhados pelo mundo, com um alcance midiático inédito para a disciplina. Desse modo, afirma-se um retrato histórico da gênese de um período muito profícuo para a produção arquitetônica, alinhada em muitos casos às formas de produção do capitalismo pós-industrial e impulsionada pela consolidação da União Europeia, que criou grandes oportunidades e permitiu o enorme êxito de um grupo bastante heterogêneo de arquitetos nos anos posteriores à realização das entrevistas.

Esse *boom* da produção arquitetônica iniciado na década de 1990 teve um fim abrupto com a crise financeira mundial de 2008. Nos anos 2000, o surgimento da agenda da sustentabilidade e dos processos de projeto participativos e colaborativos, a condenação da opinião pública a investimentos milionários em edifícios autorreferentes, com efeitos mais rentáveis para o âmbito privado que para o bem público, e a emergência da cidade como o grande tema contemporâneo – questões não abordadas nas entrevistas – colocaram a produção dessa arquitetura e seus agentes sob suspeita.

Apesar de os entrevistados terem sido protagonistas desse momento, podemos ver nos textos um interesse para além da síntese de uma geração específica. Escritórios muito atuantes – como o OMA de Koolhaas e o SANAA de Sejima e Nishizawa – continuam bastante produtivos e propositivos. As tentativas de redefinição permanente dos fundamentos da disciplina da arquitetura e das formas de atuação do arquiteto na sociedade contemporânea, presentes na conversa com Rem Koolhaas, mantêm sua eficácia crítica e ainda dão consistência a sua produção atual.

Também a postura de Sejima e Nishizawa, sua insistência em se ater apenas a aspectos arquitetônicos nas definições dos conceitos implicados em suas obras, como flexibilidade e transparência, ou ainda sua ênfase na relação entre os espaços e não na forma final como meio de promover valores de uso, indicam uma tendência mais recente, de pensar a disciplina em termos estritamente materiais e arquitetônicos. Rafael Moneo também aponta na mesma direção ao reivindicar para a arquitetura, vista como prática material autossuficiente e operativa, a capacidade de equacionar demandas complexas. Steven Holl defende a importância da definição de um conceito forte para amparar o projeto, mas sempre ligado à futura existência material e arquitetônica da construção, à sua realidade física, e não a possíveis interpretações discursivas[1], como em Peter Eisenman. Também Herzog & de Meuron levaram adiante as pesquisas que aproximam o fazer arquitetônico aos procedimentos artísticos, com projetos conceitualmente consistentes, mas muito atentos à experiência física e material do resultado e às suas relações com o lugar e com o usuário dos edifícios.

Portanto, é possível pensar que, se os discursos em torno de certa produção arquitetônica se tornaram datados, muitos aspectos dessas práticas ecoam as novas formas de relevância do desenho e da constituição dos espaços contemporâneos. Mesmo que parte dos integrantes deste grupo tenha continuado a realizar uma arquitetura entendida como objeto ou como representação e discurso – como Gehry ou Eisenman –, muitas das obras recentes desses arquitetos colaboraram para a definição de novos modos de operação da disciplina, que entende o espaço construído não como unidade isolada e veículo expressivo de uma subjetividade, mas como um campo de relações entre um contexto ampliado de atores.

Embora exista hoje uma demanda por novos arranjos produtivos, mais complexos e com a participação de novos agentes, e muitos dos problemas a serem resolvidos sejam diferentes aos dos anos 1990, as práticas e pensamentos aqui reunidos constituem um conjunto de experiências relevante, que contribui para a formação de uma prática projetual e de uma crítica arquitetônica que façam diferença em nossos dias.

—REM KOOLHAAS—

El Croquis: Rem Koolhaas/OMA, 1987–1992, n. 53, 1992.

ENCONTRANDO LIBERDADES

A presente entrevista é resultado de uma série de conversas mantidas com Rem Koolhaas em diferentes cidades. Os fragmentos resultantes foram selecionados e classificados em outra série de fragmentos, sendo cada um dedicado a uma liberdade adquirida.

Liberdade de vínculos

ALEJANDRO ZAERA-POLO Nos últimos cinco anos, seu trabalho parece vir explorando novas direções. Você reconhece esse fato? Se sim, como explica a mudança? De que modo você a relacionaria com o contexto de seu trabalho anterior?

REM KOOLHAAS Na verdade, o que quase ninguém entende a respeito da arquitetura é que ela é uma mistura paradoxal de poder e impotência. Portanto, acho muito importante diferenciar as motivações que nos são impostas e as nossas próprias. Essa mudança a que você se refere foi um raro exemplo em que ambas coincidiram e se reforçaram mutuamente.

A principal influência externa foi toda a mitologia em torno da "Europa de 92", que parecia – por um momento – criar um otimismo artificial que foi traduzido numa série de empreendimentos extremamente ambiciosos, bem como numa redescoberta do potencial propagandístico da arquitetura. Isso teve um efeito galvanizador sobre os arquitetos, que pela primeira vez na história recente – nos últimos 25 anos, digamos – não precisavam mais impor sua presença desastradamente, mas eram solicitados por sua capacidade de articular determinados desenvolvimentos, de articular certas visões. Isso não acontecia em nossa área praticamente desde a primeira reconstrução do pós-guerra. Você pode explicar muito da arquitetura nos anos 1960, 70 e 80 a partir da dificuldade dos arquitetos em desempenhar certo papel, sem ninguém mais acreditar em seu trabalho. Essa situação toda começou a mudar em meados dos anos 1980, como consequência de uma inusualmente ambiciosa escala de projetos sendo considerados.

Esse tipo de intervenção nunca tinha sido ensaiado na Europa, nem em termos de escala, nem de complexidade de ambições. O que era específico no caso europeu, em comparação com operações similares realizadas nos Estados Unidos e no Japão, era que os projetos não eram privados, mas públicos. Eram projetos que – acredite-se ou não na existência de uma esfera pública – suscitavam o debate em torno do que é a vida pública hoje.

Esse novo clima foi decisivo, certamente. O mecanismo interno mais importante foi uma reação autocrítica ante nossas próprias intervenções nos anos 1980. Percebi que algumas das obras que tínhamos feito eram sensíveis demais aos antecedentes da arquitetura moderna. Em meio à ascensão do pós-modernismo no início dos 1980, essa talvez fosse uma atitude corajosa, mas ela se tornou bastante tediosa quando o modernismo triunfou na Europa. Era também uma atitude não criativa, uma vez que não explorava certas influências que podiam gerar "novidade". Assim, a mudança interna se baseou numa crítica de nosso próprio trabalho, reforçada pela crítica do trabalho de quase todos os outros arquitetos.

Na última etapa da minha transformação de escritor para arquiteto praticante – iniciada nos primeiros anos da década de 1980 –, simplesmente tive que aprender grande parte do ofício. Era ridículo já ser "conhecido" no meio desse processo, com tudo acontecendo à vista do público. Foi só por volta de 1987 que nos tornamos mais confiantes de nossas capacidades, e descobrimos certa coragem em nossa construção psicológica.

E uma enorme impaciência.

Paradoxalmente, essa coincidência entre confiança externa e interna permitiu que nos remetêssemos – não formalmente, mas ideológica e conceitualmente – a nosso trabalho inicial, sobretudo à pesquisa e aos campos de interesse explorados em *Nova York delirante*.

Durante os anos 1980 na Europa, eu não tinha nenhum motivo para acreditar que essas questões podiam ter qualquer aplicação relevante. Mas eis que naquele momento descobri que ainda eram importantes. Foi como uma segunda gestação da mesma concepção.

AZ Como foi que você experimentou essa mudança como arquiteto, e como isso afetou a estrutura do OMA [Office for Metropolitan Architecture]?

RK A experiência de construir o Dance Theater de Haia foi crucial. Durante anos aquilo foi um buraco negro, algo completamente extenuante, um pesadelo. Havia total falta de dinheiro, e a certa altura o cliente ficou sobrecarregado e em seis meses se divorciou, despediu o engenheiro acústico, o engenheiro estrutural, o engenheiro de instalações, e, finalmente, demitiu nosso escritório no meio da construção. Por alguns meses tocamos a obra de forma quase ilegal. Agora somos amigos, mas naquele momento... De qualquer modo, talvez eu não estivesse particularmente envolvido em outros projetos, mas em 1987, quando

Netherlands Dance Theater, Haia, 1987

concluímos o Dance Theater, assumi o comando do escritório e fiz projetos como o Instituto de Arquitetura, em Roterdã, e a prefeitura de Haia. E isso foi para mim o começo de um novo ciclo. Eu me senti livre, tomei as rédeas do escritório e me atrevi a ficar sozinho. Esse também foi o momento em que a parceria com Elia Zenghelis se dissolveu; eu tinha a sensação de estar desfazendo uma infinidade de vínculos, o que era muito assustador, é claro, porque os vínculos são muito importantes...

Instituto de Arquitetura da Holanda, projeto, Roterdã, 1988

Prefeitura de Haia, concurso, 1986

Sempre fiquei horrorizado com o que acontece aos arquitetos quando eles estão realmente sozinhos, e quão entediante, insuportável e "importante" seu trabalho se torna. Para lutar contra essa insensata mania de solidão, passei a me interessar em envolver outras pessoas nos projetos. E daí em diante, passamos a organizar a maior parte dos concursos com equipes formadas pelo pessoal do escritório por gente de fora e essa fórmula gerou um tipo de explosão que ocorreu no concurso da Biblioteca de Paris [Très Grande Bibliothèque] e com o edifício do ZKM [Centro de Arte e Mídia], em Karlsruhe. Também tento resistir a essa "solidão" colaborando com outros arquitetos. Por exemplo, há pouco convidamos Hans Kollhoff, Jacques Lucan e Fritz

Neumeyer para trabalhar conosco em La Défense. Também estou trabalhando com Jean Nouvel em sua interpretação de algo que "preparamos" para ele em Lille, e temos trabalhado intensamente com Christian de Portzamparc. De modo que, por um lado, estou mais sozinho em Roterdã, mas, por outro, temos colaborações cada vez mais ambiciosas com outras pessoas.

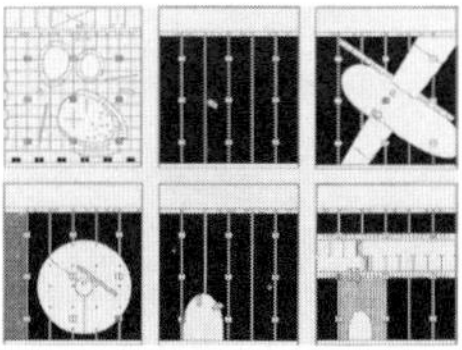

Très Grande Bibliothèque, concurso, Paris, 1989

ZKM Centro de Arte e Mídia, concurso, Karlsruhe, 1992

Sabemos melhor agora como estruturar o processo criativo e criar as condições adequadas, a mistura certa de pânico e contemplação, o incentivo certo quanto às relações competitivas e ao apoio, e no final pode-se até falar sobre a organização do escritório como um problema de "projeto", uma composição de sotaques nacionais e complementaridades.

AZ Pode-se dizer então que você também estava experimentando integrar no processo criativo a maior quantidade possível de energia aleatória, inconsciente...

RK É quase a criação de uma inconsciência artificial. Acredito na incerteza. Para se convencer realmente de alguma coisa, é necessário sentir uma profunda repulsa por quase todo o resto, de modo que em determinados projetos é fundamental explorar suas fobias, a fim de reforçar suas convicções.

AZ Mas como você articula essa experimentação dentro do quadro da atividade profissional?

RK Bem, de certo modo, é uma construção de uma estrutura esquizofrênica. Até certo ponto, sempre critiquei o mito do profissionalismo do arquiteto. E é claro que isso nos criou muitos problemas, porque ao mesmo tempo insisti em adquirir este profissionalismo, ao menos em meus próprios termos; por isso o projeto em Fukuoka [edifício de apartamentos Nexus World] foi extremamente importante para mim, porque toda a materialização e a organização funcionaram bem. Gosto das Casas-Pátio em Roterdã pela mesma razão. É muito importante para mim ter uma espécie de vida secreta na qual eu desenvolvo projetos que fazem sentido em seus próprios termos – ou em meus próprios termos – e ao mesmo tempo façam ou não façam sentido, dependendo do caso, em relação aos detalhes e à cultura material.

Edifício de apartamentos Nexus World, Fukuoka, 1991

Casas-Pátio, Roterdã, 1988

AZ Mas você também tem apoiado certa atitude "brutalista", que sacrifica a precisão de detalhes em prol da concepção global.

RK Esse é um assunto muito complicado, como você pode imaginar. Aqui na Holanda nosso trabalho é considerado um fracasso completo.

Os críticos dizem que os detalhes de nossos projetos são simplesmente ruins, e eu digo que não há detalhes. Essa é a qualidade do edifício. Se não há dinheiro, não há detalhe, apenas conceito puro. Trabalhamos para encontrar soluções: cada problema tradicional é evitado, contornado ou transcendido de algum modo. Isso é algo que eu poderia formular só depois de ser confrontado com a cultura holandesa contemporânea, que se nega a investir em qualquer coisa que se relacione com o futuro: orgulho do barato combinado com a pretensão de cultura. Só depois de uma longa experiência com essa atitude percebi que não há proteção contra isso. Por mais que você procure, não vai encontrar ninguém que o apoie ou pague, simplesmente não há ninguém. Só depois de compreender isso e da perda de qualquer ilusão pudemos formular o tipo de resposta e estratégia com que temos trabalhado.

É o princípio da ação e reação: você me empurra contra a parede, eu te empurro de volta. Isso estimula uma atitude brutal. Essa resposta é certamente formada e inspirada por uma experiência cada vez mais generalizada com a fragilidade, a delicadeza e a irracionalidade da cultura neste momento.

Por outro lado, nosso edifício em Karlsruhe é obviamente muito dependente do detalhe; sem um cuidadoso detalhamento ele poderia ter se tornado um pesadelo. O edifício deveria ter robustez e utilidade, mas também áreas de inexplicáveis refinamento e mistério. Por isso que para mim é importante tanto criar uma espécie de aproximação, alguma perturbação na realização de qualquer processo, como trabalhar com muita precisão na definição de nossa experiência construtiva.

AZ Como o fato de 90% de suas encomendas estarem fora da Holanda e dispersas por uma extensa geografia influencia o seu trabalho? Quais as implicações de precisar estar em vários lugares ao mesmo tempo, qualidade exigida de você pelo processo contemporâneo de globalização econômica?

RK Essa nova internacionalização não significa necessariamente que uma nova homogeneidade internacional esteja surgindo. É quase ao contrário: significa que um único arquiteto intervém e é influenciado por muitas culturas diferentes – algumas semanas eu trabalho na Alemanha, na França e no Japão ao mesmo tempo. Ou seja, o trabalho só pode ser descrito por um sistema de diferenciação similar.

Liberdade de estruturas

AZ Projetos como a Biblioteca de Paris [Très Grande Bibliothèque], o ZKM, em Karlsruhe, ou os centros de convenções em Lille [Congrexpo] e em Agadir mostram um interesse renovado pela estrutura que não estava evidente em seus primeiros trabalhos. Como você articula esse interesse recente pela estrutura no desenvolvimento de sua pesquisa em arquitetura?

RK O Dance Theater em Haia foi o edifício no qual, pela primeira vez, me envolvi seriamente com estrutura. Se você olhar para a cobertura e algumas das acrobacias estruturais no foyer, pode notar o início de um interesse pela estrutura. O Skybar, por exemplo, tem capacidade para duzentas pessoas. Dependendo de onde você está (norte ou sul), o tubo que o suporta se expande ou se comprime. Assim, o comportamento estrutural muda completamente; não se trata apenas de uma questão de resolver as cargas, mas de uma demonstração de comportamento estrutural instável.

Centro de convenções Congrexpo, Lille, 1994

O mais interessante a respeito da Biblioteca de Paris foi ter me permitido identificar e tentar lidar com o que há de absurdo e "impossível" acerca das grandes estruturas. Na história da arquitetura, elas são um fenômeno recente, mal trabalhado na teoria da arquitetura, negligenciado por críticos e arquitetos com a mesma energia com que levantam questões sérias. Quanto mais trabalhava com elas, mais eu era capaz de articular intuições e críticas das quais nunca fui de todo consciente, mas que devem ter estado presentes desde que trabalhei em *Nova York delirante*.

A primeira questão que me interessa enormemente a respeito das grandes estruturas é que a distribuição de cargas aumenta à medida que nos aproximamos da parte inferior do edifício, de modo que, ao chegar ao solo, somos literalmente bloqueados pelo "legado" estrutural e mecânico que vem "de cima". Qualquer edifício alto ou qualquer grande estrutura poderia ser entendido, metaforicamente, como a redução sistemática da liberdade onde ela mais importa: o solo.

Paralelamente, há uma crítica ao conceito das instalações em geral, um assunto que ao menos para mim tem se mostrado tão importante e fascinante quanto o da estrutura. É incrível como um componente que significa um terço da seção de um edifício e pode representar 50% do orçamento seja de certo modo inacessível para o arquiteto, não suscetível ao pensamento arquitetônico. Não se trata de especulação: é como aceitar que entre 30% e 40% da construção simplesmente não seja de sua competência e que você precisa engolir o lixo ridículo que os engenheiros de instalações instalam lá.

Só depois de ter passado por determinadas experiências você pode formular tais críticas e rejeições. É uma questão de ganhar confiança, e talvez certa arrogância, acerca desses temas. Em meu caso, foi um estímulo ter trabalhado com Cecil Balmond e sua equipe da Arup: eles formam um contraponto. Provavelmente é também uma questão de ser honesto comigo mesmo: tenho que chegar a um acordo com o fato de que, afinal de contas, sou um "pensador", e, portanto, tenho que "pensar" nessas questões, mesmo que nem sempre seja conveniente.

AZ Também estou interessado nessas estruturas num sentido mais global. Me parece que a materialização de seus últimos projetos se relaciona ou está em ressonância com certos processos – sociais ou econômicos – de caráter menos material. Suas estruturas parecem cristalizar o "colapso do tempo e espaço" que você já explorou em *Nova York delirante*. Trata-se de um processo consciente ou é apenas o resultado de estar envolvido em determinado modo de produção?

RK Além de minha crescente imersão nos, digamos, profundos mistérios da profissão – no sentido de que certas áreas do real exercício da profissão são simplesmente postas em questão e abertas à investigação –, o fato de eu estar cada vez mais envolvido na produção da arquitetura me proporcionou maior entendimento e compreensão de como a sociedade de valores se organiza de modos secretos e surpreendentes.

AZ Essa me parece uma etapa decisiva depois de quase vinte anos de indiferença pelas "estruturas" em favor da experimentação linguística na cultura arquitetônica. Poderíamos lembrar de Kahn fazendo distinção entre espaços servidos e servidores, público e privado; ou de Mies e de Corbusier quando propõem o edifício como uma cristalização de processos sociais e produtivos... Isso é um retorno a uma abordagem "estrutural"?

RK Todos os nomes que você mencionou estavam no auge da carreira pouco antes de eu começar a estudar arquitetura. Comecei a me interessar realmente por arquitetura por volta de 1964 ou 65, mas comecei meus estudos em 1968, e os autores que eram lidos e cujos livros comprei antes de ser estudante de arquitetura eram precisamente Kahn, Mies, os Smithson... Olhando em retrospecto, acho que realmente voltamos agora a lidar com os mesmos assuntos, depois do "pesadelo semântico".

Admiro mesmo o pensamento deles; minha única crítica é ao fato de eles terem sido fatalmente atraídos pela ideia de ordem, e aparentemente se sentido obrigados a lidar com ela mediante a arquitetura. Acho isso fascinante, mas ao mesmo tempo inacreditável, porque, embora algo em seu discurso seja bastante convincente, a compulsão em articulá-lo em termos puramente arquitetônicos é muito questionável.

E o mesmo era verdade para a investigação dos Smithson acerca da des-ordem. Eu diria que alguns projetos como o La Villette ou a prefeitura de Haia foram de certo modo diálogos unilaterais com os Smithson, especialmente sobre como lidar com a indeterminação. Tentei encontrar, ou resolver, o que eles – ou o Team X – sempre deixavam sem solução, isto é, como se pode combinar indeterminação com especificidade arquitetônica.

Parc de La Villette, concurso, Paris, 1982

AZ Você aceita a existência de certa ordem geral, de uma infraestrutura que está tomando forma e sendo materializada nesses projetos, quer dizer, uma "estrutura profunda" do sistema?

RK Não, não. É claro que não. Não existe uma ordem geral. Mas, ao mesmo tempo, discordo da conclusão dominante entre muitos contemporâneos – especialmente os japoneses –, para quem a arquitetura deve ser caótica por definição. A justificativa, o argumento último dessa postura tem sido o da analogia: se o que existe é confusão, criamos confusão; se há falta de estrutura, ignoramos a estrutura; se impera a vulgaridade, criamos vulgaridade; se há caos, refletimos esse caos... Estou começando a achar que isso é um engano: há agora mesmo muito potencial para uma arquitetura que resista a essa mimese.

Por exemplo, acho que um dos aspectos mais prometedores e provocativos do programa da Biblioteca de Paris foi reformular a ideia de um "equipamento comunitário", uma "entidade" em meio a um colapso total da esfera pública – e, certamente, de sua aparência clássica. Contra a homogeneização evidente dos meios eletrônicos, contra a eliminação da necessidade do lugar, contra o triunfo da fragmentação...

Parte do discurso recente – todos os "des" – foi uma tentativa muito sofisticada de fazer o inevitável parecer glamoroso. Tenho um sentimento crescente agora de que ir no sentido oposto, contradizer o inevitável, pode ser convincente em algum momento, importante para a arquitetura.

AZ Qual é a relação entre a réplica e a invenção em seu trabalho, proporcionalmente? E, voltando a *Nova York delirante*, você consideraria a adoção de "manifestos prospectivos" em vez dos métodos do "manifesto retroativo"?

RK Isso é muito interessante porque, no início dos anos 1980, eu pensava que a repetição era extremamente importante, que era preciso inventar apenas quando necessário. Mas ultimamente desenvolvi um interesse pela invenção. Sempre fui dado a chocar ou provocar, e toda a ideia do manifesto retroativo era também uma espécie de profunda afirmação de economia.

Você não tem noção do grau da hostilidade – foi quase física – contra qualquer ideia de modernidade que surgiu na década de 1970. Então, naquele momento, senti que a única maneira de recuperar a modernidade era insistindo de maneira muito progressista sobre seu outro lado: seu populismo, sua vulgaridade, seu hedonismo.

A única estratégia que eu poderia adotar era a de tomar algo que já estava lá, que existia e havia tido êxito. Foi uma estratégia totalmente determinada pelo contexto da época. Tudo pode ser entendido como uma dialética entre poder e impotência. Foi também uma dialética entre as reações contra ou em resposta a um contexto e a um tipo de trajetória autônoma que pode, apesar de todas essas coisas, encontrar uma continuidade.

AZ Ou seja, seria mais uma rejeição de uma simples mimese ou réplica do que uma negação direta de certas condições sociais ou produtivas que influenciam as práticas materiais em geral...

RK Até certo ponto, dependemos das condições existentes, mas temos que fazer nosso próprio julgamento, em parte intuitivo e em parte explícito, no sentido de vermos aonde há certo potencial para uma interpretação que gera um projeto. Depende desse nosso julgamento se a representação do sistema será positiva ou negativa, neutra ou passional...

AZ Mas eu vejo seus últimos projetos mais como máquinas acopladas a esse sistema, às vezes trabalhando em ressonância, às vezes em discordância, do que como construções representativas. Em muitos aspectos, esse objetivo da representação faz parte dos paradigmas linguísticos dos quais estamos tentando escapar. Prefiro caracterizá-los como dispositivos, ferramentas ou instrumentos...

RK Não me refiro à representação em termos de representação visual ou formal, mas no sentido institucional – são representativas ainda que pareçam simples mecanismos.

Nesse sentido, é muito interessante comparar nossa proposta para Melun-Sénart com a da Coop Himmelblau. O que eles propuseram é uma espécie de grito de desespero, uma colisão forçada, a declaração de que já não somos capazes de planejar as cidades.

A ordem é uma ilusão. Eles propõem edifícios de catorze quilômetros de comprimento, dispostos em ângulos irregulares. É realmente muito interessante observar a diferença em relação ao nosso: ainda que em termos de retórica os projetos sejam extremamente próximos, em termos de interpretação de valores eles são diametralmente opostos.

Ville Nouvelle Melun--Sénart, concurso, 1987

AZ É a isso que me refiro quando falo em utilizar uma estratégia não representativa em sua obra recente. Se Coop Himmelblau projetou essa explosão, foi supostamente para representar algo, a cultura contemporânea, o que for... Acho que isso é parte de um paradigma muito nostálgico do qual o desconstrutivismo talvez seja o último herdeiro. Me parece que seus projetos se relacionam mais com a engenharia do que com a representação...

RK Nossa intenção poderia ser sintetizada do seguinte modo: como fazer para transformar todo o lixo do sistema atual a nosso favor? Um rei Midas democrático: tentar encontrar um conceito através do qual o inútil passe a ter algum valor, onde inclusive o sublime é possível.

Liberdade de modelos

AZ Quais são as razões para seu interesse duradouro em grandes edifícios e planejamento urbano?

RK Sempre estive muito interessado na grande escala e em suas implicações; na artificialidade e na fragmentação que ela produz, e em como, de certo modo, sua própria magnitude se converte em antídoto contra a fragmentação. Cada uma dessas entidades adquire a pretensão e, por vezes, a veracidade de uma realidade completamente envolvente, além de uma autonomia absoluta. De modo que os desafios que trazem têm duas vertentes. Em primeiro lugar, nos exigem uma postura crítica para lidar com algumas imposições da tecnologia tanto em matéria de estrutura como de instalações. A segunda vertente tem um caráter cultural, relativo ao potencial dos edifícios como um universo autocontido – com todas as liberdades, atrações e singularidades que isso implica. É necessário imaginar uma nova forma em que esses universos independentes (e não complementares) possam coexistir.

AZ Se esses edifícios são, em certa medida, o resultado de determinada estrutura ou modo de produção que os determina, você acha que poderiam ser considerados tipologias emergentes ou, em sua opinião, a própria natureza dos processos contemporâneos impedirá sua cristalização como tipos?

RK Essa pergunta me inquieta muito. Então, talvez a resposta seja: sim, absolutamente, e somos parte desse processo de "liquidez forçada". Não sei exatamente por quê, mas sofro de um medo de repetição, o que me deixa muito assustado com toda a ideia de tipologia.

Tudo o que posso fazer é interpretar a tipologia em seus termos mais primitivos – grande ou pequeno, baixo ou alto – ou em termos de superficialidade e profundidade sintética ou não sintética, em termos de profundidade do próprio edifício...

AZ Bem, de algum modo, o aumento da profundidade do espaço construído é uma corrente predominante nos empreendimentos comerciais, como é a tendência de integração espacial, aglomeração, e de quebra do espaço homogêneo e com função determinada...

RK Isso é verdade, certamente. Na Biblioteca de Paris, por exemplo, trabalhamos durante muito tempo na organização da biblioteca, e em certo ponto percebemos, admitimos a nós mesmos, que a questão do urbanismo se tornava secundária, a ponto de se tornar obsoleta. Desse modo, assumimos um efeito colateral "corajoso", abandonando toda pretensão urbanística.

No simples fato de "colocar o edifício ali", descobrimos outra forma de lidar com a cidade, que implica, novamente, mais liberdades.

AZ A questão urbana é um assunto relacionado. Seus escritos mais recentes falam de Atlanta, Paris e Tóquio como exemplos de um novo paradigma de estrutura urbana. Como os edifícios de grande porte enquanto entidades independentes, se relacionam com essas formas emergentes de urbanidade?

RK É um grande alívio perceber que toda nossa pesquisa recente tem se concentrado, em última instância, no que poderíamos definir como encontrar liberdades. Entendo isso como um paralelo ao que você chama de estrutura pós-capitalista, um conjunto de processos que parecem centrífugos e que resistem à concentração e à conexão.

Em nosso caso, nunca sei se é uma síndrome ou um propósito; provavelmente ambos. No entanto, é extremamente empolgante introduzir esse tipo de fórmula agora, depois de vermos as metas insustentáveis e totalmente melancólicas do urbanismo europeu nas décadas de 1970 e 80. Explorar um urbanismo mais baseado em dissociação, desconexão, complementaridade, contraste, ruptura... Acho interessante deixar de ver a cidade como um tecido para entendê-la como uma "mera" coexistência, uma série de relações entre objetos distintos que quase nunca se articulam visual ou formalmente, que já não estão "presos" em conexões arquitetônicas. Para mim, esse passo foi muito importante. Mas, se concluirmos que tal conexão já não é necessária, de certo modo estamos dinamitando a base de nossa existência profissional. Se o planejamento já não é necessário ou é irrelevante... por que planejar?

Outra coisa que me fascina – e que está se tornando o conteúdo básico de meu livro, mais que uma documentação dessas cidades – é entender como a profissão mudou – ou deve mudar – para lidar com as novas condições. Tal afirmação é baseada na simples observação de que o que acabou de vez com o urbanismo não foram os inúmeros erros crassos cometidos por tantas pessoas, mas o fato de que há pouquíssimos processos e operações que ocorrem no mundo atual que poderiam ocorrer também na forma de um plano, o produto clássico dos urbanistas. Portanto, deveríamos encontrar outro produto, uma forma diferente, mais digna de confiança.

Liberdade de ideologias

AZ Parece que você situa seu trabalho dentro da aceitação de determinada condição cultural e produtiva... Como você articula essa aceitação com os seus próprios juízos?

RK Tenho interesse pela atividade profissional, quero construir; isso em grande parte é assustador, e significa basicamente aceitar coisas na maior parte do tempo. Não me envergonho disso. Sou bastante provocado por essa aceitação. Isso me engaja. De modo que meu interesse por Atlanta, por exemplo, é ambíguo. Basicamente, tento adiar o quanto posso o momento do juízo, para extrair desse processo o maior número de influências possível.

AZ Mas como você lida com essa aceitação ideologicamente? Estamos falando de um provável fim da esfera pública, da sociedade civil, do pensamento humanista, e de outros argumentos tradicionalmente positivos. Essa aceitação seria uma posição revolucionária ou uma atitude complacente?

RK É quase impossível responder a essas perguntas. Se você me diz que é uma atitude complacente, eu diria que não, mas o que significa eu dizer não a isso?

Posso estar apenas escondendo minha complacência ou não estar sendo suficientemente autocrítico. De todo modo, de dentro do processo, não nos sentimos complacentes.

Nós somos seduzidos; sentimos satisfação e horror ao mesmo tempo. Tentamos analisar essas emoções contraditórias. Em minha percepção de Atlanta, ambas desempenham um papel muito forte. Uma questão simples: como muitos edifícios medíocres juntos podem gerar um fantástico espetáculo arquitetônico? Ou como tanta "estupidez" pode levar algumas vezes a uma espécie de inteligência? Não se trata de complacência, mas de fascinação, e na fascinação há sempre um elemento de rendição.

AZ Isso não significa certa incapacidade para julgar? Ou uma falta de ideologia, típica dos discursos contemporâneos?

RK Essa é uma atitude muito superficial também, porque é claro que estamos cheios de julgamentos e de moralismo, mas temos um instinto de explorar as coisas. Julgamentos nos tornam muito pesados. Temos que ser como o alpinista que viaja com bagagem leve para conseguir chegar a algum lugar. Pode ser uma metáfora muito simples, mas ainda acho que, no fim, incapacidade de julgar não é a expressão adequada. Prefiro falar em adiamento do julgamento e articulação da problemática – fazem mais justiça a todas as vertentes de um problema, positivas e negativas.

Nesse sentido, acho que exercemos um papel quase de médiuns, exatamente porque, apesar de tudo, somos arquitetos praticantes: estamos expostos a correntes, tropismos e tendências que sugerem mutações, e acho que nós os pressentimos antes que se convertam em julgamentos oficiais.

A vantagem de adotar uma postura não acadêmica está na possibilidade de experimentar... Inclusive com nós mesmos. Mas, ainda assim, "julgamos" o tempo todo...

Se você observar o projeto de Melun-Sénart, ele contém julgamentos explícitos da arquitetura contemporânea, que é, em sua maior parte, *merde*. Tentamos então fazer com essa *merde* algo que fosse respeitável, empolgante e intelectualmente convincente: a redefinição de uma cidade. Nesse projeto, emitimos muitos juízos sobre o que é bonito e o que não é tão bonito, o que deveria ficar e o que deveria desaparecer, o que deveria ser mostrado e o que deveria ser escondido. Fizemos julgamentos em relação às prioridades... Claro, são todos julgamentos pessoais, e de forma a preservar a pureza e a liberdade das várias forças em jogo. A questão da moralidade é adiada até o último momento, ou ocasionalmente suspensa. Como se diz no Japão: ela flutua.

AZ Então, o que você propõe é um modo mais complexo de julgar, capaz de integrar toda uma multiplicidade de opiniões, não necessariamente incluídas num único ponto de vista; uma lógica operativa de múltiplas vias...

RK É apenas uma tentativa de não sermos limitados por nosso próprio julgamento. De explorar de uma espécie de fase prejulgamento, que para mim é uma mistura de decisões inconscientes e conscientes. Em outras palavras: a criação de um espaço amoral, experimental, em que certas lógicas podem se desdobrar em qualquer direção. Às vezes me sinto culpado, mas ao mesmo tempo sou muito cético em relação à preguiça ou à cegueira do julgamento.

AZ Em que medida você acha que a proliferação de sistemas híbridos socialistas-capitalistas na Europa afeta a produção da arquitetura?

RK Isso influencia profundamente a produção arquitetônica. Lille é um exemplo muito bom, em que uma cidade socialista – de maioria socialista – é capaz de criar uma empresa público-privada na qual responde por 50,00001% dos recursos financeiros da operação. Trata-se de uma administração socialista, que não tem fundos, mas pode fornecer o terreno. É, portanto, totalmente dependente de certas operações financeiras, que em última instância determinam a forma e o conteúdo do projeto. As realidades são ao mesmo tempo desagradáveis e intrigantes.

AZ Sendo a Europa o exemplo mais claro dessa hibridização política, quais são as características distintivas da condição do continente europeu e como elas afetam sua produção arquitetônica, em comparação com os modelos japonês ou norte-americano, ou mesmo com os modelos socialistas propriamente ditos?

RK Bem, ainda existe na Europa uma espécie de rede de segurança, debaixo de todas essas intervenções. Em outras palavras, em algum momento poderíamos dizer, ou nossos clientes poderiam dizer: isso está indo longe demais, não posso aceitar. A entrega sem condições não existe. O programa de um projeto sempre tem uma parte "política", composta de elementos não comerciais, comunitários ou quase comunitários. Há ainda um ideal de equilíbrio, que provavelmente é a característica mais representativa desse sistema híbrido que você está descrevendo.

No Japão, o que é mais interessante é sua forma absoluta de capitalismo, que é sentida na hegemonia corporativa, na ausência das ambições sociais explícitas que os híbridos socialistas-capitalistas da Europa apresentam. Há uma ausência enorme que produz um grande sentimento de decepção, quase uma fuga sistemática de qualquer conteúdo. E isso é muito interessante: edifícios incríveis sem conteúdo algum, sem programa, sem qualquer ambição social. O que é mais fascinante sobre o momento atual na Europa, sobre os híbridos de que você está falando, é esta sociedade capitalista em que aparecem vestígios, e às vezes palpáveis muito intensas, de ambição social. Para mim, é algo realmente único, embora seja difícil dizer se é de fato real ou não.

Talvez tenha sido apenas ficção durante um ou dois anos; uma condição efêmera, um tipo de euforia temporária: não havia "problemas" em demasia.

Liberdade de ordens

AZ Você consideraria sua pesquisa para o *Nova York delirante*, ou sua experiência americana em geral, a origem de um interesse pela não racionalidade, não linearidade, ou pelos procedimentos inconscientes como método?

RK O surrealismo me interessa há muito tempo, mais por sua capacidade analítica que por sua exploração do subconsciente ou por sua estética. Quando comecei a escrever sobre o surrealismo, em meados dos anos 1970, ele era considerado vulgar e um tanto cafona. Na verdade, meu envolvimento era muito menos com sua produção visual; eu estava mais interessado em seu "método crítico-paranoico", que considero uma das invenções genuínas deste século, um método racional que não pretende ser objetivo, através do qual a análise se identifica com a criação.

AZ Essa metodologia é uma arma para você se "desterritorializar" de uma realidade mais convencional, para vislumbrar novas possibilidades ou espaços para "manifestos prospectivos"?

RK Qualquer arquiteto que tem ambições complexas deve estar muito consciente da fragilidade de suas iniciativas. Envolvido em seus projetos, ele se encontra permanentemente rodeado por uma nuvem – com eletricidade estática – de especulações: para concretizá-las, para colher seus resultados, ele precisa de certa brutalidade para contrapor à vulnerabilidade dessa posição um tanto ridícula.

Assim, o que ainda acho interessante acerca desse método – como forma de concretizar sistemas especulativos na sociedade atual –, é sua capacidade de trazer realidade para essas especulações, independentemente de sua verossimilhança. Ele me interessa como uma maneira de descobrir outras lógicas.

AZ Recentemente, você formulou um interesse – que parecia já estar presente em trabalhos anteriores – sobre o caos como um processo formalizador da realidade. Como tal epistemologia influi em seus métodos?

RK Agora existe uma ciência do caos, que parece explicar tudo o que antes parecia inexplicável. O fato de essa ciência ter uma relação estreita com os processos cerebrais também é estimulante. É uma sobreposição promissora e rica para compreender o mundo e sentir-se menos deprimido com a realidade.

Quero dizer: uma das maiores dificuldades para os arquitetos e para as pessoas em geral é não poderem desfrutar abertamente de múltiplas coisas, simplesmente porque podem parecer apenas fracassos abismais ou tentativas nobres que degeneraram em algo completamente indesejado. Elas só podem ser entendidas como parte de um processo de entropia, degeneração ou desintegração em andamento. Nesse sentido, é muito útil que essa ciência nos permita ver as coisas de outra forma.

Mas, ao mesmo tempo, estou cada vez mais cético quanto às contribuições dessas teorias do caos para a prática da arquitetura. Quanto mais direta e literal a influência que essa ciência exerce sobre a produção arquitetônica, mais devastadores são seus efeitos. Foi extremamente revelador para nós produzir, num ano, os projetos para Melun-Sénart e Lille, porque isso nos permitiu investigar até que ponto o caos pode ser manipulado, aceito, ou dominar um projeto em particular. Esses dois projetos representam, de certo modo, os dois lados de nossa ambiguidade em relação ao caos, uma investigação sobre seu impacto na arquitetura. Lille é uma intervenção clássica para minimizar o caos, enquanto em Melun-Sénart tentamos explorá-lo.

Essa é uma das coisas que mais me fascinam no Japão, e a razão pela qual, no momento, mantenho um diálogo mais intenso com os arquitetos e os pensadores japoneses do que, por exemplo, com os intelectuais nova-iorquinos. Minha primeira visita ao Japão foi há alguns anos: eles eram muito sofisticados em relação à ideia de caos e todas as suas analogias e desdobramentos mais ou menos superficiais. Recentemente, participei de uma conferência lá, com seis críticos japoneses e seis arquitetos ocidentais, sendo Michael Graves um deles. Enquanto os arquitetos japoneses estavam fazendo um trabalho mais ou menos caótico, Michael Graves apresentou sua produção convencional.

Entretanto, de repente ficou claro para mim que a obra de Graves era a única à qual a definição exata de caos podia ser aplicada. Toda uma árvore genealógica, do modernismo europeu à arquitetura americana;

desde a lavagem que Colin Rowe fez na arquitetura moderna, limpando-a de seu conteúdo ideológico para um consumo mais fácil; passando pelo "redesenho" de Graves, levado a cabo por Jencks, seguido pela construção da obra de Graves na América, a qual foi posteriormente descoberta no Japão, sendo finalmente construída ali em escala colossal – ele deve ter umas 25 encomendas por lá. Isso é o verdadeiro caos.

As simulações do caos feitas pelos arquitetos japoneses são ingênuas se comparadas a essa trajetória. Minha conclusão é que o caos é uma dessas coisas intrinsecamente inacessíveis para os arquitetos.

Não podemos aspirar ao caos, podemos apenas ser instrumento dele. Ele está literalmente fora de nosso alcance, como um pote de ouro que retrocede quando você está prestes a alcançá-lo. A única relação que os arquitetos podem manter com o caos é tomar seu lugar no exército dos indivíduos determinados a evitá-lo, e falhar. O caos só se produz no erro, por acidente.

AZ Mas eu diria que alguns de seus projetos, sobretudo Melun-Sénart, são baseados em estratégias para integrar o caos no projeto. Como você definiria essas estratégias?

RK Não há necessidade de uma estratégia para integrá-lo, porque ele acontece em abundância, espontaneamente. O que tentamos nos últimos três anos foi definir melhor nossa relação com ele. E nesse sentido os desdobramentos do projeto de Lille são reveladores: começamos com uma tentativa de desemaranhar o caos, cortar o nó górdio de infraestrutura e de situações urbanas continuamente negligenciadas por quase trinta anos – e no qual um elemento totalmente novo teve de ser inserido, quase num padrão de colisão.

Assim, mesmo com sentimentos contraditórios – típicos da "geração de 1968" – começamos um processo de impor ou de inventar uma ordem. Mas, quando você observa que, por exemplo, mesmo o processo de escolha dos arquitetos é completamente caótico, ou quando você trabalha para um cliente cujo assessor é um planejador profissional de centros comerciais que, a cada gesto seu, responde com uma espécie de contramovimento, então você percebe que esse é o verdadeiro caos.

Esses são os equivalentes verdadeiros da simulação de caos ou de fractais, por computador. Devemos assimilar a realidade dessas condições caóticas: forças quase invisíveis, todas incontroláveis, determinam em última análise a qualidade de um edifício. No máximo, podem ser manipuladas. São apenas fenômenos triviais, mas servem para mostrar quais forças estão incidindo em determinado ponto, as forças que nos envolvem. Não temos que integrá-las. São como as condições atmosféricas: a integração já vem dada.

AZ Como você caracterizaria o produto desse processo caótico em termos de organização formal ou material?

RK Com certeza você sabe algo respeito dos edifícios norte-americanos, e certamente conhece *Nova York delirante*. Esses tipos de artificialidade desafiam, em última instância, a interpretação da arquitetura baseada na composição clássica. Eliminam o que entendemos por composição, eliminam as conexões interior-exterior, eliminam a certeza e a substitui por sequências completamente imprevisíveis; elimina a coerência das oposições arquitetônicas e a substitui pelo acaso. Todas essas mudanças abrem um campo fascinante para a investigação.

Liberdade de genealogias

AZ Um dos aspectos mais intrigantes de sua carreira é sua capacidade de romper com seu passado: de escritor a arquiteto praticante, da Europa para a América e de volta à Europa... Seu processo não é evolutivo, mas uma sucessão de rupturas. Recentemente você expressou sua crítica ao desconstrutivismo, apesar de ter feito parte daquela famosa exposição. Quais as razões para essas críticas?

RK Minha crítica está relacionada basicamente a minhas observações dos efeitos do caos: a "sensibilidade caótica".

Meu ceticismo com os desconstrutivistas se deve à analogia ingênua, banal, que fazem entre uma geometria supostamente irregular e um mundo fragmentado, ou um mundo cujos valores não são mais ancorados de maneira fixa. É irremediavelmente visual, compositivo e, portanto, arquitetônico em seu sentido mais tradicional. E me parece, em última análise, decorativo.

Sempre hesitei entre explodir coisas e construir coisas. E agora acho dez vezes mais interessante fazer coisas do que explodi-las, porque, além do mais, a explosão dura apenas um instante, enquanto a construção leva muito mais tempo. Nesse sentido, a desconstrução já fez tudo o que poderia ter feito na arquitetura. Pode ter sido uma ferramenta importante de análise, de experimentação, mas não vejo futuro para ela na arquitetura.

AZ Então, sua crítica vem também de uma perspectiva mais estrutural, em relação ao desaparecimento de certas condições que tornam inoperante o método...

RK Uma das condições de que os arquitetos desfrutam neste momento é o aparecimento de certas demandas feitas para a profissão: me parece muito perigoso desapontar sistematicamente essas expectativas. O que o desconstrutivismo produziu é a pior resposta que poderíamos dar, ao menos em minha interpretação de o que deveríamos oferecer neste momento. É maravilhoso como linha estética, ou como posição intelectual para os arquitetos, mas provavelmente não para os demais envolvidos no processo – o público, por exemplo –, que estão presos nesses momentos fossilizados de "insatisfação" ou "incapacidade". Não é tão interessante e nem muito tolerável.

AZ Você também experimentou essa mudança de escritor ou pensador para arquiteto praticante, do mundo teórico para um envolvimento direto no processo de produção. Para você, como se dá a articulação entre ambos?

RK Trata-se de uma relação de grande intensidade, embora eu nunca tenha realmente pensado que seria possível ser teórico da arquitetura e arquiteto ao mesmo tempo. Sempre me senti arquiteto. Um arquiteto com interesses teóricos e literários, com a necessidade de analisar as condições exatas e o potencial exato da profissão. Assim interpreto minhas próprias atividades. No fundo, escrevi *Nova York delirante* para definir para mim mesmo uma agenda do que era interessante e do que poderia ser feito. O que posso confessar é que foi uma transição dolorosa: exercer a profissão é uma atividade quase bestial. Foi só recentemente, com o projeto de Fukuoka, no Japão, e as casas em Roterdã e em Paris [Villa Dall'ava], que comecei a me sentir mais confiante como arquiteto praticante. Talvez eu esteja me aproximando agora de alguns dos objetivos que pretendia alcançar.

Villa Dall'ava, Paris, 1991

AZ Qual é para você a importância do profissionalismo nesse processo?

RK Só é importante algumas vezes. Mas, nessas ocasiões, seria uma pena perder a oportunidade. Em outras palavras, se há brutalidade, é porque nós a queríamos, e se há refinamento, também é porque o queríamos.

AZ Você entende a prática da arquitetura como uma disciplina separada que também precisa dominar?

RK Não, o que você deve dominar é como não separar as disciplinas. Isso é o mais emocionante. Em outras palavras, ser capaz de alcançar os objetivos que persegue por razões intelectuais, ou melhor, ser coerente com os próprios projetos. Isso requer muita competência em diferentes áreas, mesmo que mais tarde você elimine tais competências. Tentamos evitar aquele detalhe que acaba substituindo o pensamento, o tipo de competência exibida por toda parte de modo um tanto narcisista, e que hoje é um problema no trabalho de muitos arquitetos. Mesmo a ausência de detalhe é necessária às vezes, embora extremamente difícil de se conseguir.

—RAFAEL MONEO—

El Croquis: Rafael Moneo, 1990–1994, n. 64, 1994.

RAFAEL MONEO ... Em toda minha experiência como arquiteto, não lembro de ter dedicado maior atenção a algum projeto em especial, em detrimento de outros. Não tive "projetos favoritos", nem projetos que concluí com relutância. Tenho a impressão de que enfrentei todos os projetos com semelhante ambição e dediquei a cada um deles o mesmo empenho. Talvez isso tenha a ver com uma atitude diante da obra em si, atitude essa cuja intenção não é tanto propor uma linguagem ou um método de trabalho, mas sobretudo desenvolver ideias que resolvam os problemas específicos de cada projeto. Eu não quero cair no ridículo do equívoco linguístico, sensação que muitas vezes temos ao contemplar algumas arquiteturas recentes, destruídas pela tentativa de identificar paradigmas, esquecendo dos verdadeiros problemas. Interessa-me mais alcançar a solidez linguística e conceitual, dar ao projeto uma capacidade de sobrevivência...

ALEJANDRO ZAERA-POLO Em algumas oportunidades você destacou a importância do "cliente" no desenvolvimento de um projeto. De que modo articula a influência dele em sua obra?

RM Isso tem a ver com a solidez da obra a que me referia, com as possibilidades de ela sobreviver. O cliente proporciona a ancoragem da obra na sociedade. É ele, seja uma pessoa ou uma instituição, que vai enraizar a obra na sociedade, que vai dar sentido a determinado lugar... Ter um bom cliente nos dá a sensação de que a obra é desejada, de que, após sua conclusão, será amparada e protegida por um amplo setor da sociedade. De certo modo, é o cliente que garante a durabilidade da obra, seu êxito e sua permanência.

Por outro lado, o cliente e sua influência me interessam como o fator que retira a obra do contexto restrito da elite dos arquitetos, ao qual algumas obras às vezes ficam presas. Interesso-me cada vez mais por projetos capazes de se vincular a um vasto espectro social; projetos que não são autossuficientes, que não são feitos exclusivamente para os entendidos... Um arquiteto como Steven Holl, que me parece um projetista delicado e sutil, oferece em suas obras uma espécie de montagem, quase cinematográfica, preparada, por assim dizer, para o consumo do entendido em arquitetura. Sua pesquisa está muito voltada ao consumidor de arquitetura – alguém que a consome como consumiria vinho ou drogas.

Em minha opinião, a arquitetura não deve ser feita apenas para *connaisseurs*. Parece-me que parte do que acabo de dizer sobre a obra de Steven Holl também ocorre com os bares de Barcelona, feitos para gente educada na fruição da arquitetura. Também não acho que temos de ir para um extremo e tornar a arquitetura algo evidente. Digamos que ela se presta a receber um olhar atento, mas não deve impor ansiosamente sua presença.

AZ Se para você o cliente é um elemento importante de contextualização social do projeto, qual é sua atitude em relação ao contexto material? De que modo articula as relações entre o projeto e seu contexto?

RM Obviamente o contexto arquitetônico é um fator decisivo para um projeto. Mas eu gostaria de insistir aqui que não entendo o projeto como algo que completa ou que é mera continuação do presente. O que realmente gera um projeto é uma ideia que opera sobre o contexto, social ou material, de modo específico, mas que não é uma simples consequência do existente. Para mim, essa ideia primeira, a definição de uma estratégia adequada, é crucial para a consistência de um projeto. É muito importante que uma arquitetura esteja bem orientada desde o início, no sentido de dispor a organização do edifício da maneira mais oportuna, mais útil para resolver o problema colocado por ele. Estabelecer, por exemplo, o tipo de relação que vai manter com o exterior. Na Fundació Miró [em Mallorca], a primeira ideia foi estruturada sobre o movimento na paisagem; em Estocolmo [Moderna Museet, Museu de Arte e Arquitetura Moderna], nasceu como uma interpretação da condição fragmentária da cidade; em Atocha [estação de trem] todo o projeto surgiu do estabelecimento de conexões por meio de planos horizontais; no Wellesley College [Davis Museum], procurei substantivar a noção de possuir, converter o edifício num cofre ou santuário e torná-lo, ao mesmo tempo, capaz de conviver com o edifício próximo de [Paul] Rudolph... No Previsión, em Sevilha, o edifício tinha que dizer algo a respeito da Torre del Oro. Para estabelecer uma boa relação com ela, evitei colocar as duas fachadas frente a frente. O acesso, verdadeiro motor da estrutura do edifício, acontece em uma posição marginal e tangente, apartado do sistema de orientações que a Torre del Oro parece indicar. Foi a primeira resposta, ditada pela intuição, ao problema colocado. Acho que no momento que me dei conta de que seria preciso entrar pela esquina da muralha, naquele ângulo problemático, o edifício estava resolvido.

Fundació Miró, Mallorca, 1987-92

Moderna Museet, Museu de Arte e Arquitetura Moderna, Estocolmo, 1998

Para mim, projetar consiste basicamente em elaborar, de maneira progressiva, a substância implícita na primeira resposta dada ao problema – naquele momento em que a intuição atua com liberdade –, e não em ficar organizando espacialmente as distintas funções.

O desenvolvimento de um projeto é importante pois envolve um processo de precisão progressiva; a ideia inicial é sempre mais vaga. O processo de desenvolvimento filtra a primeira visão, melhorando-a à medida que encaixa nela as diferentes necessidades. Trata-se de desenvolver o potencial de um conceito.

Em relação a essas ideias iniciais, creio que alguns arquitetos que falam de sua obra como se ela fosse ditada pela necessidade estão exagerando. Para mim, na origem sempre há um momento de aleatoriedade, um componente de liberdade na escolha da forma que não é determinado por nenhuma circunstância exterior à própria obra.

Estação de trem de Atocha, Madri, 1984-92

Davis Museum, Wellesley College, Massachusetts, 1989-93

Edifício de la Previsión Española, Sevilha, 1982-87

AZ No entanto, em certas ocasiões você insistiu na importância do contexto urbano como circunstância determinante no desenvolvimento de um projeto de arquitetura. Como afirmar a individualidade da obra dentro da estrutura urbana?

RM Um dos dados fundamentais para o trabalho de um arquiteto é a consciência de que, em geral, o que você faz está dentro de uma estrutura superior que não permite ser autossuficiente. Por isso, muitas vezes essa busca por uma individualidade extrema a que alguns arquitetos se sentem inclinados acaba sendo um esforço inútil.

A questão é encontrar um modo de a cidade evoluir mantendo uma continuidade com o passado. A cidade é como uma nuvem, cuja forma precisa se desenvolver a partir da forma anterior em determinado instante e tende a desaparecer num futuro próximo.

A temporalidade, o modo como o tempo está presente na obra de arquitetura, é relevante para uma reflexão eficaz sobre a forma arquitetônica. O trabalho do arquiteto não antecipa necessariamente o futuro, mas abre e prepara o tabuleiro do jogo. A obra de arquitetura se produz no texto inacabado que é a cidade.

Acho que é importante o arquiteto ter consciência de como se produz o jogo da arquitetura e de como se dá seu desenvolvimento no tempo. Por isso, talvez seja mais importante perceber quais são os valores estruturais do que reivindicar a individualidade exacerbada da obra arquitetônica. Entender a relação dialética entre a estrutura da cidade e a estrutura formal da arquitetura me parece importante e inclusive necessário para que uma arquitetura sobreviva devidamente. Adivinhar, conhecer a estrutura, a malha, a urdidura, o *frame* ou a trama em que se vai produzir determinada obra, é importantíssimo.

AZ Nesse esquema dialético, qual seria o papel da tipologia como instrumento capaz de articular a estrutura da cidade com os fatos urbanos específicos?

RM O tipo supõe o reconhecimento dessa condição ambivalente da obra de arquitetura que é única e, no entanto, pertence ao mesmo tempo a uma série de objetos que adquirem seu sentido pleno quando são considerados parte de uma estrutura maior. Quando falamos da construção da cidade, falamos de cidades tão diferentes como Los Angeles, Tóquio, Londres ou Madri. Creio que o trabalho do arquiteto deve ser produzido nesse tipo de reflexão, e creio que essa reflexão leva a perceber como um trabalho é produzido dentro de coordenadas muito específicas. No meu modo de ver, é a consciência dessa especificidade que dá alguma garantia, alguma segurança a nosso trabalho.

AZ Poderíamos entender o tipo não como estrutura geométrica ou topológica suscetível a deformações ou adaptações, mas como uma forma de atuação em condições materiais específicas, incorporando as diferenças na estrutura urbana? Caberia, em tal reconhecimento da estrutura, uma maneira de redefinir o tipo, fora das acepções mais comuns?

RM Em minha opinião, temos que falar mais num tipo de atuação que num tipo imediato e diretamente aplicável. No bairro de Salamanca, por exemplo, seria muito difícil aplicar os tipos clássicos. É raro que se possa operar com tipos existentes. A contínua evolução dos ventos que mudam a cara das cidades força a transformação dos tipos clássicos.

Isso não significa negar a consciência do valor formativo do tipo na consolidação da estrutura urbana. Nesse aspecto, meu projeto para San Sebastián [Edifício Urumea], para falar de um projeto antigo, propunha uma maneira de estabelecer uma espécie de continuidade entre as casas do quarteirão que não tinha a ver com sua estrutura tradicional, mas que respeitava o conceito do quarteirão no qual nosso edifício se inseria.

Edifício Urumea, San Sebastián, 1969-73

Em Tóquio, por exemplo, os edifícios podem ser absolutamente distintos porque o público está buscando essa diversidade, o que dá aos arquitetos a possibilidade de fazer seu trabalho com aparente liberdade. No entanto, a estrutura da cidade prevalece, apesar da diversidade de sua arquitetura. A Tóquio atual se parece com a Tóquio antiga. Prova disso é que, nos setores da cidade que resultam da renovação das velhas estruturas de madeira de antes da guerra, as estruturas dos anos 1950 e 60 foram sendo substituídas recentemente segundo critérios similares com os que a cidade antiga foi construída. Toda e qualquer vontade vociferante dos arquitetos que intervêm em Tóquio acaba absorvida pela força radical da estrutura na definição do rosto da cidade: os alinhamentos, os lotes estreitos, a separação das estruturas devido às normas de segurança antissísmica, a sinalização vertical e desdobrada que enfatiza ainda mais a condição "sincopada" da malha urbana... Tudo isso implica o esquecimento da ideia de regularidade tanto utilizada nas urbanizações europeias e da valorização da condição instrumental da cidade.

O conceito vago de um processo formativo – cunhado pelo esteta italiano [Luigi] Pareyson – é algo que tem a ver com isso: em cada projeto há uma experiência formativa, e esse conceito de processo formativo inclui tanto as escalas mais amplas – aquelas próprias da cidade – como aspectos linguísticos estritamente tipológicos. Em minha opinião, a prática do arquiteto consiste, no fim das contas, na manipulação consciente da forma.

AZ Você reconhece a existência de argumentos estruturantes e de formas de organização material que se repetem ao longo de sua obra? E, caso afirmativo, como poderia identificá-los?

RM Há um argumento que não sei se pode ser encontrado sempre ao longo de minha obra, mas tem atraído meu interesse nos últimos anos: o da compacidade. Comecei a me interessar por ela a partir do projeto para o Banco de España, em Jaén. Esse projeto supunha que eu entrasse na estrutura do sólido arquitetônico em termos determinados não por uma divisão geométrica estrita, mas por uma divisão mais complexa, na qual os *patterns* geométricos se dissolvem até quase desaparecerem por completo.

Uma estrutura regular e fechada no exterior não implica um interior estruturado da mesma maneira. Interessa-me explorar os sistemas de continuidades que podem produzir uma figura ou um volume fechado, e que permitem operar com extrema liberdade na organização do espaço interno. Volumes compactos estabelecem uma relação mais discreta e eficaz com o exterior. O edifício representa de maneira mais direta a iconografia de hoje, deixando de ser mero reflexo de um mecanismo de composição. Isso o permite viver na cidade de modo silencioso mas consciente de sua própria condição, sem precisar exibir a abundância do interior. Ele se mantém em segundo plano, se comparado aos demais, mas sem esquecer as normas a que uma boa educação obriga.

Banco de España, Jaén, 1988

Talvez haja, nessa minha busca, certo interesse polêmico frente a meus contemporâneos, que se deleitam com a fragmentação. Mas há também um desejo de experimentar com uma forma alternativa de composição em relação àquelas baseadas exclusivamente em mecanismos de adição e sobreposição, das quais hoje se faz uso abusivo.

No projeto para o Museum of Fine Arts, de Houston [Audrey Jones Beck Building], em que estou trabalhando agora, volto a essa ideia de compacidade. O resultado é uma planta que não tem a ver com os sistemas renascentistas e simétricos, mas com mecanismos de contiguidades que, se quisermos buscar referências na antiguidade, remontam a arquitetos como [Vincenzo] Scamozzi.

As plantas dos edifícios de Scamozzi são capazes de conviver bem com os sistemas convencionais de presença externa e de, ao mesmo tempo, explorar a complexidade e a diversidade em seu interior. O museu em Houston é um projeto situado numa pequena quadra cercada por quatro ruas, condição que já antecipa a imagem que a arquitetura terá. Se esse terreno tivesse sido destinado a uma casa unifamiliar, com certeza meu projeto teria sido completamente diferente. Aqui, a extensão do programa nos leva a fazer coincidir o limite do edifício com a borda do terreno. A estrutura é produzida para obter a necessária densidade.

Audrey Jones Beck Building, The Museum of Fine Arts, Houston, 1994-2000

Outro momento em que apareceu essa forma de compacidade foi nos agrupamentos de salas do projeto de Estocolmo, ainda que, na verdade, o que de fato resolve o projeto seja a ideia de deslocamento. O projeto de Wellesley também faz parte dessa arquitetura fechada e compacta, bem como o pequeno projeto que estou fazendo agora para a Casa de Cultura em Don Benito. Interessa-me a compacidade porque ela reflete uma arquitetura dual, em que os espaços internos e os externos coincidem e, ainda assim, mantêm sua independência. Não compartilho a ideia corbusiana de continuidade entre interior e exterior; entendo que a arquitetura é uma realidade que deve operar de modo ambivalente com essas duas categorias, e é nesse jogo que podemos criar condições extremas de compacidade na definição do volume externo, na liberdade da organização e na estrutura dos espaços internos. Isso ocorre frequentemente na arquitetura de tradição islâmica, mais livre de uma organização antropomórfica e mais centrada que a arquitetura ocidental clássica. É uma perda de um centro, digamos, mas sem perda da individualidade do objeto.

Casa de Cultura, Don Benito, 1994-98

O Banco de España em Jaén estaria mais próximo de alguns pressupostos loosianos que corbusianos; o edifício tem mais a ver com o *Raumplan* [planta espacial] loosiano que com a planta livre corbusiana e, no entanto, esse edifício é de certa maneira uma homenagem a Le Corbusier. O modo que se utiliza o grande pórtico para resolver o problema urbanístico, a relação entre interior e exterior é de matriz claramente corbusiana. Portanto, há um empréstimo corbusiano sobreposto a essa outra operação que pouco tem a ver com Le Corbusier. Talvez seja uma mostra da liberdade com a qual tento trabalhar. Ao chamar isso de liberdade, faço um elogio a minha própria obra, o qual eu adoraria merecer...

AZ Mas, observando sua obra de fora, eu diria que há um mecanismo de construção que é, se possível, ainda mais evidente que o da compactação que você está enfatizando. Creio que tanto em Mérida [Museo Nacional de Arte Romano] como em Atocha, no Aeroporto de Sevilha e nos edifícios de Barcelona, manifesta-se uma forma de composição serial, como repetição de uma unidade de estrutura espacial e material. O que lhe interessa nessa forma de composição serial?

RM Acho que os projetos que você cita exploram mais estruturas de extensão ou de crescimento, uma divisão da forma capaz de incluir todo um sistema de continuidades espaciais sem recorrer a operações de agregação. Me parece que a estratégia compositiva depende do tipo de projeto. Por exemplo, num projeto habitacional – tenho em mente o último em que trabalhei, o de Lacua, em Vitoria – é preciso haver essa ideia

Museo Nacional de Arte Romano, Mérida, 1980-86

Aeroporto San Pablo, Sevilha, 1987-92

de repetição como mecanismo de construção formal. A habitação certamente exige mais desses sistemas que outros tipos de edifícios.

No Aeroporto de Sevilha, certa serialidade determina a organização da forma, embora conviva com aquela vontade de condensação e ensimesmamento. Nesse projeto, a repetição é feita para enfatizar a relação entre o edifício e o movimento produzido nele – mais em referência ao movimento dos carros e das pessoas que ao dos próprios aviões –, que é realmente mais simples e estático. O movimento dos carros e das pessoas se refere ainda à cidade distante, razão pela qual o edifício busca a integração da estrada que nos conecta à cidade. Em Atocha, a repetição possibilita a justaposição de âmbitos diversos e daí a importância assumida pelo horizontal. Mas a unidade arquitetônica dos elementos não é tão decisiva em Atocha como em Mérida.

Em um projeto como o de Mérida o corte desempenhou um papel importantíssimo; a partir dele, por exemplo, e à margem das alusões possíveis, explica-se a escolha dos materiais, cruciais para a definição dos elementos linguísticos. Trata-se de um projeto que parte do corte; ele constrói o edifício através de uma simples transposição. Um sistema de vazios se superpõe e organiza, em última instância, os espaços. A repetição está sempre condicionada por aquela busca da sobrevivência do edifício de que falávamos. Talvez seja o tributo a ser pago para a lógica da construção e, às vezes, temos que aceitá-la para podermos proceder com a devida consistência e com a mesma coerência em situações que não permitem a singularidade.

AZ Você fala de uma forma de trabalhar em que cada projeto é o desenvolvimento de uma ideia específica em resposta a determinada situação. Você não acha que um arquiteto deve ser capaz de propor algo distintivo, paradigmático em sua obra, e operar a partir disso? Quem sabe até de uma ideologia?

RM Isso implicaria ter uma agenda claríssima de como construir; implicaria a contínua manifestação de uma mesma linguagem, uma mesma forma expressiva útil em qualquer circunstância. Acho que não é possível aplicar os mesmos pressupostos linguísticos em qualquer projeto. Diante da tendência de estabelecer um único modo de operar e uma linguagem exclusiva, fico mais inclinado a dar preferência à educação, e a uma agenda cuja ideologia por trás é, precisamente, da ordem das respostas, uma agenda cuja atitude mental e lógica que vai sempre derivar de determinada formação educacional. Quando falamos que uma pessoa foi educada em arquitetura, queremos dizer que ela é capaz de responder aos problemas que se colocam para ela fazendo uso do material que conheceu através de sua educação, o que, no fim das contas, significa conseguir dar a sua versão do modo como a arquitetura se produz, isto é, da lógica que tanto desejamos descobrir a respeito dela. Mas não acredito que uma escola possa propor de fato um modo de pensar que seja imediatamente transferível para uma linguagem arquitetônica. Prefiro uma escola que proporcione uma educação que permita ao arquiteto ser flexível, reconhecer a diversidade, adquirir a agilidade que lhe possibilite manifestar-se com uma mesma lógica, em qualquer circunstância. E isso se torna ainda mais necessário num mundo que, apesar de se mover dentro de parâmetros tão homogêneos, é ao mesmo tempo tão diverso.

AZ Acho que existe aí uma linha de continuidade entre muito do que falamos e outros aspectos que caracterizam seu trabalho. Nessa proposta da educação como alternativa ao desenvolvimento de uma ideologia ou de uma linguagem; na relação intensa que você tem com a história e a disciplina como fontes de conhecimento e inspiração... Pode ser que eu esteja enganado, mas, se fizerem sentido, esses pontos se encaixam quase perfeitamente no que poderíamos chamar de um paradigma pragmático de operar...

RM Parece-me também que a grandeza do arquiteto está em soterrar – nesse aparente pragmatismo – os aspectos mais transcendentes de seu conhecimento disciplinar. Nesse sentido, interessa-me muito uma pesquisa sobre o que a arquitetura pode oferecer em termos disciplinares. Por isso me sinto menos inclinado a empréstimos interdisciplinares. Acho que parte da arquitetura recente exagera nesses empréstimos que faz de outras disciplinas. Isso vai desde o modo como se tem usado o termo "desconstrução" até a utilização da terminologia da biologia etc. Não deixa de ser surpreendente que a proposição do termo *folding* [dobra] por determinados filósofos tenha originado uma proliferação de edifícios com superfícies dobradas, e indica nossa dependência da última moda. Parece-me que aqueles que assim atuam esquecem que a arquitetura pode proporcionar, dentro do terreno que lhe é próprio, respostas mais sutis, não tão literais.

Nesse sentido, a substituição das noções de experiência e de consciência histórica por uma atitude exclusivamente ontológica às vezes produz – como no caso de alguns artistas – obras de arte excepcionais. Mas não creio que possa converter-se em norma pedagógica e, menos ainda, em prática profissional.

Seria possível também propor uma ontologia baseada no fazer, no modo como se constroem os objetos. Penso que é verdade que os poetas e, em dados momentos, os construtores, desvendam aspectos essenciais do ser das coisas. Por isso, o conhecimento de como se constrói é um aspecto fundamental da educação do arquiteto, para que possa exercer a profissão. Portanto, você pode compreender meu interesse declarado em esmiuçar o modo como a forma arquitetônica se organiza. Realmente me encanta explorar os processos formativos, para empregar o conceito de Pareyson.

Quando Siza diz que "a arquitetura é apenas transformação", ele está explicando como entende a organização da forma. Não digo que esse seja o único modo de construir, mas creio que cada arquiteto está sempre investigando algum "modo de construir".

Por isso, às vezes me parece que a arquitetura de pretensões mais essencialistas vive sob a ilusão do idealismo. Condensa o que pode ser entendido como substância formativa e o converte em matéria visível – algo extremamente difícil. Admito que em alguns momentos sinto enorme admiração pela descoberta do essencial, do transcendente, fato que, infelizmente, acontece raramente nas operações elementares da construção. E poucas vezes acontece pelas mãos dos arquitetos...

AZ Para você, o que é realmente específico da arquitetura como disciplina contemporânea?

RM Um modo de pensar que permite a interpretação do meio físico. No fundo, a arquitetura nos prepara para o entendimento do meio. Isso é ser arquiteto hoje. Talvez ser arquiteto no passado tenha sido dominar determinado conjunto de técnicas que te permitiam construir. Hoje, para mim, ser arquiteto diz mais respeito a essa capacidade de ler com discernimento o meio físico, entendendo como se construiu e como se quer construir.

A construção da arquitetura tem características específicas que a tornam diferente de um quadro ou de um poema. É verdade que às vezes as arquiteturas são mais lineares e mais sequenciais em sua estrutura; outras vezes, porém, você se encontra capturado em seu espaço, e precisa aceitar a pluralidade de leituras, não só por serem distintos os usuários, mas por conta das distintas escalas a que um edifício, uma obra de arquitetura, deve dar resposta.

Um edifício como o da Avenida Diagonal de Barcelona [L'illa Diagonal], por exemplo, foi concebido primariamente em relação com a cidade. Mas depois você precisa pensar nos vários níveis de experiência, até chegar diante de uma janela da qual você é o dono. E essa janela, de dentro do edifício, vira outro problema, totalmente diferente.

Essa janela, que em algum momento foi um elemento da imagem do edifício, de repente se transforma no modo como você entra em contato com o exterior. E então o desenho da janela te parece outro. Cada elemento desempenha esses papéis duplos simultaneamente, e o mesmo ocorre com o edifício. Essa consciência da multiplicidade de escalas, das múltiplas leituras, é muito específica de nosso trabalho. Frente a pensamentos contemporâneos que insistem naqueles empréstimos interdisciplinares, acredito ser de enorme interesse a ideia de explorarmos as especificidades da própria arquitetura...

L'illa Diagonal, Barcelona, 1990-93

De fato, a construção de um edifício é ditada pelo arquiteto, e é ele o profissional que mais poderá reconhecer até que ponto as coisas vão fugindo de seu controle à medida que a obra avança. É o arquiteto quem melhor pode sentir o peso de todos aqueles que nela trabalham. Por isso acho muito importante reconhecermos a condição específica da arquitetura. É nesse ponto que a arquitetura pode resolver os problemas que enfrenta, por exemplo, com relação à cidade histórica, ou à tecnologia, ou a sua condição auxiliar, instrumental... Por isso penso que toda proposta de uma teoria do conhecimento arquitetônico é uma proposta de como fazer arquitetura.

É nesse fazer que a arquitetura se explica. A arquitetura é uma atividade muito mediata. Não é possível fazer arquitetura sem efetuar uma passagem entre a ideia e a obra construída. Há sempre uma distância entre o que você imagina e o que aquilo vai ser; o reconhecimento da mediação carrega consigo o pensamento de como fazer arquitetura. A mediação estabelece entre a arquitetura e os arquitetos essa distância que não existe num poema. Em alguns casos uma atitude mais poética e pessoal pode vir a aparecer, mas não acredito que essa seja a substância da arquitetura.

Quando digo substância, penso no grande fluxo desse rio que é a arquitetura. Talvez existam também fontes de águas cristalinas, mas o rio é outra coisa, e aprender como ele flui e desemboca no mar da história é vital para quem navega nele.

AZ Você quer dizer com isso que a arquitetura deve manter sua especificidade disciplinar e que seus avanços serão necessariamente uma evolução interna da própria disciplina?

RM A educação externa do arquiteto melhora sua capacidade, mas os conhecimentos que adquire em terrenos alheios à disciplina não devem ser aplicados diretamente na prática da arquitetura. Todos esses empréstimos da biologia ou da geologia não passam de fogos de artifício, toques de efeito que não ajudam no entendimento da essência de um projeto arquitetônico. A forma de uma cidade é algo específico, e não tem nada a ver nem com vegetais, geologia, obras de arte ou com qualquer outro produto feito pelo homem.

Acho, por exemplo, que quase todas as explicações dadas por Peter Eisenman sobre seu trabalho alienam a compreensão do mesmo. Para quem deseja se aprofundar no trabalho de Eisenman, eu não recomendaria seguir ao pé da letra as apresentações que ele faz de seus projetos. Em minha opinião, há em sua obra conceitos que foram evoluindo e adquirindo maturidade, apesar da descontinuidade metodológica e temática que lhes serviu de base. Eisenman é um dos arquitetos que com mais afinco procuraram desenvolver e desdobrar as propostas das vanguardas clássicas – do mesmo jeito que nos anos em torno da Primeira Guerra Mundial arquitetos como [Josef] Hoffmann se esforçavam em buscar saídas para a tradição clássica. Talvez essa seja uma leitura simples ou demasiado direta de seu trabalho, mas, em meu modo de ver, ajuda a entender sua louvável continuidade.

AZ Mas também se pode dizer que o que de fato importa no trabalho dele é uma coragem de estar permanentemente buscando novas metáforas com as quais redescrever os processos dos projetos e da construção da arquitetura, e que é precisamente a inércia da disciplina que não o permite desenvolver os instrumentos necessários para produzir arquiteturas não necessariamente feitas de pilares e planos de vidro...

RM É muito difícil determinar onde realmente estão as propostas. Talvez, quando insisto nesse conhecido campo de batalha que é a cidade, eu esteja me protegendo, já que é esse o terreno em que me movo melhor. Acho muito difícil que a energia de um sóliton sirva para organizar e estruturar a arquitetura – motivo pelo qual reluto nesse uso literal. Acho que ficar impressionado com uma leitura científica é uma coisa, mas não significa que o conteúdo dela possa logo se tornar parte das bases de nosso trabalho. Creio que há componentes mais pessoais da arquitetura de Eisenman que superam todos os pretextos de que ele se valeu para construí-la. Minha posição, hoje, é a de estabelecer os limites, saber onde opero. Isso não quer dizer que eu não seja sensível ao que acontece à minha volta – que é uma condição prévia para se fazer arquitetura. De fato, uma crítica que poderia ser feita a muitos neovanguardistas – como Eisenman ou Meier – diz respeito ao quanto eles ainda estão apegados às propostas formais das vanguardas clássicas. Muitos de minha geração enxergam apenas a postura das vanguardas clássicas das artes visuais.

AZ Como você entende a educação de um arquiteto à luz dessa sua apreciação fundamentalmente disciplinar da arquitetura?

RM Eu jamais limitaria a educação de um arquiteto à aprendizagem disciplinar, porque acho que uma educação ampla nos torna mais capazes de reconhecer o interesse que o específico pode ter. A permeabilidade e a amplitude cultural me parecem fundamentais para a formação de um arquiteto. De fato, é muito difícil para um arquiteto, e certamente para qualquer profissional da criação, escapar de interesses gerais que repercutem em nossos campos específicos, e por isso é cabível estabelecer analogias. Mas não me interessa buscar esses paralelismos ao pé da letra.

Em todo caso, a disciplina nunca é algo absoluto, mas um corpo de conhecimento que evolui, que se enriquece mediante experiências novas acrescentadas às já conhecidas. Nem sua prática nem sua aprendizagem podem ser sistemáticas, ainda que possamos definir vagamente seus campos de conhecimento em áreas como estrutura, construção, estudo de programas e tipologias, desenho e expressão plástica... e, claro, sem esquecer o estudo da história e das teorias da arquitetura no passado.

AZ Então, será que essa permeabilidade a outros territórios não é o que nos torna mais sensíveis às diferenças, o que nos permite entender melhor a especificidade de cada projeto? Será que essa educação não é, justamente, mais um exercício de estranhamento que de familiaridade com um meio ou uma disciplina?

RM Se você olhar uma carreira de um arquiteto que tenha se desenvolvido sempre num mesmo lugar, verá que a própria limitação da paisagem permite à obra ser mais contínua, inclusive em termos estilísticos e linguísticos. A dispersão geográfica atual torna mais difícil pensar numa continuidade estilística. Nesse aspecto, acho que é possível querer proceder com a mesma lógica e com a mesma estrutura mental em situações diversas. Isso explicaria o processo de criação de uma forma, como ela pode surgir em várias arquiteturas, apesar de suas diferenças. Por outro lado, essa situação atual não é nova, dado que vimos, ao longo da história, tantos casos de arquitetos que conseguiram trabalhar em lugares, circunstâncias e estilos bem diversos. De fato, creio que existem mais arquitetos que mudaram de comportamento ao longo da vida – mesmo trabalhando numa única cidade ou território – e menos profissionais que se mantiveram ligados estritamente a um só modo de projetar.

Um arquiteto contemporâneo deve ser suficientemente flexível para trabalhar em cidades diversas. É uma circunstância que tenderá a ocorrer cada vez mais, para melhor ou para pior. Não estou fazendo juízo de valor, apenas uma constatação. Em meu caso, gostaria de conseguir me valer do mesmo modo de pensar sem que isso inevitavelmente supusesse o mesmo modo de construir.

AZ Ou seja, ao contrário do que as vanguardas propunham, a globalização será mais um motivo de diferenciação que de homogeneização.

RM Exatamente. Não acredito que um arquiteto possa hoje se aproximar de outra sociedade ou cultura com uma vontade de exportar sua linguagem, achando que essa linguagem vale para qualquer situação. Mas as coisas não são tão simples: um arquiteto como Richard Meier utiliza sempre a mesma linguagem porque isso lhe é demandado pelo mesmo tipo de cliente. Certamente os clientes de Meier na Europa são os clientes que veem o Meier americano e compram esse produto americano para a Europa, do mesmo modo que gostariam de possuir um carro americano ou que um estilista americano fizesse suas roupas. No caso de Gehry, em que o estilo parece ser secundário – mas o modo de manipular os elementos não o é –, ocorreria o mesmo fenômeno, as pessoas na realidade compram um Gehry e trazem um Gehry para Barcelona – não pedem a Gehry que construa em Barcelona.

Quando estou trabalhando fora, procuro tentar fazer com que minhas estratégias sejam diferentes. Acredito que meus clientes buscam mais um arquiteto capaz de resolver problemas específicos que alguém que pretende impor seu toque pessoal à obra.

AZ Dentro desse olhar atento que você mantém sobre a disciplina, quais são os arquitetos que mais o interessam e por quê?

RM O curso que estou dando agora em Harvard é voltado à análise de sete arquitetos contemporâneos. Parece-me interessante falar aos estudantes sobre a arquitetura contemporânea porque é seu passado e seu presente, sua referência mais próxima. Creio que para eles é importante analisar essas obras com o distanciamento que uma sala de aula possibilita. A seleção que faço exemplifica aqueles que considero possuírem uma estatura em sua arquitetura sobre a qual vale a pena refletir. E se bem me lembro esses arquitetos são Stirling, Rossi, Venturi, Gehry, Eisenman, Siza e Koolhaas. Isso não quer dizer que não haja outros arquitetos interessantes... Mas não creio que já tenham conseguido produzir um trabalho de qualidade tão firme, tão paradigmática, como o que esses sete arquitetos construíram.*

AZ Por que você extrai a parcela mais recente desse corpo de acúmulo de experiência que é a história? Isso não é o contrário do que foram as referências de seu discurso em épocas passadas?

RM Não é contrário ao que foi em épocas passadas. A arquitetura antiga me fascina. E acho que é uma

* Tal curso geraria o livro *Inquietação teórica e estratégia projetual na obra de oito arquitetos contemporâneos* [2004], trad. Flávio Coddou. São Paulo: Cosac Naify, 2008. O oitavo nome da lista foi o da dupla Herzog & de Meuron. [N. E.]

fonte inesgotável para a aprendizagem da arquitetura. Mas o discurso contemporâneo tem o grande atrativo do imediato, do que ainda não se resolveu. Sempre compartilhei com os alunos minhas inquietações e minhas leituras; lembro de ter sido um dos primeiros a falar, tanto na escola de Madri como na de Barcelona, dos livros de Venturi e Rossi no fim dos anos 1960 e das publicações dos [New York] Five no começo dos 1970.

Nessa linha, parece-me que, no fundo, as preocupações de um arquiteto contemporâneo estão mais próximas daqueles sete nomes que dos quatro evangelistas da modernidade: Le Corbusier, Mies, Wright, Aalto... Acho que as escolas também se estagnaram numa sensação de que a modernidade ainda não foi conquistada. A modernidade já passou e seus interesses não são o futuro, não são evangelho. Acho que para os estudantes e para mim mesmo vale mais a pena entender quais são os interesses polêmicos e diversos que aqueles arquitetos catalisaram e condensaram do que as verdades do evangelho moderno.

AZ Não será porque, na hora de buscar referências, a proximidade prevalece sobre a distância crítica, já que a história tem perdido sua condição de estrutura para tornar-se um acúmulo de experiências, algo casuístico...?

RM É uma ideia efetivamente menos linear, menos confiante diante da história. Nossa geração tem uma atitude menos apocalíptica e pensa, por isso, que não conhecemos o futuro e que tampouco temos tantas chaves nas mãos para defini-lo, menos ainda de modo exclusivo. As primeiras vanguardas julgaram por um momento que podiam estabelecer toda a face da terra. Hoje temos muito mais consciência de que nossa contribuição é bem menos definitiva, de modo que ela se torna também menos confiante. Acredito que, nessa menor dose de confiança, existe algo extraordinariamente positivo...

—HERZOG & DE MEURON—

El Croquis: Herzog & de Meuron, 1983-1993, n. 60, 1994.

CONTINUIDADES

Arte/arquitetura

ALEJANDRO ZAERA-POLO A arte parece ser uma referência constante no discurso de vocês. Como definiria as relações entre arte e arquitetura?

JACQUES HERZOG O que é arte? O que é arquitetura? De fato, estamos muito interessados em descobrir o que é a arquitetura, em descobrir possibilidades para a arquitetura e o urbanismo hoje, o modo como essas disciplinas podem contribuir para a vida cotidiana, para a vida de todos. Ao considerar a arquitetura dessa maneira, a arte se torna muito importante porque, nas últimas décadas, desenvolveu estratégias mais interessantes, atraiu pessoas mais interessantes e criativas que o campo da arquitetura. São pessoas mais abertas à pesquisa e que estão mais interessadas em descobrir que em defender algo.

Nunca quisemos que nossas obras arquitetônicas fossem vistas como obras de arte. Sempre pensamos nelas como parte da cidade, isto é, como parte de algo sujeito a mudanças, com ou sem nossa participação. O fato de que muitas vezes colaboramos com artistas ou cientistas tampouco transforma nossa arquitetura em obra de arte. Pode soar paradoxal quando digo que o caráter artístico de muitos de nossos edifícios surge do próprio fato de eles serem tão arquitetônicos, de que, depois de todo o processo de projeto e pensamento pelo qual passam em nosso escritório, são tão cheios de energia arquitetônica.

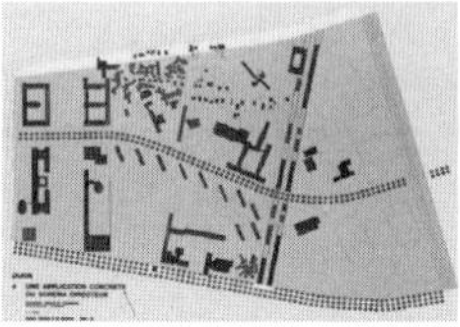

Plano para o campus da Universidade da Borgonha, projeto, Dijon, 1989-90

"Uma cidade nascente? Um estudo urbano para a aglomeração trinacional da Basileia", projeto, 1991-92

AZ A arquitetura não é o campo ideal para o desenvolvimento de um programa artístico, depois de os artistas terem declarado, nos anos 1960, que a arte só é significativa quando se torna parte da vida cotidiana?

JH Na maior parte de nossas colaborações com artistas, especialmente com Rémy Zaugg (que é mais teórico que pintor), tentamos encontrar estratégias e formas contemporâneas de atuar nas cidades e em edifícios públicos (por exemplo, o campus de Dijon [Universidade da Borgonha], o estudo urbano para a aglomeração trinacional da Basileia e o projeto dos Museus do Século xx em Munique), em vez de discussões estéticas. Sentimos que muitos artistas contemporâneos compartilham desse interesse em participar e trabalhar no espaço público. Para eles, isso oferece também a possibilidade de desenvolver ideias em grande escala, na escala de uma cidade, o que, do ponto de vista histórico, sempre foi um desafio para os artistas. Alguns são parceiros muito interessantes, que já refletiam sobre arquitetura muito antes de colaborarem com um arquiteto. Se nosso projeto para as bibliotecas da Universidade de Jussieu, em Paris, tivesse sido executado, teríamos colaborado com o pintor alemão Gerhard Richter, cujos primeiros trabalhos incluíam modelos para interiores de espaços amplos e até mesmo arquitetura em grande escala.

Museus do Século xx, concurso, Munique, 1992

Duas Bibliotecas, Universidade de Jussieu, concurso, Paris, 1992

AZ Em sua pesquisa sobre os limites da arquitetura, você percebe a disciplina se movendo de um conhecimento mais técnico em direção a um conhecimento mais artístico, digamos, de criação de "ambientes significativos"? Quais serão as posições dos artistas e dos arquitetos no processo de dar forma ao ambiente?

JH No momento, eu poderia indicar alguns fatos. Mesmo quando colaboram em projetos ligados ao espaço público, os artistas sempre retornam a seus estúdios para fazer o trabalho tradicional de escrita, pintura, filmagem etc., isto é, fazem um trabalho de pesquisa que os habilita a sair novamente para atuar na cidade.

Os arquitetos estão sempre trabalhando na cidade, sobre a cidade e com a cidade. Não podem fugir disso. Não podem fugir, sobretudo, da enorme pressão e das crescentes restrições para a construção de edifícios, principalmente de edifícios grandes. Um arquiteto que seja incapaz de estabelecer uma organização profissional perfeita para enfrentar toda essa complexidade de problemas não pode ser considerado um arquiteto contemporâneo, uma vez que as dificuldades crescentes são parte da arquitetura atual. Tais dificuldades são uma expressão inevitável, quase essencial, da vida e da cultura contemporâneas. Qualquer ideia arquitetônica artística é inútil, até mesmo ridícula, se não puder ser expressa no processo regular de construção. Mas porque é tão importante e há essa necessidade de "criar um espaço significativo", como você diz, os arquitetos devem desenvolver seu talento não só para criar e projetar esses espaços, mas também para promovê-los, defendê-los com o intuito de permitir que se tornem uma parte possível e necessária do processo de realização. Experimentamos isso em projetos recentes como o edifício de escritórios SUVA, para o qual desenvolvemos um método de engenharia de fachadas completamente novo, e em nossa proposta para as faixas de cobre de uma torre de sinalização [Signal Box auf dem Wolf, estação ferroviária da Basileia] que ninguém acreditou que funcionaria, do ponto de vista técnico ou econômico.

Edifício SUVA House, Basileia, 1988-93

Signal Box [torre de sinalização] auf dem Wolf, estação ferroviária, Basileia, 1989-94

Natural/artificial

AZ O discurso de vocês também se refere frequentemente à natureza. Como articulam o interesse no artístico/artificial com sua preocupação com os processos naturais?

JH Em vez de perceber processos artificiais e naturais como opostos, nós os vemos como uma única coisa, como uma continuidade de coisas. Já não acreditamos que natureza e sociedade, ou natureza e cidade, sejam sistemas dialeticamente opostos. Quando dizemos natureza, queremos dizer processos biológicos, químicos e físicos, que podemos tentar descrever a fim de compreender a "natureza". Além disso, falamos de processos artificiais e artísticos com os quais podemos operar com o propósito de entender nossa própria natureza, nossa percepção e sensação da natureza, nosso impacto sobre a natureza e as mudanças pelas quais ela passa.

Aprendemos muito a partir de leituras sobre processos químicos e descrições cristalográficas que comparam microestruturas, isto é, estruturas "invisíveis", como grades atômicas de materiais, a aspectos e qualidades "visíveis" que esses materiais ou substâncias revelam para nós na vida cotidiana. Reunimos algumas reflexões sobre o tema num texto intitulado "The Hidden Geometry of Nature" [A geometria oculta da natureza].* Estávamos curiosos a respeito de coisas que, embora invisíveis a olho nu, estão se tornando extremamente eficazes e que, em última instância, são responsáveis por coisas como a forma, a cor ou a estabilidade física de um objeto. Por exemplo, em grande medida devido às qualidades minerais distintas de suas estruturas cristalográficas (invisíveis), uma montanha de granito assume uma forma diferente daquela de uma montanha de pedra calcária. Há uma ligação entre esses mundos, entre o visível e o invisível. Embora muitos constantemente os separem, são a mesma coisa. Ainda hoje, a maioria das pessoas e dos arquitetos tem uma noção de "realidade" como algo que se pode ver ou tocar. Não podem ou não querem aceitar a existência de realidades adicionais, seja em objetos naturais ou artificiais. Tal fato tem

* Publicado originalmente em *Quaderns d'Arquitectura i Urbanisme: Geografies*. n. 181-182, Barcelona, Col-legi d'Arquitectes de Catalunya, set.1989, pp. 96-109. [N. E.]

consequências importantes não só para o modo como os arquitetos concebem sua arquitetura, mas também para o impacto econômico e ecológico dessas realidades sobre nossa sociedade.

Cultura/natureza

AZ É curioso que, pertencendo à geração educada nos anos 1960, você tenda a se referir mais às ciências naturais que à teoria social...

JH Os processos sociológicos e psicológicos são análogos aos processos naturais. Também podem ser análogos aos artificiais, como os processos artísticos. Joseph Beuys, a quem auxiliamos em sua instalação *Feuerstätte II*, na Basileia, em 1977, concentrou-se nessa analogia. Seu trabalho é exemplar no que se refere a tornar visíveis relações entre coisas aparentemente díspares; por exemplo, a forma e o comportamento do gás comparados a uma multidão de pessoas, ou o confronto e a combinação de cobre e ferro simbolizando qualidades masculinas e femininas.

AZ Você concordaria com uma espécie de continuidade "marcusiana" entre o natural e o cultural/artificial, em que a arquitetura e o planejamento agem como mediadores?

JH Continuidade não é uma palavra ruim para o que pensamos que vincula os processos naturais àqueles sociais/artificiais e culturais. Em nossos projetos, tentamos realçar e desenvolver tal continuidade. Esse método pode ser visto como uma busca por códigos que adaptem tanto informações naturais como culturais.

AZ Mas seu "naturalismo" não se relaciona a certo "essencialismo" ou "idealismo", que é quase paralelo à abordagem de Rossi da entidade urbana?

JH Não somos "naturalistas"! A palavra naturalismo vem carregada com um imaginário naturalistas ou com uma mentalidade de "retorno à natureza"! Desde os primeiros croquis, nosso trabalho sempre foi mais conceitual que nostálgico ou estilístico. Embora nosso modo conceitual e estratégico de trabalhar também esteja evidente em nossos edifícios, está se tornando mais radical e mais politicamente eficaz no planejamento urbano de grande escala. O planejamento urbano é, na verdade, o campo de atividade de que gostaríamos de participar e influenciar no futuro. Nossos exemplos mais recentes são as propostas urbanas para Stuttgart [Viesenhäuser Hof], nosso projeto para a Expo 2000 em Hannover e nosso estudo urbano para a aglomeração trinacional da Basileia. O primeiro projeto desse tipo que realizamos foi para o concurso de um parque na avenida Diagonal, em Barcelona, em que propusemos um sistema de reservatórios de água que funcionaria ao mesmo tempo como estação biológica de

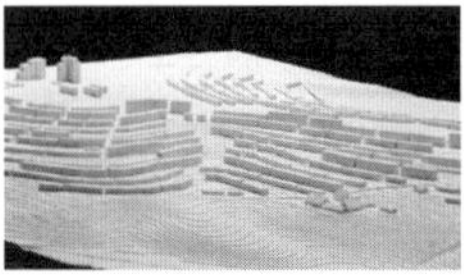

Viesenhäuser Hof, concurso, Stuttgart, 1991

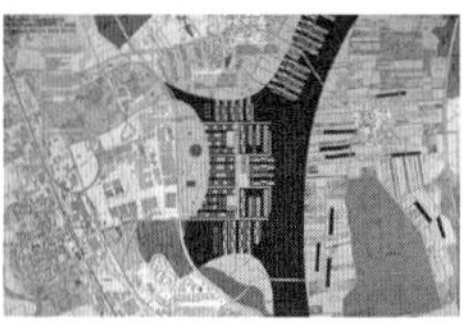

Expo 2000, concurso, Hannover, 1992

purificação de água e jardim público. Ninguém entendeu o projeto na época. Muitos pensaram se tratar de uma ideia ecológica e não de uma estratégia de planejamento urbano com a intenção de resolver um dos principais problemas de Barcelona, o da relação perdida entre a cidade e o mar. Nos últimos anos, vimos o crescimento da atividade de paisagistas na França e na Suíça, que sugeriram tratar a cidade e a paisagem de modo novo, mais integrado.

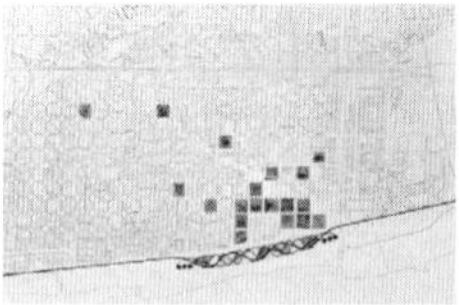

Parque na Avenida Diagonal, concurso, Barcelona, 1989

Voltando a sua sugestão de naturalismo ou essencialismo tipológico, posso dizer que estamos tão acostumados a trabalhar sob as duras condições determinadas pelas empresas da construção e pelos empreiteiros atuais que rejeitamos todos os sonhos românticos e ingênuos de harmonia e perfeição. Por outro lado, tentamos introduzir em seu pragmatismo uma nova linguagem – esse é nosso projeto – e transformar a linguagem deles nessa nova linguagem.

AZ Examinando alguns de seus projetos, especialmente a proposta para a área do Tiergarten de Berlim [Berlin Morgen], a arquitetura parece ser um tipo de "natureza artificial" que não acompanha necessariamente as mudanças no espaço social, mas se torna algo como um vale ou, no caso do Tiergarten, como montanhas a serem "colonizadas", porque têm certa autonomia formal em relação a restrições funcionais...

Berlin Morgen, proposta para a área do Tiergarten, exposição, Berlim, 1991

JH Claro que eles acompanham a mudança social. Não fazem nada além disso! Na verdade, sempre pensamos nesses quatro edifícios enormes como uma espécie de natureza artificial, como organismos e não edifícios. Por que organismos? Queríamos que a vida que acontece em seu interior fosse sua expressão arquitetônica exterior. Que esse conceito da visualização de um edifício em constante mudança fosse mais forte e mais diretamente perceptível que em todas as tentativas semelhantes anteriores. O projeto radicaliza uma posição arquitetônica específica. Aproxima-se da posição artística de Rémy Zaugg, que colaborou conosco no projeto. Essa postura faz com que o arquiteto desapareça, transferindo a posição de autoria para as pessoas dentro do edifício e para as pessoas que veem o edifício do exterior. O texto que acompanha o projeto diz: "O projeto do edifício não é o projeto arquitetônico em que o arquiteto ou o artista investiram. Tampouco é o projeto em que o economista, o engenheiro ou o estatístico investiram. É o projeto em que o usuário investiu".

Esse projeto está a anos-luz de ser um comentário cínico sobre o urbanismo. Tampouco tem a ver com a *tabula rasa* de Hilberseimer, uma vez que os quatro edifícios estão situados dentro de quadras existentes num terreno e são interligados. Os edifícios expressam nossa preferência por certo anonimato como qualidade arquitetônica, que deixa espaço suficiente para as pessoas se expressarem. As inscrições nas fachadas são uma mistura de declarações que vêm da observação do edifício a partir do exterior – da mesma maneira que se faria com uma paisagem ou uma pintura (verde-escuro, ponto quente, zona de luz clara etc.) –, e de mensagens enviadas por pessoas ou empresas do interior do edifício para a cidade.

AZ Isso significa que, para vocês, a estrutura material de um edifício é, em certa medida, um registro da estrutura social que o produz e utiliza?

JH Alguns arquitetos estão mais interessados em superfícies e formas, outros estão mais envolvidos com o espaço interior ou com a luz. Mas a arquitetura é sempre para que pessoas vivam e trabalhem ali. A arquitetura é um tipo de "escultura social", como diria Beuys. A arquitetura é, de fato, o modo como as pessoas a utilizam, como se movem, por onde entram e saem, como dispõem sua mobília. Essas são afirmações que aprendíamos de nossos professores nos estágios iniciais de nossos estudos no ETH [Instituto Federal de Tecnologia de Zurique], no início dos anos 1970, quando a sociologia estava assumindo o comando nas escolas de arquitetura europeias. A arquitetura estava sendo reduzida a investigações sociais e à construção de estruturas em que o espaço e as superfícies abertas poderiam ser preenchidos como gavetas. A arquitetura de [Herman] Hertzberger é certamente uma das expressões mais significativas das ideias desse período.

Uma posição contrária era defendida por Aldo Rossi, que passou a lecionar no ETH após termos frequentado cursos puramente sociológicos e psicológicos por dois anos. Como alunos, ficamos fascinados por aquela pessoa carismática que nos disse que a arquitetura é sempre e somente arquitetura, que as disciplinas da sociologia e da psicologia não podem substituí-la. Isso foi um choque para nós depois de todos aqueles anos em que o desenho e as "abordagens artísticas" da arquitetura eram praticamente proibidos pelos guardiões severos do movimento estudantil marxista. Rossi, que era considerado marxista e cujas teorias arquitetônicas eram, portanto, aceitáveis para nós, imediatamente substituiu os jogos de planejamento democrático e as entrevistas com locatários de apartamentos e outros grupos sociais por suas tipologias arquitetônicas, pela perenidade dos monumentos, pela "*architettura della città*".

Ora, você pode se perguntar, qual é a melhor estratégia hoje, o que é mais adequado, o que é mais "social"? Fomos instruídos nessas duas culturas, se pudermos chamá-las assim. Ainda conseguimos ver vantagens em ambas. Gostamos da abertura dos processos de planejamento e do uso de influências "não arquitetônicas", mas também gostamos da ideia de tipos e do estudo da cidade. No entanto, pensamos que ambos os caminhos apresentam problemas hoje, porque são muito ingênuos ou muito dogmáticos, excessivamente baseados em ideologia. Seguramente não pensamos que qualquer melhoria social ou na qualidade da vida cotidiana possa ser mais bem alcançada por uma ou outra estratégia.

Global/local

AZ Seus projetos de planejamento urbano parecem buscar um argumento central para se articular, bem como insistir na estrutura física, material, da cidade. Até que ponto você acha que ainda podemos esperar por esse tipo de conceito urbano unificado, por um "ajuste espacial", dentro de uma cultura caracterizada por fragmentação e instabilidade? Você acha que ainda é possível focar na fisicalidade, na topografia, na territorialidade – no "natural" – ao pensar o planejamento de estruturas urbanas?

JH A sede de nosso escritório é na Basileia, uma cidade caracterizada por seu urbanismo fragmentado, heterogêneo, e por sua aglomeração trinacional. Os grandes edifícios das poderosas indústrias químicas estão próximos às estruturas medievais coesas e aos bairros de classe média alta dos séculos XIX e XX. As fraturas urbanas são, de fato, muito abruptas. Isso é o nosso "sentir-se em casa". Outras cidades, especialmente no sul da Europa e na França, talvez sejam mais homogêneas, todavia, em toda a Europa, as cidades são cada vez menos organizadas por um esquema de planejamento geral. Agora, o que deveria ser feito? Fragmentação *versus* uma ideia geral? Do modo como me faz essa pergunta, você parece acreditar que ainda é possível agir de acordo com um amplo espectro de posições arquitetônicas e urbanísticas! De fato, a pergunta é: o que pode realmente ser feito? A única estratégia bem-sucedida é descobrir o que é politicamente e economicamente relevante e o que ainda mantém alguma força inovadora, e que possa, assim, realizar uma contribuição real para as cidades futuras.

Nossas propostas para Dijon, Stuttgart, Hannover e Basileia são obviamente muito diferentes entre si porque os problemas e os contextos são diferentes. Mas todos eles incluem tanto ideias gerais, como você diz, como estratégias apenas para pedaços ou fragmentos. Não trabalhamos com a fragmentação da cidade. Visto que ela já é inevitável, não tentamos realçá-la. Fragmentário é o modo como as cidades estão crescendo. De certo modo, faz parte de sua "natureza" crescer por fragmentação e repetição. Tentamos descobrir, "ler" que caminho a cidade quer seguir, onde sua estrutura de edifícios será densa ou rarefeita, se existem espaços abertos que podem ser mantidos ou ampliados, onde o corpo da cidade é "quente ou quase febril" e onde permanece numa espécie de estado intacto. São coisas interessantes de descobrir, reforçar e elaborar com mais clareza num projeto. É um modo de deixar que lugares "específicos" se tornem realidade.

AZ Seu modo de ser "específico" é articulado por meio do desenvolvimento de qualidades locais, no "contexto"? Você não acha que também seria viável criar um "sabor local" a partir de componentes "estrangeiros"?

JH O contexto urbano é a questão principal porque é o que as pessoas encontram quando vão a algum lugar. Diz respeito a onde e como elas vivem. Então é claro que temos de lidar bastante com o contexto se estivermos planejando fazer uma intervenção urbana hoje em dia! Mas o que é o "contexto"? A palavra significa algo diferente para quase todos os arquitetos. Como mencionamos, para Aldo Rossi, ele pode ser a estrutura tipológica; para Hertzberger, o comportamento social; para Venturi, talvez sejam os outdoors; para alguns arquitetos desconstrutivistas, é o desafio do caos. Os arquitetos sempre precisam de algo para se agarrar, e adotam o "contexto" como algo predeterminado para sustentar e justificar sua estratégia urbana.

Na maioria de nossos projetos urbanos, tentamos refrear grandes gestos. Em vez disso, procuramos promover as qualidades locais, torná-las mais aparentes, mais específicas. Na maioria das cidades, temos visto uma falta de interesse no espaço público – uma falta de compromisso político com tal espaço e de dinheiro destinado a ele, também. Por exemplo, áreas verdes, bulevares e parques que poderiam cortar as cidades, ligando e separando regiões diferentes. O que sempre admiramos em cidades como Paris, Madri, ou até mesmo Manhattan é sobretudo o caráter peculiar de seus amplos espaços públicos, e não seus edifícios mais importantes. Talvez seja por nossa necessidade de fazer jogging que amamos cidades com amplos espaços públicos ou com áreas verdes interligadas como um sistema de rios artificiais. Na maior parte de nossas propostas urbanas, tentamos integrar esse tipo de espaço público "fluido". Parece-nos mais apropriado à vida contemporânea que o ritmo interrompido das praças tradicionais.

Fenomenológico/ontológico

AZ Vocês já disseram que uma de suas metas é alcançar o "mais elevado estado ontológico da matéria", certa "qualidade espiritual" para as organizações materiais, que desapareceu da cultura material contemporânea, expulsa pela ascensão de valores utilitários. Vocês têm manifestado interesse pelo "invisível"; em seu trabalho, vocês evitam as perspectivas para estruturá-lo a partir de esquemas e da construção em si; o acesso a seus edifícios não se dá por meio de sequências espaciais, mas através de momentos de uma experiência sintética. Poderíamos classificar sua obra como "essencialista" ou "ontológica", em oposição à abordagem mais "fenomenológica" que muitas arquiteturas contemporâneas propõem?

JH Nossa abordagem é fenomenológica! Tudo que já projetamos se origina da observação e da descrição. Tudo o que já fizemos foi encontrado na rua! Todos os nossos projetos são resultado de nossas percepções projetadas nos objetos! Essa também é a razão pela qual nossos edifícios sempre parecem tão diferentes uns dos outros. Ao voltarmos o olhar para direções diferentes, os edifícios surgem de outras percepções. Trabalhamos observando fenômenos!

É evidente que também é possível encontrar outros elementos, mais estáveis e recorrentes em nosso trabalho. Tais elementos aparecem como constantes numa equação matemática ou, para voltar aos processos naturais, como atratores. Esses atratores arquitetônicos – por exemplo, atratores formais, atratores materiais ou atratores espaciais – podem ser entendidos como categorias ontológicas no trabalho de um arquiteto? O fato de que esses atratores podem ser encontrados no trabalho de alguém significa que ele é basicamente ontológico, em vez de fenomenológico? Realmente não achamos que essas classificações sejam úteis para compreender melhor nosso trabalho. Em todo trabalho interessante e coerente é possível identificar muitas influências e qualidades discrepantes, algumas vezes paradoxais, elementos estáveis e elementos variáveis. É assim para um artista, um cineasta, um escritor e até mesmo para um arquiteto.

Por "estado ontológico da matéria" entendemos objetos dentro de vários contextos: objetos naturais, como a pedra na escarpa na base do Himalaia, ou objetos artificiais, como o conjunto de parafusos que mantêm uma porta de avião em seu lugar, ou um ponto de cor verde na pintura de um artista. Em si mesmos, os objetos não significam nada. Sua simples presença física não os torna vivos. De fato, eles nem mesmo existem. Precisam de seu contexto natural ou artificial para que sejam vistos de um modo específico, para que possam se tornar objetos de nossa percepção, e que possam ser nomeados, que se tornem “seres”.

Tradição/mudança

AZ Como é a relação de vocês com seu ambiente cultural, a relação entre seu trabalho e a cultura suíça?

JH Não existe uma cultura suíça, uma identidade e uma história nacionais, como no caso das culturas alemã, francesa ou espanhola. Dificilmente se veem artistas, arquitetos e escritores suíços em contextos nacionais ou locais do mesmo modo como os artistas dos grupos Die Brücke ou Der Blaue Reiter ou os arquitetos da Bauhaus representam ou representaram a Alemanha, ou como os arquitetos da AA [Architectural Association] representam Londres. Embora o ETH em Zurique seja um foco cultural forte e importante para um jovem estudante de arquitetura, e embora a Basileia sempre tenha tido um forte impacto sobre nosso trabalho devido a suas ricas contribuições no campo da cultura contemporânea, nunca sentimos nenhuma afinidade especial com uma identidade cultural especificamente suíça. Pelo contrário, sempre gostamos da Basileia porque está localizada na interseção entre três países, e não porque seu centro histórico é suíço. Portanto, consideramos a falta de uma forte identidade cultural como algo libertador. Pensamos que é possível encontrar muitas influências culturais em nosso trabalho porque o caráter específico do projeto sempre foi mais importante para nós que o estilo de uma escola ou um "estilo pessoal". Os arquitetos contemporâneos com um estilo pessoal característico podem vender melhor seus produtos durante certo período porque seus edifícios funcionam como produtos de identidade corporativa. Depois, ninguém os aguenta mais porque o espírito biográfico ou regional se torna mais evidente depois que o espírito daquele tempo passa.

AZ Tendo rejeitado sua identidade local como instrumento operacional, qual é a sua atitude com relação à tradição?

JH Essa ideia de tradição não existe mais. Tal fato é válido não apenas para a arquitetura mas também para a maioria das áreas da cultura. Um arquiteto não pode mais fundamentar seu trabalho em informações tradicionais. Ou seja, toda a segurança e a obviedade que o trabalho arquitetônico costumava ter em culturas tradicionais desapareceu. Um arquiteto tem de basear seu trabalho em algo mais, algo que ele deve trazer ao projeto. Mas o quê? Há dez ou vinte anos, o modernismo ainda esperava por uma nova tradição moderna e o pós-modernismo se propunha a refazer imagens de eras passadas. Mas fazer um objeto, hoje, é sempre um novo problema. O que é um teatro? Qual é a aparência de uma janela? Como deveria ser uma garagem de trens, ou mesmo algo tão simples como um prédio de escritórios?

Não lamentamos essa falta de tradição porque ela abre possibilidades novas, antes inexistentes na arquitetura. Gostamos de aproveitar as possibilidades oferecidas por novos materiais e novas ferramentas como os computadores e os equipamentos de vídeo. Isso não implica uma aversão a objetos tradicionais. Adoramos a arquitetura tradicional – tanto casas de montanha suíças como as construções com pátio japonesas ou árabes. Essas arquiteturas podem nos revelar muitos segredos – se estivermos dispostos a escutar e se conseguirmos lidar com o fascínio que emana delas. Mas temos que estar cientes das forças que estão em ação no presente em que vivemos. Não existem valores atemporais. O tempo é uma realidade; o tempo é parte do projeto. O tempo muda, não muito rápido, mas num ritmo constante e invisível. Talvez os arquitetos não estejam tão conscientes do tempo porque não conseguem vê-lo. Cineastas e escritores podem expressar o "tempo", podem usá-lo como uma ferramenta de trabalho.

Anos 1980/anos 1990

AZ Ao afirmar que o tempo é um material de construção e ao negar a tradição como instrumento operativo hoje, fica implícito que ter uma boa consciência da época em que se trabalha é um fator decisivo para vocês. Como entendem o momento presente e como ele influencia seu método de trabalho?

JH Os tempos estão mudando. Qual será a mudança na arquitetura? Os anos 1990 serão um período diferente dos 1980. O início dos anos 1980 foi quase barroco, com muito dinheiro invadindo o mercado. A arte foi vendida a preços espantosos, e isso levou a um crescimento eufórico da quantidade de espaços destinados a galerias e museus, nos quais tanto os objetos exibidos como os próprios edifícios possuíam um estilo pitoresco. Como nos anos 1960, qualquer coisa parecia possível, e os principais arquitetos se superaram em exercícios maneiristas, *high-tech* e desconstrutivistas. Nesse aspecto, a arquitetura de vanguarda dos últimos anos se parece com o *art déco*. Muitas cidades e políticos entusiasmados rivalizaram entre si injetando dinheiro em seus projetos arquitetônicos. Muitos desses projetos entusiásticos estão agora paralisados, devido não apenas a restrições econômicas, mas também ao fato de que todo o espírito dos anos 1980 foi afetado pela crise.

AZ Então, qual é o prognóstico para os anos 1990, para os anos em que estamos todos vivendo e trabalhando?

JH Vemos a década de 1990 como um período em que tudo se tornará ainda mais incerto, mais instável. As condições sob as quais trabalhamos terão de ser redefinidas quase diariamente. As decisões tomadas pelos clientes costumam acontecer muito tarde, como se eles estivessem esperando alguma informação adicional de uma fonte inesperada. Os processos de tomada de decisão se tornaram ainda mais complexos. Isso nos deixa num estado de incerteza constante, um estado que implica, também, uma constante abertura. A globalização da economia permite que investidores movimentem não apenas capital mas também processos de produção daqui para qualquer lugar, com uma facilidade sem precedentes. Vimos isso acontecer recentemente com alguns de nossos clientes. Algo interessante e surpreendente que depois entendemos é que o mundo econômico não é um mundo racionalista e de estratégias lógicas bem calculadas. Pelo contrário, é como um mercado no qual os aspectos psicológicos e fortuitos podem ser decisivos!

Ordem/caos

AZ Em sua descrição dos processos de construção contemporâneos, você mencionou caos, incerteza, complexidade... Como isso se traduz na arquitetura? Como vocês enfrentam essa realidade caótica nas estratégias de sua prática?

JH Achamos que, com nossa abordagem conceitual dos problemas arquitetônicos, podemos enfrentar essa realidade caótica mais facilmente que outros arquitetos que adotam, digamos, uma abordagem mais estilística, individual. Um exemplo é a estação ferroviária que estamos desenvolvendo nos últimos anos com um programa muito complexo e um cliente com uma estrutura ainda mais complexa. Desde os primeiros croquis, temos trabalhado um conceito arquitetônico que cria unidades pequenas, muito simples, que podem ser adicionadas ou retiradas e adicionadas novamente como num jogo infantil e que é, em todos esses estados diferentes de crescimento, uma construção real, uma entidade e não uma adição de elementos ao acaso. Esse conceito era tão forte que rompeu todos os argumentos técnicos, econômicos e irracionais. Contudo, a questão que trouxemos para sua concepção não era nem abstrata nem especialmente funcional. Tínhamos em mente apenas a simples e bela imagem de trilhos.

AZ Você acha que existe uma qualidade relacionada à ausência de escala em sua obra, um processo de autossemelhança interna em que, em cada escala do projeto, o usuário se depara com tipos análogos de organizações materiais? É esse, talvez, o tipo de operação que descrevem em "The Hidden Geometry of Nature"?

JH Gostamos que os edifícios questionem a escala de seus entornos. O que é grande ou pequeno? Por que pensamos que algo é realmente longo ou bastante curto? Exemplos dessas pesquisas de escala são os edifícios Ricola e a torre de sinalização revestida de cobre. Não há ausência de escala em nossos edifícios, mas eles não afirmam de antemão o que se sabe ou o que se espera da escala.

Os computadores não têm escala. Calculam, computam quantias infindáveis de informação e em nenhum ponto nessa linha infinita esses dados têm um "significado" diferente do que em outro ponto. Mas é claro que você pode criar programas que funcionam como estruturas orgânicas, gerando detalhes autossemelhantes por repetição. Essa experiência com computadores é muito interessante para nosso trabalho. Ela nos ajuda a elaborar os detalhes de um edifício desse modo, isto é, com imagens autossemelhantes. E essa analogia estrutural (autossemelhança) entre estruturas orgânicas e construídas é definitivamente algo com que nos familiarizamos e que aprendemos a descrever por volta de 1984, quando começamos a trabalhar no texto "The Hidden Geometry of Nature". Dessa forma, projetar e detalhar se torna uma viagem mental ao interior do edifício. O exterior se torna como o interior. A superfície se torna espacial. A superfície se torna "atraente". Ela o atrai enquanto você trabalha nela como projetista. Você penetra mentalmente o edifício a fim de saber como o edifício será.

Depósito Ricola, Laufen, 1986-87

Corpo/superfície

AZ A superfície de um objeto parece ser, pela sua fala, um de seus assuntos favoritos. Em seu trabalho, essa preocupação se torna bastante evidente de vários modos. Em muitos projetos – a casa em Tavola [Stone House], o edifício de apartamentos na Hebelstrasse, o edifício Schwitter, a Galeria da Coleção Goetz, os edifícios Ricola–, o envoltório tende a ser vinculado à estrutura primária. Visto que o envoltório produz a "face" dos edifícios, parece que sua aura erótica depende, em grande medida, de suas qualidades puramente físicas, como peso, textura... e não de suas características de composição. Você pode elucidar a relação entre a superfície e o corpo de seus edifícios?

JH Pensamos que as superfícies de um edifício devem estar sempre ligadas ao que ocorre dentro dele. O modo como essa ligação acontecerá é do que trata o ofício do arquiteto. O conceito de ligação pode significar unir materiais e estruturas de construção, assim como separá-los ou até mesmo isolá-los intencionalmente. Num projeto, sempre tentamos estabelecer quantas ligações forem possíveis entre os diferentes sistemas que estiverem em funcionamento nele. Nossos melhores projetos são aqueles em que a visibilidade de tais ligações foi reduzida a zero, em que os vínculos são numerosos que deixaram de ser "vistos". Assim, tudo se torna quase autoevidente. Certa vez o músico Brian Eno comparou o rock aos cheiros que sentimos,

Stone House, Tavola, 1982-88

Edifício de apartamentos na Hebelstrasse, Basileia, 1984-88

Edifício Schwitter, Basileia, 1985-88

Galeria da Coleção Goetz, Munique, 1989-92

por sua capacidade de afetar as pessoas primeiro física e emocionalmente antes de elas estarem intelectualmente conscientes do que está acontecendo. Essa arquitetura tem a ver com isso.

Também pensamos que a boa arquitetura sempre respeitou, isto é, sempre desenvolveu, um conceito para a relação entre o interior e o exterior. Alguns arquitetos contemporâneos, como Rem Koolhaas, parecem negligenciar essa relação intencionalmente. Mas em seus projetos para o ZKM, em Karlsruhe, e para a Très Grande Bibliothèque, em Paris, gostamos especialmente do modo como ele lida com o interior e o exterior. Em ambos os edifícios, o exterior parece tão diferente do que está no interior, mas ainda assim a imagem de cada edifício pode ser percebida como um todo.

Matéria/símbolo

AZ Em muitos de seus projetos – os Museus do Século XX em Munique, o Centro de Artes de Blois, a Igreja Ortodoxa Grega em Zurique, o edifício de escritórios SUVA e as bibliotecas da Universidade de Jussieu, em Paris –, o envoltório se torna uma tela na qual textos e imagens são projetados ou serigrafados sobre a superfície. Como você articula esses dois modos de operar sobre a superfície, um deles por meio de qualidades materiais, físicas, e o outro através da criação de camadas de textos e imagens?

JH Para construir paredes, pisos e edifícios inteiros, precisamos de material de construção. Então pegamos tudo que estiver disponível – tijolo e concreto, pedra e madeira, metal e vidro, palavras e imagens, cores e cheiros. Não é piada! Desde que começamos a trabalhar, temos tentado estender e ampliar o campo da arquitetura, entender o que é "arquitetura". Esse método de trabalho se torna muito evidente numa análise de nossos primeiros projetos, como a Casa Azul, de 1979 – em que usamos um pigmento azul ultramarino puro (um azul Yves Klein) para desestabilizar as paredes de tijolo da obra –, ou a instalação que fizemos na Galeria Stampa, na Basileia, onde construímos espaços com asfalto e colocamos inscrições nas paredes.

Qualquer que seja o material que usamos para fazer um edifício, o que buscamos é, sobretudo, um encontro específico entre a construção e o material. O material está lá para definir o edifício, mas o edifício, em igual medida,

Centro de Artes, concurso, Blois, 1991

Igreja Ortodoxa Grega, concurso, Zurique, 1989

Casa Azul, Oberwil, 1979-80

está lá para mostrar do que é feito, para tornar o material "visível". Visto desse modo, não existe absolutamente nenhuma diferença entre as paredes de pedra de nossa casa em Tavola e as fachadas de texto do Centro de Artes de Blois. Em ambos os casos, forçamos o material que usamos a um extremo para mostrar que ele está despojado de qualquer outra função que não o "ser". É por isso que as pedras têm um poder tão incrivelmente físico, enquanto os textos para Blois "destroem" a estrutura do edifício ao construir sua própria estrutura, a estrutura de letras móveis e seus significados.

Não classificamos materiais. Não preferimos um a outro. Ainda que muitos de nossos projetos recentes tenham sido feitos com tratamentos diferentes (técnicas de serigrafia) do vidro, estamos sempre abertos à pedra, à madeira ou ao que quer que seja. Curiosamente, alguns arquitetos pensam que o vidro é o ápice dos materiais contemporâneos. Não achamos que um material é mais "contemporâneo" que outro. Se você observar as obras de Eduardo Souto de Moura ou de Roger Diener – ambos trabalham com materiais ditos tradicionais –, verá que se trata de uma resposta à cidade contemporânea tão complexa e interessante quanto as propostas apresentadas por quaisquer dos principais especialistas em vidro. Para voltar ao tema da arte uma última vez, ninguém acha que um videoartista como Gary Hill ou como Bill Viola é mais contemporâneo que um pintor ou um escultor como Richard Serra ou Jeff Koons! Semelhantemente, nós rejeitamos as classificações da arquitetura e nos mantemos abertos para abordá-la de todos os modos que conseguirmos.

JEAN NOUVEL

El Croquis: Jean Nouvel, 1987-1994, n. 65-66, 1994.

INCORPORAÇÕES

JEAN NOUVEL ...Claude Parent foi uma influência crucial em minha formação como arquiteto e também o começo de minha carreira. Fui chamado para trabalhar no escritório dele porque tinha ficado em primeiro lugar no exame de seleção para a École des Beaux-Arts. Parent e [Paul] Virilio eram, naquele momento, os arquitetos mais desafiadores, os mais questionadores, e nesse período eu procurava um modo de me afastar do academicismo, tanto o histórico quanto o moderno. Parent era o chefe e Virilio o teórico, o homem das grandes conversas; sempre estava por lá, e eu tive a oportunidade de falar com ele diversas vezes. O escritório era, na época, composto de gente muito interessante – em sua maioria veteranos – e eu era um garoto caindo de paraquedas ali, de modo que logo se estabeleceu uma relação de pai para filho entre Parent e mim. Logo comecei a liderar projetos, e tive de tocar a obra de um grande edifício quando tinha apenas 21 anos. Me senti como uma criança que ainda não sabia nadar sendo jogada dentro da água.

ALEJANDRO ZAERA-POLO Você começou a trabalhar com Parent antes de terminar seus estudos?

JN Sim; me casei muito jovem e precisava ganhar dinheiro para sobreviver, de modo que tive de trabalhar... Ao mesmo tempo, o Maio de 68 havia esvaziado muito a escola. Minha formação universitária foi uma experiência muito superficial. Parent e Virilio foram minha verdadeira escola, muito mais que a École des Beaux-Arts, que não me ensinou nada além da desconfiança. Depois de cinco anos em seu escritório, Parent me disse: "Você já sabe o suficiente, agora vou ajudá-lo para que continue por conta própria". Eu ainda não tinha me formado, mas ele me deu algumas lojas no supermercado Epernay e outros projetos pequenos com os quais sobrevivi por um ou dois anos.

AZ Seu aprendizado foi fundamentalmente pragmático...

JN Não apenas. Eu tinha discussões teóricas frequentes com Virilio e Parent, mas muito distantes das questões acadêmicas sobre tipologia, morfologia urbana... Parent e Virilio naquele momento estavam fazendo uma revista teórica chamada *Architecture Principe*, onde discutiam as continuidades do espaço oblíquo, as dobras, as inclinações...

AZ Virilio esteve intensamente envolvido nos acontecimentos do Maio de 68. Como você vivenciou aquele período? Quais são suas dívidas ideológicas com as tendências que, especialmente na França, adquiriram massa crítica durante o ano de 1968 por meio de [René] Thom, [Gilles] Deleuze, [Guy] Debord, [Jacques] Monod e o próprio Virilio, que colocaram em questão a epistemologia do modernismo clássico, o estado de bem-estar social, o capitalismo monopolista...?

JN Vivi ativamente o ano de 1968. Eu trabalhava para Parent e deixei o escritório por dois meses para estar nas ruas, nas assembleias universitárias. Discutíamos a democracia direta e construíamos argumentos políticos... Sempre me lembro do período com ternura e ironia, mas foi muito divertido... O mais importante é que acreditávamos que certas utopias podiam se tornar realidade. Era uma grande oportunidade para confrontar a realidade com um pensamento utópico. Naquela época, eu questionava a legitimidade do ato arquitetônico, e passei a me interessar pelas estratégias participativas como forma de incorporar democracia à agenda da arquitetura. Através dessa reflexão, cheguei a uma distinção clara entre os fatos democráticos e culturais, para em seguida declarar sua autonomia recíproca. Você pode decidir democraticamente questões de localização, programa, uso, mas o ato estético não é negociável. E, em última instância, a tarefa dos arquitetos é justamente criar a definição cultural do ambiente construído. Mesmo numa arquitetura orientada pela demanda não se pode fazer concessões sobre a natureza estética das coisas, uma vez adquiridos os direitos legais para fazer isso como arquiteto. Cheguei a proibir meus clientes de fazer qualquer mudança em meus edifícios antes de três anos de uso. Eles são ideologicamente suspeitos nesse período. Minhas condições são: "Deem-me quantas regras for, exijam tudo o que vocês querem precisamente, inclusive materiais específicos... Mas, já que atendi a todas as solicitações, você não pode pedir modificações".

Como consequência de 1968, o processo de urbanização entrou em crise na França. Formamos o movimento Março de 76 para colocar em questão certa tecnocracia que governava a construção da cidade por meio de documentos indecifráveis que impediam as associações dos trabalhadores de influir na produção do espaço urbano. Parent e Virilio se separaram em 1968, devido à incompatibilidade de suas abordagens pessoais em relação àqueles eventos. Virilio se voltou para a teoria, e isso teve grande impacto em minha carreira, porque me fez entender as especificidades da prática arquitetônica. Ele já era uma espécie de teórico de estética militar, mas acho que não poderia ter se tornado um filósofo consciente de suas próprias possibilidades sem ter passado pela experiência de Maio de 68. Para ele, aquilo também significou uma verdadeira mudança de vida.

Incorporando o exterior

AZ Uma das características mais intrigantes em seu trabalho são as constantes incursões em territórios externos à arquitetura, o modo como incorpora outras disciplinas à prática arquitetônica. Você falou algumas vezes sobre "exterioridade", sobre "operar por deslocamentos ou migrações". Poderia explicar esse processo?

JN A primeira coisa que eu gostaria de formular é a questão da autonomia disciplinar da arquitetura – para mim, algo essencial em relação à mutação do pensamento arquitetônico e fundamental para a consolidação de uma geração emergente de arquitetos. Penso ser evidente que a arquitetura não é mais uma disciplina autônoma, e isso implica que não é mais suficiente aprender uma série de regras ou técnicas das quais o projeto derivará linearmente. Ao longo deste século [XX], a arquitetura mudou completamente sua natureza. Se antes os arquitetos tinham a ambição de definir exaustivamente o mundo em que vivemos, hoje essa atitude se tornou insustentável, porque uma espécie de catástrofe geográfica ou geológica se abateu sobre os domínios urbanos do planeta, e nos encontramos no meio de um acúmulo caótico de matéria construída que dificilmente pode ser caracterizada como arquitetônica, no sentido intencional do termo. Os arquitetos não têm outra forma de agir a não ser buscar uma integração com esse fenômeno, por meio da modificação desses materiais. Podemos afirmar que, hoje, uma arquitetura que pretende determinar completamente o ambiente construído não é mais possível, ao menos em certa escala. A arquitetura só pode ser, portanto, uma reflexão específica das condições externas, que estão cada vez mais poderosas e inevitáveis. A arquitetura se torna, por conseguinte, uma mutação, uma transformação das condições dadas. Podemos agir apenas através da alteração, da adição, da repetição... Acentuar certos traços, identificá-los no caos...

Se a arquitetura deixou de ser uma disciplina autônoma, eu diria que ela permanece como cristalização de culturas vivas... Como uma catedral gótica: uma espécie de transcrição e fixação da cultura do momento em forma material. Mas para incorporar, para fixar determinada cultura em termos arquitetônicos, precisamos conhecê-la. Sempre somos influenciados pelo exterior e precisamos estar conscientes do que existe fora de nosso campo de ação para explorá-lo. Um arquiteto contemporâneo é alguém que vive atento para captar a realidade, para então projetá-la, revelá-la. Para que isso dê certo, é preciso viver intensamente a época e estar envolvido nos processos de produção. O substrato básico do pensamento arquitetônico está em toda parte, embora seja mais evidente nos domínios relacionados à produção de matéria e luz, ou à organização do espaço: principalmente nas artes plásticas e aplicadas.

Na concepção de um objeto, há sempre as operações de mudança de escala, de evolução da forma...

E estas são fontes fantásticas para o pensamento arquitetônico. As questões da arquitetura vêm da compreensão e da apreciação do mundo a nosso redor, mais que da clausura do âmbito disciplinar. Le Corbusier foi o primeiro a revelar o potencial da observação de outros processos de produção quando aplicados à arquitetura: os silos, os transatlânticos, os aviões... Virilio também mostrou que os armamentos também são um substrato extraordinário para a pesquisa de processos formais. É verdade, não há nada mais belo que uma arma... O universo militar é premonitório, porque desfruta da tecnologia e dos meios financeiros mais poderosos: todas as invenções passaram pela esfera militar. Ninguém pode negar o poder de sedução de um carro de Fórmula 1 ou de uma moto de corrida – agora mesmo há uma exposição de Ferraris em Nova York... Quando afirmo que a modernidade ainda está viva é porque entendo que ela é um fenômeno em perpétuo surgimento, e não um movimento histórico. Ser moderno não é ser corbusiano, mas ter uma atitude sensível a todos os fenômenos que emergem. E essa emergência é transversal, ela opera por meio da exterioridade.

AZ Você disse muitas vezes que o arquiteto é – no contexto dessa depreciação da disciplina autônoma – aquele que "é capaz de dizer algo", como se a formulação verbal dos conceitos arquitetônicos talvez pudesse se tornar uma ferramenta de abstração que facilita a incorporação do mundo "exterior" nas operações arquitetônicas.

JN Quero dizer que precisamos saber com precisão o que estivermos tentando fazer. Há um modo de criação que opera por meio da espontaneidade e da intuição, que é muito consciente de certo grito primitivo, da emergência do subconsciente, do acaso, do *nonsense*... Pessoalmente, sou muito cético a respeito dessas ações: sempre gosto de me colocar do lado de fora, e isso está ligado à ideia de exterioridade. Quando falo de deslocamento, refiro-me ao processo que move ideias que pertencem, por exemplo, ao campo da filosofia para o domínio da arquitetura. Todo projeto deveria ter esse tipo de mobilidade conceitual: poder ser formulado em termos arquitetônicos, plásticos, técnicos ou filosóficos. As regras de criação têm que ser estabelecidas mediante de um esforço de síntese dos elementos mais bem informados das análises, para encontrar uma solução sinérgica através de suas múltiplas formulações potenciais. A transversalidade e a sinergia são para mim condições cruciais para a arquitetura. Porque a arquitetura é, em última análise, um ato do pensamento.

AZ Então, a origem de um projeto está sempre apoiada numa formulação mais abstrata, não necessariamente material...

JN Um projeto deve sempre se basear numa análise precisa buscando encontrar a solução mais simples que atenda às mais complexas demandas. E isso sempre passa por um canal verbal, por ideias que devem ser formuladas – no sentido de produzir uma fórmula.

Fui o primeiro estudante da École des Beaux-Arts a apresentar um trabalho final de graduação escrito, em vez das tradicionais pranchas de desenho. Percebi que os projetos que éramos forçados a fazer na escola eram apenas exercícios de composição. Eram vazios de conteúdo. Sou capaz de descrever com enorme precisão qualquer um de meus projetos em cinco páginas escritas. É simplesmente assim, e isso é essencial. Mas, ao mesmo tempo, há um momento no processo em que o argumento para o projeto já está lá, e não preciso mais continuar falando a respeito, porque o principal é fixar o conceito. Esse é o ponto em que, através de uma espécie de milagre, outras coisas começam a aparecer. O trabalho torna-se mais plástico; memória e atenção assumem o controle... Começo então uma apropriação de todas as coisas que reuni sobre a mesa, a incorporar seus valores plásticos, suas conotações... Para, assim, produzir um objeto que se torne mais ambíguo e misterioso, talvez até uma obra de arte.

AZ Em sua pesquisa sobre os limites do campo disciplinar e da natureza transversal do pensamento arquitetônico, você também falou de certa especificidade da arquitetura, mesmo que isso não signifique uma autonomia disciplinar. Como você descreveria essa especificidade potencial da arquitetura como disciplina?

JN Creio que a especificidade da arquitetura consiste em conseguir concentrar, numa forma durável e habitável, os valores culturais de um momento determinado ou de uma época. Quadros, filmes, fotografias têm natureza similar, como produtos materiais de uma cultura, mas, em arquitetura, temos que lidar com a questão de um espaço que precisa ser habitável. Seja na escala do indivíduo ou da cidade, a arquitetura é o que nos rodeia, que foi produzido e encomendado para ser usado. Outra das especificidades da arquitetura é ser comissionada, ter que resolver problemas. Não há autoarquitetura: se você faz o que quer, não importa onde ou a que preço, não estará fazendo arquitetura. A arquitetura não pode reivindicar a condição artística como seu valor principal. A dimensão poética é um valor adicionado a nosso trabalho, já que estamos, em última análise, comprometidos com uma "arte aplicada". A arquitetura é uma disciplina que requer um enorme consenso: uma grande quantidade de pessoas deve aprová-la – por meio de permissões, orçamentos, relatórios técnicos, vontade de um cliente que precisa ser convencido. Nunca podemos esquecer esses parâmetros. A especificidade da arquitetura é ser uma resposta para uma demanda social dentro de um contexto cultural.

AZ E esse contexto cultural tem uma dimensão histórica? Se é assim, como você incorpora isso em seu trabalho?

JN Bem, a dimensão cultural está sempre conectada com o fato histórico, com a força do acontecimento. E, portanto, a atividade arquitetônica se torna um eterno diagnóstico. O que eu entendo por modernidade é justamente uma operação histórica, que sempre se relaciona com a memória. Ser moderno é fazer o melhor uso da memória, conectando diversas informações, e não necessariamente em ordem cronológica. Não construo com materiais inventados durante os últimos vinte anos porque quero ser moderno – isso seria o mesmo que escrever um livro com palavras que apareceram nos últimos vinte anos. Ao contrário, o que é interessante para mim é conectar diversos campos e manter esse diagnóstico cultural sempre: no momento ou local onde estou, com o cliente e o orçamento que tenho, com a tecnologia disponível...

Todas as arquiteturas que se tornaram historicamente significativas não poderiam ser consideradas nada além de modernas, no sentido que acabo de descrever. Raramente um neofenômeno ultrapassa o poder que teve o original. O neogótico aplicado à escala de um arranha-céu, por uma civilização emergente que quer adquirir alguma profundidade histórica instantânea, pode ter algum interesse, mas nunca tem o mesmo potencial expressivo que as culturas que expõem mais diretamente seus valores. Na arquitetura classicista, a virtude acadêmica tem sido sempre a mesma: copiar para melhorar as virtudes acadêmicas... A verdadeira modernidade é um ato de autenticidade histórica: o que procuro enfatizar é o traço dos valores de uma época.

AZ Mas, como arquiteto, qual é o conceito de história que você tem? Um puro acúmulo de informações ou uma genealogia que permite continuidade...? Como a bagagem histórica informa sua produção arquitetônica?

JN É o oposto da ideia de um armazém que se pode usar para refazer as coisas. Precisamos entender a essência, as razões das coisas. Por que algo foi produzido em determinado momento, em determinadas condições. Entender que as condições para que algo aconteça não são traduzíveis para o presente. É numa direção transversal que a história se torna produtiva. Este século tem visto uma explosão de técnicas de pesquisa e conhecimento, incluindo nas artes plásticas, e a noção acadêmica de belo sofreu ataques violentos. Hoje há tantas coisas interessantes e belas que para ser um grande artista basta identificar um campo de sensibilidade.

AZ O que você quer dizer quando afirma que nossa era é uma "era urbana"?

JN Eu me refiro ao que aconteceu durante este século, uma mutação ao mesmo tempo devastadora e criativa, em que o fenômeno urbano se tornou absolutamente colossal e vertiginoso. Acho que foi nesse momento que a arquitetura alcançou a maturidade. Quando a arquitetura era jovem, ela desenvolveu, sob condições relativamente simples e confortáveis, uma graça comparável à de uma criança mimada. Mas, pouco a pouco, envolveu-se em condições cada vez mais complexas. Até o século XIX, parecia que tudo estava preparado para acolher a arquitetura; ainda havia um contexto favorável. Isso acabou e, como a filosofia, a arquitetura submergiu numa espécie de magma descontínuo, cuja direção tem de ser encontrada. Entramos em dimensões que não são puramente físicas e temos que operar dentro desse campo urbano como algo dado, um ponto de partida que se produziu sem nosso consentimento. Ninguém pode reivindicar uma cidade como um ato da vontade: qualquer concepção de cidade é sistematicamente subvertida pela influência de fatores externos. Há centros históricos, núcleos rígidos onde a cidade está em grande parte construída, mas há além disso extensas áreas periféricas onde a matéria ainda está flutuando e onde a maior parte da atividade arquitetônica acontece hoje. O próprio conceito de cidade já não pode depender de modelos tradicionais. Estamos diante de estruturas nebulosas, em que temos de aprender a julgar positivamente certos processos, porque, de outro modo, a quantidade de deficiências seria insuportável. É como um processo geológico que precisamos admitir como lugar, aprender seus valores, saber como transformá-lo, domesticá-lo e civilizá-lo... e descobrir qualidades potenciais em cada uma de suas partes. Esse seria o ato da arquitetura correspondente à era urbana.

AZ Você parece produzir uma suspensão do julgamento para ser capaz de operar dentro desse processo caótico em condições favoráveis à criação...

JN Há sempre três estágios na evolução de uma estrutura urbana: repetição, mutação e revelação. Essa suspensão do julgamento é uma técnica de revelação: em meio à fatalidade que rege os processos da cidade contemporânea, há sempre acontecimentos positivos que não se devem a qualquer vontade plástica ou programática. Encontros, compressões, expansões, interpenetrações... Fenômenos reais que possuem um nível de sensibilidade que talvez não teríamos sido capazes de inventar e dos quais podemos nos apropriar com pouco esforço, se formos capazes de aceitá-los e identificá-los. Se negligenciamos tudo o que não se encaixa nos critérios da moral estabelecida, nunca seremos capazes de ver esses potenciais.

AZ Nas estratégias que regem a maior parte de seus projetos urbanos, identifico certa exploração do acidente, uma lógica da situação bastante evidente nos projetos para a Rive Gauche, para a Friedrichstrasse [Galeries Lafayette] em Berlim, para Praga [Smíchov]... Uma insistência no acontecimento em si, mais que na estrutura...

Galeries Lafayette, Berlim, 1990-95

JN Sim, eu gostaria de me tornar o arquiteto do hiperespecífico. Acredito muito numa análise precisa das situações. Sem o conhecimento de como as coisas acontecem não podemos explorar o potencial dessa nova camada sobre o espaço urbano. O planejamento da cidade como uma extensão coerente não funcionou bem: as coisas permanecem desenraizadas, ou não fazem sentido quando se tenta planejar um território num prazo de quinze anos. Acho que as infraestruturas são cruciais para o entendimento da cidade contemporânea, e às vezes podem até mesmo se tornar uma fonte de acontecimentos poéticos – uma pradaria é sempre mais bela quando há uma linha de alta-tensão passando por ela. As infraestruturas também são inevitáveis: você precisa de trinta anos de manifestações para desviar quinze metros de uma linha de TGV, contornando uma igreja romana; um local magnífico em Saint-Germain-en-Laye vai ser atravessado por uma autoestrada agora... Esses acontecimentos são fatais; estão inscritos numa lógica de desenvolvimento que vem de muito tempo atrás. Estou interessado nessas fatalidades e em seu potencial cultural. Por exemplo, a via expressa da Rive Gauche em Paris, tão criticada durante sua construção, tornou-se um passeio público fabuloso, e precisamos conseguir dotá-la de uma dimensão cultural. É uma sequência espacial que sublinha a importância do deslocamento como experiência arquitetônica; para enfrentar a cidade e suas arquiteturas quase no sentido cinematográfico, como uma passagem pelos espaços, como uma sucessão de sequências. Na cidade contemporânea, esses aspectos estão muito mais desenvolvidos que na cidade tradicional, e essas sensações já se tornaram parte das formas culturais.

AZ Mas essa ideia do ambiente urbano como uma coleção de acidentes não implica a impossibilidade do planejamento?

JN A cidade se desenvolve desde seu passado, a partir do que eu poderia chamar de unidades de construção.

Certa unidade de construção se espalha sobre determinado território. E nós ousamos chamar isso de urbanismo. Isso não é urbanismo, mas apenas uma grande peça de arquitetura com uma complexidade expandida. Ouvi dizer que [Ricardo] Bofill tem uma encomenda para uma cidade de 700 mil habitantes na China. Espero que ele desista; é um tipo de operação que provou ser equivocado. Temos visto isso aqui, nas *villes nouvelles*... Mas sou otimista, e acho que precisamos apenas encontrar uma lógica diferente, que comece do que temos; uma tática simples de melhorar o que existe. Hoje já não há arquitetura boa ou má, não há julgamento crítico anterior à ação. Uma arquitetura inteligente deveria considerar o contexto como uma composição efêmera que deve ser modificada. Minha pesquisa se refere sempre a essa política da situação. Prefiro isso às estratégias de integração.

AZ Como você pode se considerar otimista se está negligenciando a possibilidade de planejamento, que é justamente a razão da existência dos arquitetos?

JN Essa é a reação típica de um arquiteto. Ninguém está interessado em planos exceto os arquitetos. Eu quero saber se não haveria outra maneira de operar que não pelo estabelecimento de uma vontade absoluta sobre determinado território. Talvez devêssemos começar em algum outro ponto que não fosse a cartografia. Talvez as sobras sejam questões importantes na cidade contemporânea... É muito difícil saber o que acontecerá amanhã...

AZ Talvez sua proposta seja operar através da redescrição da realidade existente, desenvolvendo-a numa determinada direção, ao invés de tentar impor estilos ou paradigmas. Você se considera um arquiteto pragmático?

JN Sou ambas as coisas: pragmático e idealista. Ao me tornar arquiteto, escolhi ser um homem de realidades, assumi o compromisso de construir. Acredito que tal compromisso é extremamente forte, se comparado ao do artista, por exemplo, que está sozinho diante de sua tela. E escolher isso é ser essencialmente pragmático. Mas, uma vez dentro dessa realidade, eu me torno um idealista. Tento com esse pragmatismo idealista encontrar os limites entre o real e o virtual. Saber até onde posso avançar antes que as coisas se tornem impossíveis. Mantenho um pé na terra e outro já no vazio; às vezes caio e o projeto não segue adiante... Mas é esse equilíbrio que me interessa. O desafio de um arquiteto é justamente a possibilidade de fazer a realidade evoluir. Não tenho nada contra os arquitetos utópicos, os arquitetos de papel. Na verdade, gosto muito deles, são grandes autores que ajudam no desenvolvimento da cultura. Mas eles não têm influência sobre nosso entorno no curto prazo. Para ser arquiteto, não se tem muito tempo: você começa aos trinta anos e aos sessenta está fora. E um edifício leva de quatro a cinco anos para ser concluído. Estou interessado num efeito mais imediato; por isso levo em conta o fenômeno da realidade.

AZ E, segundo esse seu foco na realidade, como definiria o contexto e qual sua estratégia em relação a ele?

JN O contexto é tudo o que está ao seu redor, o texto onde você coloca seu enunciado. Meu primeiro contexto é histórico; não se pode estar em outra época. Se não reflito sobre a época em que vivo, eu seria alguém que age a-historicamente – em outras palavras, um historicista, um pós-moderno, um futurista... Há também o lado geográfico e o lado humano do contexto. Por exemplo, o contexto humano é muito importante: com quem e para quem você trabalha. Você tem que ser capaz de comunicar suas ideias a eles, convencê-los, seduzi-los... Novamente, tem que conseguir encontrar virtudes na fatalidade do contexto com que se depara. Não é preciso criar objetivos específicos para si – na realidade, eles são dados por sua época e por seu contexto –, mas tentar enfrentar os problemas de forma inteligente, para encontrar sinergias, diálogos... Ou seja, entender que o que já é dado pode ajudar a definir ideias.

AZ Isso aponta para uma definição ampliada da ideia de contexto como uma máquina abstrata e complexa, e não como a estrutura concreta do entorno...

JN Eu nunca falaria de contexto no sentido convencional, como uma integração vaga dos objetos na paisagem. Isso seria um entendimento muito primitivo...

AZ E de que maneira a crescente globalização das referências tem afetado o contexto?

JN De fato, estou muito preocupado com isso. Por ser interessado no específico, um de meus primeiros traumas como arquiteto foi o Estilo Internacional. O fato de que os mesmos objetos eram aplicáveis em qualquer situação. Um dos processos que acho perigoso hoje é esse tipo de modelização cultural, de que as revistas são obviamente forçadas a participar. É muito ruim que a globalização de informação resulte numa aprendizagem por cópia, em vez de buscar de certo modo diagnosticar situações específicas. Porque as situações nunca são repetitivas: técnicas, tipologias... mudam constantemente. Temos que evitar o risco de mimetizar as imagens que recebemos; temos que voltar a fazer arquitetura como um ato do pensamento.

AZ Você não acha que são justamente os processos de globalização que nos tornam mais sensíveis às diferenças, mais conscientes dos valores da especificidade?

JN Bem, se soubermos fazer um bom diagnóstico, se soubermos operar com inteligência, então poderemos olhar para fora. O orientalismo, a "grande viagem" a Roma... Também foram influências fantásticas na formação do pensamento arquitetônico. O que não me interessa são os modelos culturais, as receitas, as imagens... Isso é negar nossa inteligência, atuar por meio da redução, eliminar possibilidades. Há uma enorme satisfação em desenvolver a personalidade de cada pessoa, cada lugar... Encontrar sua poesia, fazê-lo se desenvolver, encontrar em qualquer lugar o detalhe que o torna único.

Uma incorporação psicológica

AZ Você disse que seu método se baseia na ideia de hiperespecificidade, em que cada projeto seria desenvolvido em seus próprios termos e com um método específico. Mas, olhando de fora, poderíamos apontar certa repetição no uso de materiais, nas formas de organização do espaço... Mesmo que o método seja específico, é como se houvesse um "estilo Nouvel". Seria isso um traço da "mão do artista", ou melhor, o resultado de trabalhar em determinada época e situação cultural?

JN Eu me coloco na posição oposta dos arquitetos que definem seus estilos com base no uso de certos elementos, dos quais se apropriam para definir um domínio privado. Acredito que essa atitude não é apropriada para trabalhar hoje, num momento em que a qualidade de um trabalho deriva de sua capacidade de integrar contradições. O estilo, para mim, é um obstáculo. Talvez no campo das artes plásticas – em que um artista tem como referências uma sensibilidade específica, uma teoria e um conjunto de materiais – seja possível atuar colocando-se dentro de determinada problemática. Mas, na arquitetura, o peso do contexto, da cultura, do programa, do cliente é tal que para permanecer fiel a um estilo predeterminado devemos ao mesmo tempo desistir de resolver certos problemas, o que acaba se tornando uma limitação do potencial de nosso trabalho. Não entendo por que construir sempre usando cerâmica branca ou valer-se sempre de geometrias triangulares... Tento não me privar de qualquer solução. Também não tento ser diferente. Ainda que a monografia sobre meu trabalho publicada na *L'Architecture d'Aujourd'hui* em 1984 se baseasse na ideia de diferenças, não tenho nenhum apreço pela diferença. O que me interessa é a pertinência de uma resposta a um contexto específico; estar seguro de ter avaliado todas as possibilidades, todas as interferências, todas as inteligências, a respeito de um problema. E isso é o que normalmente se desdobra em diferenças. Há também o que eu chamaria de "esqueleto psicológico", ou estético: não posso – e nem quero – ficar me refazendo o tempo todo. Portanto, uma vez que identifico as leis que vão determinar um projeto, me deparo novamente com uma bagagem cultural e estética pessoal, esse esqueleto psicológico que produz repetições e que também se desenvolve através das novas descobertas... É verdade que tenho horror a certas coisas no nível sensorial, o que algumas vezes não consigo justificar. Herdei uma estética da minha época. As pessoas me dizem que sou um pouco rude, um pouco desumano... Não gosto de plantas, tapetes... Prefiro fornecer um espaço bruto onde qualquer coisa é possível. Não me importo se depois as pessoas usarem cadeiras Luís XV falsas e tapetes barrocos coloridos, mas eu mesmo não o faria. Os críticos já falaram sobre isso. Sempre digo que eles me dão de graça sessões de terapia. Disseram que sou obcecado pela luz, que gosto de sobrepor malhas [*grids*], trabalhar com fenômenos e imagens, que tenho uma tendência natural a usar metal e vidro, uma tendência à leveza... Talvez o estilo seja aquilo que resta depois de enfrentar todas as diferenças. Ou talvez pudéssemos dizer que um estilo é um modo de abordar problemas, em vez de uma repetição de organizações materiais.

AZ Você diria que seu "esqueleto psicológico" se origina mais de uma tendência sensitiva ou de uma abordagem conceitual que informa todos os projetos? Eu gostaria de perguntar sobre alguns elementos que identifico como parte de seu "esqueleto psicológico". Em primeiro lugar, sua tendência de trabalhar com sobreposições de malhas, com a profundidade do campo de visão em vez da perspectiva convencional. Os projetos para a Tête Défense, para o IMA [Instituto do Mundo Árabe] ou a Maison Carré [Carré d'Art] são exemplos dessas técnicas. Você identificaria essas estratégias a certa "estética da transparência"?

Tête Défense, projeto, Paris, 1982

Instituto do Mundo Árabe, Paris, 1981-87

Carré d'Art, Musée d'Art Contemporain, Nîmes, 1984

JN Sabe-se, inclusive em outros campos, que o conhecimento moderno é em grande parte determinado pelo parâmetro da velocidade, que se tornou um problema estético crucial deste século. E a velocidade está intimamente ligada a um registro bidimensional da informação visual: televisão, cinema, publicidade etc. são formas de um mundo traduzido para o bidimensional. Portanto, achei muito interessante perceber as qualidades do vidro como material em que você pode projetar imagens, operar com diferentes graus de reflexão, opacidade e transparência... Como um campo de pesquisa sobre o espaço contemporâneo! O que me interessa no vidro é a quantidade de nuances que ele fornece, e não uma condição de transparência absoluta. Estou interessado na complexidade das respostas do vidro às condições de luz, o modo como ele pode funcionar como uma renda – mediante a sobreposição de serigrafias, por exemplo – ou seja, um plano com profundidade. O vidro me permite aumentar a complexidade de um edifício sem complicar as formas; jogar com a luz para programar o espaço, deixá-lo ser modificado com a passagem do dia, sobrepor signos... É verdade, sou tentado a usar o vidro porque ele adquiriu possibilidades surpreendentes. No edifício da Fondation Cartier, usei peças inteiriças de vidro de 8 × 3 metros. Quando lembro disso, me parece quase um milagre, mas quando o vejo ali, no Boulevard Raspail, parece perfeitamente normal.

Fondation Cartier, Paris, 1991-94

O trabalho em perspectiva também é crucial para mim, porque se relaciona com a questão da bidimensionalidade, que vejo como um ponto de discussão importante neste século [xx]. Por exemplo, no projeto para a Tête Défense foi interessante a sequência de experiências que o transeunte tem do objeto dependendo de sua proximidade em relação a ele: quando está longe, o edifício se torna um plano de fundo retangular, mas, quando está dentro, ele se desdobra num espaço ultraperspectivado. Em Nîmes propusemos um jogo similar, em que em certo momento a experiência do objeto é muito teórica, abstrata, e elimina a perspectiva, mas então se desdobra pela interferência de escalas diferentes, ou por meio de reflexões, numa hiperperspectiva. É o oposto da perspectiva clássica, em que tudo é subordinado a certas linhas de fuga. O que acho fascinante em trabalhar com a perspectiva é a ideia de tocar o infinito, essa linha de fuga absoluta. Como na pista de um aeroporto, em que as marcas se relacionam serialmente a um ponto abstrato de fora. Para mim, isso é muito representativo da sensibilidade contemporânea.

AZ Outra característica de seu trabalho é a experimentação com a superfície, com sua materialidade ou suas deformações, em vez de – por exemplo – trabalhar com a estrutura. Você poderia falar mais sobre seu interesse pela superfície como uma questão da arquitetura?

JN Isso está relacionado com a noção de bidimensionalidade que já mencionei. Sempre digo que partindo de um paralelepípedo você pode fazer uma obra-prima ou uma catástrofe. Estou convencido de que as qualidades espaciais não são mais cruciais como já foram. Mesmo que a natureza da arquitetura seja dominar o espaço, a materialidade, a qualidade textural ou o significado das superfícies estão se tornando cada vez mais cruciais hoje. A tensão entre os objetos fica registrada nas superfícies, nas interfaces. Se tomarmos a distinção clássica entre espaços servidores e servidos, perceberemos que as duas categorias estão cada vez mais interligadas na maioria dos programas contemporâneos – a estrutura é muitas vezes convertida em parte do espaço que serve. As superfícies entre os dois são afetadas por essas tensões entre espaços de diferentes tipos, e por isso são depositárias de problemas arquitetônicos intensos.

AZ É isso que faz você pensar que a arquitetura contemporânea tende para uma tectônica lisa?

JN Os processos produtivos do mundo contemporâneo tendem a melhorar o desempenho ao reduzir os meios, desenvolvendo um processo que tende ao milagre. E isto é o que nos interessa esteticamente: o milagre. Ter uma tevê de trinta milímetros de espessura, na qual posso ver qualquer lugar do mundo ou minha própria imagem... Me interessa o que não tem espessura, nem peso, o que não mostra o truque, apenas a imagem... Eu gostaria de ser rodeado por todos os tipos de realidade virtual sem precisar ver ao meu redor todos esses mecanismos complicados. No século passado, as estruturas nos permitiam fazer torres ou pontes, mas este foi o século dos motores, objetos capazes de produzir desempenhos, e que criaram preocupações estéticas diferentes e específicas. Há uma tendência histórica à tecnologia pesada. Isso é facilmente perceptível se olharmos para um edifício como o Centro Georges Pompidou [Beaubourg], com todos aqueles tubos, vigas e cabos. É um edifício extraordinário, mas comparado com a tecnologia que temos hoje, não faz mais sentido; mesmo em termos técnicos, há um problema enorme de corrosão e isolamento térmico. O Pompidou já pertence a uma cultura arcaica. O que pedimos hoje de nosso meio ambiente é que nos dê calor ou frio, que nos proteja do sol, que forneça a intensidade de luz necessária em todos os momentos, mas, por favor, sem precisarmos suportar a presença do mecanismo que possibilita tudo isso. Nós nos movemos em direção a uma simplificação formal do objeto, a uma não expressividade formal em relação à função. Essa é a característica que torna um objeto parte de nosso tempo, e é melhor usar essas forças a nosso favor do que contra nós.

Ver que uma peça de vidro é transparente, mas pode se tornar opaca ou translúcida quando se aperta um botão é a cenografia do mundo contemporâneo. Há quem afirme que esse processo tecnológico vai empobrecer a arquitetura, vai reduzir sua complexidade visual. Penso o contrário, que o problema está justamente aí: encontrar o registro emocional que uma vez foi impossível, mas que agora está disponível, mas não explorado. Há uma dimensão emocional e estética em encontrar a solução mais enigmática, menos demonstrativa, a dimensão estética do milagre.

AZ Outra característica de seu trabalho é o uso da iluminação artificial como meio expressivo. Trata-se ainda de uma representação de pragmatismo ou é uma operação simbólica de "desmaterialização", "desaparecimento", "substituição da matéria pela luz"...?

JN Esse assunto transcende a operação simbólica; cada vez mais aumentamos nossa experiência da cidade durante a noite. A vida social, por exemplo, cada vez mais acontece à noite. A eletricidade é outra das invenções deste século! Que gerou uma mutação real em nosso mundo. Uma das vistas mais reveladoras da cidade contemporânea é a que temos de um voo noturno, com as estruturas e as densidades marcadas pela iluminação artificial sobre o fundo escuro. Isso tem uma dimensão verdadeiramente poética, mesmo em sua similaridade com a imagem do cosmos... Deveríamos ser capazes de tirar vantagem dessa dimensão poética que emerge da tecnologia. É ridículo que as escolas ainda estudem os edifícios através da projeção de sombras a 45 graus. É arcaico manter a formação de arquitetos segundo esses parâmetros. Estudar como um edifício vai aparecer em meio à neblina, sob a chuva ou à noite, isso é importante... Para mim, as luzes coloridas e os sinais luminosos de uma rua comercial são os espetáculos arquitetônicos mais surpreendentes. As intensidades de luz ou de cores são também dimensões muito importantes para a percepção, e acabam sendo sistematicamente ignoradas ou consideradas banais ou vulgares. É muito difícil determinar o que é vulgar e o que é elegante. Parte das maiores evoluções na história da sensibilidade e da arte foi de fato desenvolvida a partir da vulgaridade. Na verdade, quando ouço que uma coisa foi considerada vulgar, costumo me interessar imediatamente por ela.

AZ Outra manifestação de seu "esqueleto psicológico" é seu interesse pela sobreposição de textos ou imagens na superfície de objetos. Quais são as razões para esse uso de signos e imagens na composição de sua arquitetura?

JN A sobreposição numa matéria de signos, como a escrita é uma técnica que tem sido muito usada em vários campos, desde a caligrafia até o logotipo. Tem sido empregada também em algumas formas de arte, com efeitos muito poderosos. Usei-a com frequência como técnica para qualificar diferentes planos sobrepostos, associando certos sinais com outros. O maior exemplo disso é o projeto para a sede da DuMont Schauberg, em que produzimos a diferenciação de cada plano por meio de sua associação com diferentes tipos de sinal relacionados à natureza do edifício. Interessa-me mais a experimentação com a dimensão plástica dos signos que seu valor simbólico ou

Sede da DuMont Schauberg, projeto, Colônia, 1990

Euralille, Lille, 1991-94

comercial. No caso dos edifícios em Lille [Euralille], brinquei com a sobreposição de duas arquiteturas: a que encerra o espaço e proporciona estabilidade estrutural, e a criada pelos logotipos dos inquilinos. Acontece que as obras concebidas por arquitetos são tão perfeitas que eles consideram qualquer sinal externo uma poluição de sua essência. Novamente, trata-se aqui de aceitar as condições externas que necessariamente afetarão sua arquitetura e tentar explorar essas forças de fora na dimensão estética proposta. A escala dos logotipos, sua profundidade, sua luz tornam-se um vocabulário plástico autêntico e, portanto, arquitetônico. Essa abordagem é muito diferente da explorada por Venturi, em que cada sinal é classificado perfeitamente e utilizado com precisão, de modo muito articulado, em termos do significado. Para mim os sinais têm uma dimensão mais clássica, emocional.

Tour sans Fins, projeto, Paris, 1989

AZ É bastante evidente seu interesse por uma materialidade instável, seja em termos de uma metamorfose literal – como na fachada do Instituto do Mundo Árabe –, seja num sentido mais simbólico – como na fachada desmaterializada da Tour sans Fins [Torre Sem Fim]. Você menciona com frequência as condições de mudança da percepção de acordo com fenômenos naturais – a chuva, a fumaça, a luz... Quais as razões para sua propensão à instabilidade da matéria ou à desmaterialização?

JN Fui um dos primeiros arquitetos a falar sobre desmaterialização, na década de 1970. Mas acho que esse foi um modo de abordar uma questão mais ampla, que tem me interessado mais atualmente: a ilusão, enquanto dimensão estética. A humanidade sempre luta contra a fatalidade: contra o peso, a escuridão, as distâncias... O fatal é importuno e, sempre que podemos evitar a fatalidade, mesmo que seja apenas num nível perceptivo, ficamos aliviados. Gosto da ideia de dominar a matéria através da manipulação de percepções. A permanência da arquitetura é parte de seu legado sensorial, e algumas vezes pode ser uma condição maravilhosa. Mas também é interessante brincar com o efeito de transformar algo que tem sido fatalmente sólido e estável em algo frágil e incerto. É novamente uma estratégia para explorar as possibilidades abertas pela tecnologia contemporânea e encontrar nelas uma dimensão emocional.

Ópera, projeto, Tóquio, 1986

AZ Em muitos de seus projetos, como a Ópera de Tóquio, o Arc-en-Ciel em Bordeaux, a Salle de Rock em Bagnolet ou o Centro de Conferências em Tours, você operou com certas deformações da superfície, com geometrias não euclidianas irregulares. Poderia falar sobre esse interesse na irregularidade e na deformação como estratégia de formalização?

JN Essas operações vêm da ideia de tornar expressiva a tensão entre um conteúdo e seu continente. O que é que nos permite obter uma formalização mais suave – lisa – e misteriosa, mesmo com certas restrições? A superfície contínua deforma para fixar, para se adaptar ao conjunto de restrições; parece ser um dispositivo formal produtivo, uma vez que descartamos a articulação de volumes. Na Ópera de Tóquio usamos um método muito científico, derivado da lógica formativa de um navio. Dado um conteúdo preciso, determinamos as curvas que resultam dessas tensões internas, estabelecemos uma estrutura topológica dos diferentes espaços e derivamos analogicamente a forma de uma superfície contínua. Sempre tento aprender com o que me rodeia, e sempre me surpreendi com a beleza e o mistério das formas de carros e navios, porque elas revelam certas tensões que são invisíveis em outras formas. Essas deformações não são aleatórias ou acidentais, mas derivam de um procedimento objetivo, racional.

Centro de Conferências Vinci, Tours, 1993

Centro Cultural Onyx, Saint-Herblain, 1988

AZ Outra operação muito frequente em seus projetos é a mudança violenta de escala, como se sua arquitetura já não tivesse uma medida coerente... Podemos relacionar isso a uma atitude não humanista? A Ópera de Tóquio, o Onyx em Saint-Herblain e a Tour sans Fins são bons exemplos dessa oscilação da escala, frequentemente combinada com o uso de malhas, como no Hotel Saint--James, ou a Tête Défense, que torna a escala ainda mais ambígua. Você também manifestou, inclusive de maneira explícita em seus projetos, um interesse em séries fractais... Por que se interessa nessas operações?

JN A escala é, para mim, uma das questões-chave da arquitetura, e talvez o parâmetro mais difícil de controlar. Para mim, a noção de escala não é unitária, em oposição à composição clássica, onde tudo tem uma escala precisa dentro da ordem reguladora de proporções. Estou interessado em composições relacionadas à dimensão temporal, como no cinema. Se você analisar um edifício, tem que fazê-lo em relação a certa cenografia que é criada pela circulação de quem o vivencia. Como ele é percebido de longe? Como eu o vejo quando me aproximo? E quando entro no edifício? A escala é sempre uma função da proximidade do objeto, e este deve proporcionar uma escala específica para cada uma dessas experiências sequenciais. Isso me parece uma parte muito importante da essência da arquitetura contemporânea. Nem a escala nem a proporção podem ser consideradas relações abstratas, universais, como fazíamos na École des Beaux-Arts: a escala depende da sequência de aproximação, da qualidade do ma-

Hotel Saint-James, Bouliac, 1989

terial, dos signos que entram na composição... É um pouco como na música, onde uma composição joga com registros múltiplos. Requer certo virtuosismo, mais que aprender regras.

AZ Com relação a essa questão da multiplicidade de medidas, há outro procedimento que acho característico de seus projetos: a predominância de operações topológicas sobre os mecanismos de modelagem do espaço. Acho que seus projetos atentam muito mais às relações entre as partes do programa, ao diagrama do edifício, que à qualificação precisa dos diferentes espaços. Parece haver um desequilíbrio deliberado entre o diagrama – ou a estrutura topológica – e as qualidades compositivas do espaço...

JN Sempre me preocupo muito em resolver a estrutura funcional de um edifício. É uma questão difícil, porque obviamente não penso – mesmo que possa parecer – que, uma vez que a volumetria e o diagrama do projeto estão definidos, sua materialização específica torna-se irrelevante. E isso está relacionado à ideia de escopo da qual falamos antes: se você perde o controle sobre a materialização, o edifício não vai funcionar... É verdade que na Ópera de Tóquio, diante do vazio de setenta metros de altura, os detalhes passariam despercebidos. Mas na Ópera de Lyon queríamos manter certo grau de escuridão nas áreas públicas, e isso foi problemático.

Ópera, Lyon, 1993

As pessoas estão acostumadas a espaços superiluminados, supermercados, halls, cinemas... Foi uma negociação difícil por conta de um problema puramente de sensibilidade: não se tratava de estrutura programática, ou segurança... Em última análise, todo problema arquitetônico é um problema de sensibilidade, seja em relação a um mundo artificial criado, seja relativo a um ambiente existente.

Não faço uma arquitetura a partir de espécie de consenso estético... Tenho certa propensão a trabalhar com vertigem, claustrofobia, deslumbramento... Obviamente, sempre tenho que tomar precauções para que a coisa não se torne psicologicamente insuportável – há pessoas que não suportam isso. Creio que a arquitetura também pode lançar mão do desvio das condições-padrão de conforto como técnica expressiva. Nesse sentido, a arquitetura é como as outras artes: tem uma dimensão de prazer que não tolera a neutralidade. É aí que acho que a aventura arquitetônica pode ser vivida.

AZ E essas emoções incômodas estão relacionadas à revelação de certos procedimentos de organização do espaço, a possibilidades técnicas que se originam da evolução da produção material, numa resposta não convencional a questões puramente pragmáticas...

JN Cada era produz sensações desconhecidas, inexploradas. Acho que uma era é sempre sensível a sensações perdidas; em toda cultura há certo perfume de nostalgia. Mas a mim interessam novas sensações que podem tornar-se intensas fontes de prazer, e nas quais podemos inclusive nos perder... Fazer arquitetura é eleger o conjunto de prazeres que se quer colocar em determinado espaço. Não é necessariamente uma questão de usar os prazeres mais novos, mas também se conformar com sensações herdadas... É mais como a construção de um texto, um poema, um trabalho no sentido mais amplo do termo, com uma sólida composição de temas, uma relação sinérgica com as sensibilidades emergentes. Não podemos escrever numa língua morta: o interessante é falar numa linguagem viva, praticar uma arquitetura viva...

ÁLVARO SIZA

El Croquis: Álvaro Siza Vieira, 1958-1994, n. 68-69, 1994.

ATRAVESSANDO AS TURBULÊNCIAS

Algumas viagens

ALEJANDRO ZAERA-POLO Sua carreira começa no Porto, determinada basicamente pela situação local. Em meados dos anos 1980, você passa a atuar também no cenário internacional. Sua obra é um exemplo paradigmático de mediação entre o local e o global, provavelmente uma questão decisiva a partir do final dos anos 1960 para as disciplinas que lidam com a produção do espaço. Gostaria de saber como essa condição de mediação influenciou o seu trabalho – penso tanto em sua abordagem das questões de identidade local como em sua consciência do modo como os processos de ordem global afetam suas operações em escala local.

ÁLVARO SIZA É natural que um caso como o meu aconteça em Portugal, país que tradicionalmente se manteve muito isolado, inclusive depois da Segunda Guerra Mundial. Havia muitas restrições para sair de lá, as informações eram controladas, havia muita censura... A abertura começou nos anos 1960 e se acelerou depois da Revolução dos Cravos, em 1974, trazendo consigo uma enorme curiosidade e uma premente necessidade de contato. A condição de isolamento acabou sendo um estímulo para o aprendizado e para a construção de uma arquitetura capaz de extrapolar o cenário estritamente local, de ser mais universal...

AZ Mas seu salto do cenário local para o panorama internacional não produz exatamente uma arquitetura universal: os projetos que realizou na Holanda são muito distintos dos que realizou em Berlim... Não se trata de uma arquitetura universal que torna o mundo homogêneo...

AS Bom, não é nesse sentido que entendo a universalidade. Não acho que universalidade seja sinônimo de neutralidade, não é o esperanto arquitetônico; é, antes de mais nada, a capacidade de criar a partir das raízes, como uma árvore que se abre; a expressão arquitetônica também tem essas raízes fortes... Minha ideia de universalidade tem mais a ver com a vocação das cidades, que vem de séculos de intervenção, de mestiçagem, de sobreposição e de mescla de influências opostas, mas cujo resultado é inconfundível. Um edifício em Berlim deve explicar sua localização para não ser localista, mesquinho, limitado...

AZ Mas até que ponto você se reconhece nos edifícios que projetou em Haia e Berlim?

AS Do mesmo modo que me reconheço no que construí durante tantos anos no sul de Portugal e na região do Minho. Posso estar enganado, mas a própria crítica insiste nessa continuidade de meu trabalho, o que me alegra muito...

AZ Você diria que, como arquiteto estrangeiro, é mais capaz de enfrentar determinados problemas que um arquiteto local? Não lhe parece, por sua experiência internacional, que às vezes é necessária certa dose de brutalidade que vem automaticamente quando se tem de operar fora dos domínios conhecidos?... Que, por não conhecer as regras, provavelmente comete erros, mas talvez ganhe um poder que um arquiteto local dificilmente poderia ter?

AS O termo "brutalidade" define bem; de fato, é um processo muito exigente, quase violento, mas que por isso mesmo desencadeia também uma reação de grande intensidade. Nesses casos, não me acho mais capaz, porém, é claro que tampouco me considero menos. Há uma compensação no frescor com que se vê uma coisa, no modo como se entra em determinada atmosfera com um novo olhar, que gera em nós a necessidade de mais contatos, mais estudo. Disso pode resultar uma suposição arrogante, de que a posição exterior lhe daria melhores poderes de percepção. Mas a intensidade da percepção não nos exime nem de uma abordagem mais detalhada nem da necessária compreensão de por que algo nos impressiona ou estimula.

AZ Mas você compartilha a condição de vários arquitetos que, digamos, são sistematicamente chamados a trabalhar em outros lugares. Tal situação é interessante, porque aponta para uma consciência de que certas operações de transformação do ambiente devem ser produzidas através de uma mestiçagem, ou estranhamento das práticas materiais...

AS Não sei, talvez isso seja exagero, ilusão... O fato de hoje haver muitos arquitetos trabalhando fora de seu país pode ser explicado de modos bastante diferentes. Muitas vezes ocorre simplesmente que o profissional não encontra trabalho em seu país; há países onde hoje quase não se constrói, e isso provoca uma espécie de emigração.

Mas esse entusiasmo a que nos referimos sempre foi importante; um arquiteto estrangeiro reconhecido não é necessariamente a solução para uma cidade, mas é muito importante não ceder ao chauvinismo, à desconfiança em relação a todo estrangeiro, desconfiança essa tão presente nas grandes transformações da Europa contemporânea. As cidades, sobretudo as mais significativas, foram construídas sobre uma relação internacional, através de um equilíbrio entre o local, as tradições, as idiossincrasias, as inovações, os enxertos... O que mais nos impressiona nas cidades mágicas é essa cruzada de raízes transplantadas e as influências que ela desencadeia. Em Portugal isso foi importantíssimo; há um arquiteto que marcou a cidade do Porto como nenhum outro, cuja biografia explica bem essas considerações... [Petronio] Mazzonni veio a Portugal como pintor e só aqui começou a construir. Devido a sua formação italiana, foi profundamente influenciado pela arquitetura tradicional portuguesa. Construiu eventualmente algumas das primeiras casas aristocráticas do Porto, que geraram uma espécie de transformação da ideia de casa. Sua arquitetura explica bem a fusão entre o local e o estrangeiro como fator importante de transformação da produção do ambiente.

AZ Você percebe em si alguma mudança depois de seus contatos com o exterior? Quais são as consequências de sua exposição a outras formas de produção quando se vê diante de um projeto em Portugal?

AS Claro que sim, mas não percebo isso com clareza. Diria que são experiências importantes em minha formação, mas em continuidade com outras – nunca as vi como rupturas. Já ouvi críticas nesse sentido, que distinguem entre as obras que fiz até começar a trabalhar em Berlim e as que fiz depois. Os críticos dizem isso quase com surpresa, em alguns casos boa, em outros desagradável. Eu nunca vi dessa maneira.

Sem dúvida, é muito importante para a arquitetura, inclusive para a educação do arquiteto, constatar que as possibilidades de desenvolvimento não estão na autonomia. Esse problema afeta decisivamente as cidades na Europa, onde há sempre a necessidade de articular a identidade cultural e o respeito às diferenças com o desenvolvimento do sistema produtivo.

É muito impressionante que, pelo mero fato de sair de seu lugar de origem, você consiga assistir a fenômenos premonitórios do que ocorrerá lá no futuro. Por exemplo, a Espanha destruiu o turismo em função da grande massa de construções dos anos 1960; dez anos depois esses erros se repetiram em Portugal. Isso coloca em questão todos os argumentos relativos à globalização contemporânea: de fato, ainda existem fronteiras muito pesadas... Sobre essa exposição a processos distintos de produção arquitetônica, me interessa muito o fato de que em determinados países existe todo um arsenal de elementos pré-fabricados para ser aplicado, ao passo que em outros não se dispõe dessa possibilidade. Há um amplo espectro de situações intermediárias em que alguns sistemas emergem e outros agonizam. Em Portugal, por exemplo, a boa construção artesanal começa a ser uma coisa rara c cara; não há operários qualificados e ainda não se dispõe dos sistemas industrializados existentes em outros países. Vivemos num período de transição que nos obriga a adotar estratégias intermediárias para as quais a experiência em outros sistemas é muito valiosa, no sentido de flexibilizar nosso modo de operar.

AZ Gostaria de saber como sua participação ativa nos processos de transformação política desencadeados pela Revolução dos Cravos – após um começo basicamente pragmático e artesanal na prática arquitetônica – influenciou sua carreira e sua forma de pensar e de trabalhar. Para você, o que significou saltar de um plano tático para um plano mais estratégico, mais carregado de pensamento ideológico?

AS Vejo isso como uma entrada na dimensão normal do exercício da profissão, no mundo real da transformação das cidades e da política como parte de tal atividade etc. A passagem para um mundo de diálogo, de participação, de conflito, de contradições, após sair de um ambiente de escritório, de laboratório. A situação revolucionária gerou, de maneira talvez brutal, um modo de trabalhar com características muito específicas. Para mim, é algo parecido a quando comecei a trabalhar no exterior; interpreto-o como se fosse outra viagem, a primeira experiência numa cultura diferente... Aquele clima de entrega total, de participação e de diálogo, significou para mim a conquista do estatuto normal do exercício da profissão, algo que havia permanecido restrito pelas circunstâncias políticas de meu país.

Técnicas de navegação

AZ Com relação a seu método de projetar, você afirmou em algumas ocasiões a importância de uma primeira intuição como fagulha do processo, mas essa afirmação parece ocultar informações cruciais. Quais são as forças em jogo ao gerar essa ideia inicial?

AS Acho que na ideia inicial há um forte componente de relação com o passado, através da memória. A formação, o nível de desenvolvimento do próprio autor, é imprescindível para resolver a implementação gradual do conhecimento – e para desenvolver o processo de racionalização e comunicabilidade, que é algo específico do projeto, dentro da produção da arquitetura. A espontaneidade não cai do céu; ela é, de fato, uma montagem de informações e conhecimentos, conscientes ou subconscientes... Cada experiência projetual é acumulada e vai fazer parte da solução seguinte. Gosto muito do modelo da arte para explicar o projeto de arquitetura. Assisti a alguns documentários sobre Picasso que mostram que a gênese de suas obras vem de um traço que não contém uma ideia previamente definida, mas atua como fagulha da ação. Em meu caso, isso acontece amiúde com um desenho, um esboço; talvez com outros arquitetos aconteça de outra maneira, em outro suporte, com uma imagem, uma narrativa... Não é possível imaginar sem algum instrumento. Mas essa imaginação como reação imediata vem sempre carregada de experiências anteriores, de memória etc.

AZ Você já falou sobre a necessidade de envolver outras pessoas em seu processo de trabalho para complexificar essa ideia inicial, essa intuição. Em que sentido essa multiplicação de desejos ajuda o desenvolvimento de uma ideia?

AS Abrir um tema para discussão é fundamental, e deve-se estimular isso para se chegar a uma melhor compreensão e a um posicionamento diante dele. Caso contrário, sua perspectiva tende a ser mais subjetiva, interna e, portanto, limitada. A forma de trabalho de um arquiteto requer muita confiança e capacidade de afirmação, e ao mesmo tempo certo distanciamento. É a atitude de Brecht com relação à representação teatral: o distanciamento não significa não assumir um personagem, mas ser consciente de o estar representando.

Para mim, o trabalho em equipe é muito importante; um indivíduo sozinho acaba se emaranhando no projeto. A verdade é que, em determinado momento, o que você está fazendo não vem de você, vem do projeto. Chegar a isso é importante, significa que o projeto alcançou densidade. Mas, cuidado: pode se tornar uma possibilidade de desvio, pois também significa que você já não controla o projeto. É preciso sempre introduzir outras formas de verificação e controle.

AZ Em algumas ocasiões, você afirmou que um projeto não é feito por simples acúmulo de informações, mas que é preciso uma origem, a qual não é necessariamente deduzida das condições dadas, mas negocia com elas. Você já disse também que sua atividade é como a de um médium através do qual determinadas energias se cristalizam. Como você entende sua responsabilidade autoral num projeto?

AS Pode ser que eu esteja enganado, mas estou convencido de que um projeto não é diretamente deduzido de uma análise, de um diagnóstico. A aprendizagem da arquitetura passou em dado momento por uma espécie de complexo de inferioridade em relação às disciplinas científicas; esse complexo se traduziu numa especialização das práticas. Essa fragmentação do conhecimento se institucionalizou de forma excessiva. Quando você vê o processo real de qualquer investigação científica exposto, não encontra uma sucessão implacável de análises; a mente humana não funciona de modo linear, mas de forma muito mais sincrética, em curvas ou zigue-zagues... E essa não linearidade do pensamento é o que permite a produção de nova informação que não existia *a priori*, porque está aberta a possíveis acidentes. Creio que há muitos preconceitos institucionalizados pela máquina da cadeia produtiva, que fazem parecer remotas as possibilidades de algo novo surgir... Acabo de ler um texto de um compositor descrevendo seu modo de construir uma peça; ele explica: "Sento-me ao piano, toco as primeiras notas e paro... Mudo algo e em seguida continuo, mas devo mudar a primeira parte, porque a segunda transforma toda a estrutura etc.". Eu diria que cada um de meus projetos segue um curso distinto.

AZ Você fala de interdisciplinaridade, apesar de suas apreciações se referirem a questões especificamente arquitetônicas, no sentido mais disciplinar da palavra. Isso o diferencia de outros arquitetos que utilizam modelos externos à disciplina arquitetônica – biologia, música, geologia – como instrumentos de transformação da disciplina...

AS O discurso interdisciplinar é muito importante para o desenvolvimento de um projeto. Quando projetei o Depósito de Água para a Universidade de Aveiro, por exemplo, trabalhei com um engenheiro. É muito difícil determinar a responsabilidade dele e a minha na definição desse objeto. Discutimos muito, diante de maquetes, no papel; eu me explicava através de desenhos e ele através de diagramas; ele não entendia minhas perspectivas, e eu não entendia seus esquemas, por isso às vezes recorríamos a modelos mais intuitivos, dobrar um papel e ver sua resistência... Creio que os primeiros registros de um projeto são frequentemente mediados por um diálogo com outros tipos de abordagem do problema, talvez por uma visita acompanhada ao lugar, ou por um comentário sobre o programa... Não é apenas um capricho ou o resultado de memórias ou de determinadas experiências pessoais...

Depósito de Água, Universidade de Aveiro, 1988-91

Discute-se bastante aqui, em Portugal – em comparação, por exemplo, com a educação do arquiteto na Espanha –, o peso da formação técnica. Na Espanha, os arquitetos têm uma extensa formação técnica que os capacita legalmente para assinarem como responsáveis inclusive pela estrutura e pelas instalações. Bom, sempre defendi que isso não era necessário, que o verdadeiro terreno do arquiteto é do mediador, intersticial, onde as competências de técnicas distintas se encontram. Sempre afirmei a inutilidade de abarcar todos os campos do conhecimento em favor do desenvolvimento de uma capacidade de mediação, que é, em meu modo de ver, a verdadeira competência do arquiteto.

AZ Quer dizer, a verdadeira capacidade do arquiteto é mais de síntese que de análise?

AS Não, eu não a chamaria de capacidade de síntese; esse papel é o do maestro, do regente de orquestra... Essa capacidade de maestro é, de certo modo, incompatível com algumas áreas do processo projetual, na medida em que exige grandes doses de disponibilidade e abertura. Fui professor de construção – que na escola era uma disciplina de pouco prestígio – e costumava dizer aos alunos que era exatamente minha ignorância do tema que me deixava em boas condições para ensiná-los. É praticamente impossível conhecer tudo em detalhe, e a chave tampouco se encontra na síntese final, mas na ocupação dos interstícios.

Acredito que não pode existir um método de conhecimento que seja anterior aos elementos e passível de ser aplicado de modo invariável. A ignorância total não existe, você não pode evitar que sua mente esteja carregada de conhecimento. Entendo que essa minha fala possa parecer pouco clara, com relação à formação do arquiteto, mas é preciso manter uma espécie de nebulosidade – que não é nem ignorância nem ingenuidade – para escapar a uma aplicação inevitável de supostos conhecimentos solidificados...

AZ Em todo caso, sua discussão da interdisciplinaridade se concentra na articulação das disciplinas mais relacionadas com as práticas materiais, ou sua evolução, do que na potencial modificação dessas práticas mediante modelos trazidos de outras disciplinas. Nesse sentido, sua forma de operar parte claramente de uma tradição disciplinar; seus desenhos contêm escadas, colunas, janelas, plataformas...

AS É verdade que geralmente eu trabalho dentro dos limites da disciplina. Estudo os precedentes, comparo formas e dimensões de edifícios que conheço. Não trabalho por analogia, mas uso a comparação como instrumento de desenvolvimento de uma ideia e como forma de comunicação com quem realizará outras tarefas no processo.

A análise de outras disciplinas – biologia, sociologia etc. – pode contribuir para a abertura da disciplina da arquitetura, mas em determinados momentos foi realmente funesta para seu ensino. Lembro-me de quando, aqui no Porto, a academia esteve dominada sucessivamente pela sociologia, pela geografia... A prática arquitetônica se convertia em puro pretexto para falar de sociologia ou de geografia, o que contribuía mais para obscurecer que para esclarecer o papel do arquiteto. Eu gostaria de não ter que falar sobre o arquiteto, o engenheiro ou o médico, não ter que ficar definindo competências que, ao final, sempre se mostram impermeáveis e não comunicam nada. Talvez não seja possível definir, ou não devêssemos chegar a definir, simplesmente porque não é bom definir.

AZ Há mais uma coisa que eu gostaria de comentar em relação a seu método de trabalho. Você sempre se refere ao lugar como o determinante fundamental de um processo projetual caracterizado sobretudo por operações geométricas, manipulações formais ou materiais. Seu modo de operar tende a se remeter mais a uma topografia afetiva que a estratégias programáticas. Quais são as razões dessa espécie de decantação?

AS Acho que essa aparente indeterminação programática se deve mais a um interesse pela flexibilidade do edifício. Mas a aparente falta de caracterização é atingida através de um profundo estudo das funções. Uma tipologia que sempre me impressionou muito é a do convento. Poucas possuem tanta determinação funcional, inclusive simbolicamente. Contudo, é uma tipologia que se adapta a múltiplas funções: escolas, museus, academias militares, prefeituras, apartamentos... A estrutura funcional como parte do processo projetual é liberada através da efetiva definição dos espaços. Tal condição só pode ser alcançada longe da óbvia norma do espaço definido pela função. O uso é universalizado através de certa concentração sobre o edifício... Uma das coisas que mais me incomodam em algumas de minhas obras são as limitações que as necessidades funcionais impõem à estrutura. Essa identificação radical entre forma e função – fruto daquele período tenebroso da história da arquitetura, em parte até fecundo, em que os estudos de ergonomia eram quase uma bíblia – é incrivelmente limitante, porque coloca o homem no centro do mundo. Consideremos o Vaticano, onde as balaustradas em cima daquelas galerias curvas da praça têm dois metros de altura... Não dependem da medida humana, mas do contraste com todos os elementos do edifício, que implicam diferentes lógicas dimensionais! Forma e função possuem uma relação complexa e relativa, como a de que falávamos antes, entre local e universal. Não podem ser vistas numa relação linear ou inevitável...

Sempre me sinto melhor numa casa antiga que numa casa nova. Procurando entender por quê, cheguei à conclusão de que, afora outros motivos como a quantidade de espaço disponível, a razão desse incômodo com as novas era a linearidade da identidade entre forma e função. Talvez exista outra interpretação crítica, mas creio que em minha obra há muito mais correção de erros que qualquer outra coisa. Talvez em alguns momentos de meu trabalho tenha havido um foco excessivo nos valores plásticos. Em momentos posteriores, tentei corrigir isso estabelecendo certo distanciamento entre a minha personalidade e o produto. Isso não quer dizer que os últimos projetos sejam melhores que os primeiros; tudo é parte de um processo que não é só pessoal. É verdade que faço um esforço nesse sentido, e não por motivos altruístas, mas apenas porque é importante para mim, em termos intelectuais.

AZ Pelo que está dizendo, deduzo então que, para você, o tempo seja um elemento fundamental na construção de um projeto: a arquitetura deixa de ser a imposição de determinada forma à realidade para se tornar um registro do processo pelo qual foi construída...

AS A história está envolvida na evolução de uma disciplina. Por exemplo, fiquei muito impressionado numa visita recente à casa de Barragán. Quando você entra, percebe que existe uma integridade que você não poderia ter imaginado antes, mesmo depois de ver milhares de fotos maravilhosas. Essa casa é o trabalho de uma vida inteira, e está impregnada de acontecimentos que não vieram só de sua construção. É um projeto inacabado e, ao mesmo tempo, perfeito.

Pensar em épocas que se sucedem é necessário do ponto de vista do método de análise, de compartimentação da história. Mas, na realidade, a história é uma presença, nós somos a história também... É muito interessante que existam tantas e diferentes histórias da arquitetura moderna. Acho que isso mostra que, na verdade, não há um princípio, não há rupturas claras e tampouco existe um futuro previsível. O que existe é uma continuidade.

AZ Isso é interessante porque, se analisarmos formalmente sua obra, não seria muito difícil afirmar que os projetos exploram uma estética inacabada, fragmentada, deformada. Em sua linguagem há mais uso de traços que de figuras pregnantes, perfeitas...

AS Interessa-me a fragmentação como reação à complexidade de um programa, em oposição às propostas de sistemas autossuficientes, autossuficientes até demais! Essa fragmentação existe de modo natural na cidade... Embora recentemente pareça haver certa tendência a uma estrutura urbana em que cada unidade contém toda a complexidade que antes só havia no organismo como um todo. Pode ser que essa fragmentação tenha sido forçada, com consequências negativas para a cidade... De qualquer jeito, tal fato não diminui meu entusiasmo pelas ideias e por algumas obras classificadas como desconstrutivistas.

A arquitetura contemporânea resiste muito pouco; sua perfeição é complementada por sua vulnerabilidade. Sobretudo se compararmos com as cidades históricas. Isso tem a ver com a ideia de que uma obra de arquitetura termina num estado ideal. Minhas estratégias derivam de minha convicção de que uma obra nunca termina. Por exemplo, na Quinta da Malagueira, em Évora, procurei fugir dessa vulnerabilidade; minha intenção ao depurar as formas era exatamente fazer o necessário para assimilar mudanças, receber diferentes contribuições. Procurei criar um suporte para a expressão pessoal, um espaço para cada família... Não

Conjunto habitacional Quinta da Malagueira, Évora, 1977-97

me interessa a imposição da perfeição ou do estilo; prefiro buscar a construção de um suporte para a vida urbana em suas transformações. Não devemos esquecer que a cidade não é constituída somente por sua realidade, mas também por sua memória.

AZ Há ainda algo que eu queria discutir sobre a qualidade afetiva de seus projetos. Pode-se dizer que suas arquiteturas constroem uma atitude: clausura, abertura, domínio, algo quase animista. Acho que em algum momento você se referiu a seus projetos como animais... É como se seu trabalho fosse produzido não mediante a manipulação de signos ou linguagens, mas através da manipulação física dos objetos, de modo a dotá-los de afetos e significados pré-linguísticos, cuja única analogia possível é gestual, de relação com o próprio corpo.

AS Com certeza; de certo modo, este é o objetivo final de um projeto: uma presença específica na cidade. Independente de seu desenho, o que realmente importa para a cidade é isso. Um dos problemas da arquitetura contemporânea é a perda de exigência a esse respeito. Hoje, todo prédio de escritórios precisa ser um monumento, ainda que sua arquitetura não seja monumental. Não é assim; ele precisa ser um edifício singular, identificável em relação a outros... A cidade é constituída basicamente por um tecido uniforme, repetitivo, onde apenas certos edifícios se destacam por sua função, pelo que representam. Esses dois aspectos da arquitetura da cidade são complementares.

Em meu entender, encontrar o tom nesse equilíbrio entre objeto e cidade, o tom de cada operação, é um dos trabalhos e uma das exigências mais importantes para um arquiteto. Muitas vezes me perguntei: por que uma casa é obrigada a se tornar parte constituinte do tecido urbano? Daí minha obsessão com as proporções – um dos determinantes, para mim, do tom de cada intervenção. Trabalhamos sempre nesse conflito entre autonomia e dependência do todo. Em certo ponto, o processo de transformação do projeto acaba saindo de seu controle; é como quem escreve um romance: os personagens ganham vida própria e conduzem a trama. Creio que para produzir certa integridade é imprescindível chegar a essa vitalidade ao projetar.

Lembro-me de quando apresentei o plano das casas-pátio, em Évora. Todos diziam: que horror, não se pode viver entre esses muros! Mas, se você for ao centro histórico de Évora, onde com certeza todo mundo quer morar, verá que é cheio de muros altos. Mas claro que ninguém vê isso. Essa perda de objetividade está ligada ao consumismo que afeta a cultura urbana e que nos obriga a essa construção artificial de diferenças. A diversidade, a imaginação etc. dependem totalmente desse senso de proporção, que torna um lugar interessante. É curioso como em nome das diferenças surgem clichês que constroem uma espécie de monotonia exuberante, incapaz de produzir tecido. Nos centros históricos, as casas são quase todas iguais e ninguém acha isso entediante!... A diferença ocorre de modo mais sutil, em outra escala. Por isso, ultimamente tenho me interessado muito pela proporção como alternativa à obsessão contemporânea pela inovação da imagem, ao medo da monotonia...

A tendência à expressão pessoal é inevitável; é a fase brilhante, mas também pouco madura de um projeto. Isso tem a ver com uma separação artificial feita entre as fases de projeto e de construção, algo característico do processo de produção contemporâneo. Uma coisa interessante que já acontece nos países em que a tecnologia aplicada está muito desenvolvida é que tal segmentação entre projeto e construção começa a desaparecer. Visitei há pouco a torre de Foster em Tóquio [Millennium Tower], onde um engenheiro me explicou a colaboração estreita mantida entre a equipe de projeto e as indústrias encarregadas de produzir e instalar os elementos, ao longo de todo o processo de construção. O projeto não ficava congelado no executivo, mas se estendia até a fase de construção. Essa contaminação entre as fases se produz por necessidades econômicas e tecnológicas, que nos remetem a um processo de construção não segmentado. Por exemplo, quando trabalhei em Berlim, eu não tinha permissão para falar com os operários. Aconteceu que um dia me distraí discutindo com um a colocação de um pavimento. Pois bem, no dia seguinte recebi uma carta da construtora me proibindo de falar diretamente com os operários! Por quê? Porque o normal é que não se possa mudar nada depois de entregar o projeto executivo. Na Holanda, por exemplo, muitos projetos não são dirigidos pelo arquiteto, cuja responsabilidade fica restrita ao anteprojeto.

A razão da baixa qualidade de boa parte da arquitetura contemporânea reside, em grande medida, nessa divisão do trabalho...

Recentemente tive a experiência da construção do Centro Galego de Arte Contemporânea em Santiago de Compostela, cujo prazo estabelecido era quase impossível de cumprir. Eu tinha de trabalhar diretamente na obra, porque não havia tempo suficiente para fazer os desenhos, enviá-los, medir... O processo burocrático convencional era ineficaz, e por isso eu passava dias inteiros na obra, com um colaborador que ia ao mesmo tempo desenhando as decisões no computador... Essa é a forma tradicional de trabalhar! Felizmente recuperada graças às novas tecnologias, que acho que por fim vão nos levar a uma forma mais sincrética do fazer, e não pelas razões que de fato me preocupam: simplesmente devido a puras necessidades internas do processo produtivo. O controle de qualidade, a otimização dos custos e o tempo de produção impõem uma relação muito mais

Centro Galego de Arte Contemporânea, Santiago de Compostela, 1988-93

intensa entre construção e projeto. O aprimoramento desses fatores passa por tal simultaneidade de ambas as fases, e isso vai eliminar as distâncias impostas pela burocratização do processo construtivo. Para tornar tudo mais rentável é preciso que os diferentes atores sejam novamente colocados em contato.

AZ Você se deparou com o pior tipo de burocratização do processo na Holanda e na Alemanha, e agora está falando do Japão e de sua vivência em Santiago de Compostela como experiências que começam a romper com a segmentação radical entre as fases do projeto. Qual o fator fundamental que torna bem-sucedidos processos produtivos tão distintos?

AS O Japão é uma incursão no futuro e Santiago de Compostela é um resquício do passado. Em Portugal sempre trabalhei muito mais em situações parecidas com as de Santiago. Foster trabalha em relação direta com as indústrias. Não sei exatamente que metodologia permite tudo isso, mas o fato é que há uma ligação muito mais direta entre quem projeta e quem executa. Foster não trabalha com pré-fabricados convencionais, há sempre uma volta a essa ligação entre a mente e a mão. Em Santiago, e em algumas boas experiências que tive em Portugal, ainda se dispõe da oportunidade de controlar o processo construtivo até o final... Trinta anos atrás, trabalhei numa aldeia no norte de Portugal onde pude fazer maravilhas com os artesãos locais e com os materiais tradicionais, e tudo graças à possibilidade de trabalhar diretamente com eles... Bem, é isso que me parece termos perdido por um tempo e que, quem sabe, talvez agora possamos começar a recuperar.

Diário de bordo

AZ Já falamos que o traço mais marcante de seu trabalho talvez seja a busca de uma atitude, de certo afeto como qualidade distintiva de um edifício. Em seus primeiros projetos parece haver uma ambiguidade entre os afetos introspectivos e os extrovertidos. De onde provém e como isso se resolve em sua obra posterior?

AS O Restaurante Boa Nova [Casa de Chá em Leça da Palmeira] fica num lugar maravilhoso, e é natural que a influência do entorno na concepção da obra tenha sido importante. A adaptação ao entorno era muito intensa, mimetizando o perfil das rochas. Nas Piscinas em Leça e Matosinhos, a relação entre construção e paisagem é bem distinta. A construção se destaca por seu caráter fortemente geométrico. Já não é uma relação puramente mimética, mas uma transformação da paisagem, ainda que a atitude continue dentro dessa mesma lógica da paisagem. Somente as grandes linhas

Restaurante Boa Nova [Casa de Chá], Leça da Palmeira, 1958-63

Piscinas das Marés, Leça da Palmeira, 1961-66

da paisagem e alguns acidentes geográficos que participam da construção das piscinas influem no projeto.

AZ Em que tipo de arquitetura você estava interessado naquele momento?

AS Naquela época havia no Porto e em Lisboa um grupo de jovens arquitetos com muito entusiasmo e grande curiosidade de entrar em contato com o contexto internacional. Lembro-me de que as revistas de arquitetura se concentravam no debate entre a recuperação de uma arquitetura local, nacional, e a incorporação de tendências internacionais, gerando uma arquitetura mais abstrata e determinada funcionalmente. A arquitetura do sul, do Alentejo, feita de superfícies brancas, influenciou muito a prática naqueles anos. Passado algum tempo fui percebendo que se tratava de um caminho com muitas limitações, e meus interesses começaram a se distanciar da arquitetura tradicional portuguesa. Foi o momento da Casa Beires e da Casa Magalhães, de concreto e sem telhas.

Casa Beires, Póvoa de Varzim, 1973-76

Casa Manuel Magalhães, Porto, 1967-70

AZ Parece que no Restaurante Boa Nova há também uma maior depuração dos detalhes...

AS Bem, sim, havia uma quantidade excessiva de detalhes, muito característica de uma primeira obra: o equilíbrio entre o detalhe e a atmosfera de um edifício exige uma moderação que um arquiteto recém-formado ainda não tem. Há cinco ou seis anos fui encarregado da revitalização do restaurante, que havia sido maltratado, mas até que estava bem conservado. A princípio fiquei tentado a repensar sua decoração *a posteriori*, mas finalmente decidi enfrentar a encomenda como se fosse uma obra de outro arquiteto, e fiz uma reforma respeitosa. Apesar do excesso de ornamentação, creio que havia uma integridade na atmosfera do restaurante que decidi não alterar.

AZ Em outras palavras, você passou de uma prática mais atenta à construção e à arquitetura tradicional para uma arquitetura mais abstrata, que vai se libertando gradativamente de uma natureza mais concreta...

AS Eu queria evitar um ensimesmamento numa linguagem ou atitude que de fato correspondia a um momento muito específico da cultura arquitetônica portuguesa; portanto, procurei me abrir para outras possibilidades. Mas não se deve entender isso como ruptura, e sim como evolução. Quanto à relação com o contexto, há uma diferença entre as Piscinas e as residências feitas em seguida que se deve ao fato de que as casas foram em geral construídas em locais muito feios, onde o jardim tendia a se converter em espaço residual, sem participação no espaço da casa. Procurei otimizar a relação entre interior e exterior dentro do lugar. Essa atitude introspectiva era uma limitação, ainda que tenha me permitido desenvolver uma pesquisa sobre os espaços mínimos, sobre a arquitetura de interiores; eu projetava tudo, inclusive os móveis. Mais tarde, porém, abandonei essa atitude de avestruz. Por exemplo, na Casa Beires: o cliente gostava muito da Casa Rocha Ribeiro, mas era impossível fazer um pátio num terreno com um alinhamento tão rigoroso, então tentei compatibilizar as duas coisas; da impossibilidade prática resultou uma expressão violenta de ruptura. Há uma obra quase desconhecida, mas que foi crucial em minha formação de arquiteto – a Cantina da Refinaria Angola –, que me obrigou a considerar, devido às demandas do programa, o uso de outros materiais – necessariamente muito econômicos – como perfis de aço... Foi um teste com tecnologias menos dependentes das artes manuais, e que tinha a ver com a emigração em massa de artesãos e com a degradação de uma antes insuperável qualidade de construção... Acho que nós, arquitetos, somos muito dependentes das mudanças nas formas de produção. De fato, o próprio pensamento arquitetônico depende de tais mudanças.

Casa Luís Rocha Ribeiro, Maia, 1960-69

AZ É curioso que os argumentos que você usa para explicar sua obra são quase marxistas, mais que poéticos ou humanistas. Como explicar, dentro dessa leitura, a veia gestual, expressionista, que se manifesta nos bancos de Oliveira de Azeméis e de Vila do Conde?

AS O Banco Pinto & Sotto Mayor [Oliveira de Azeméis] é um projeto muito rigoroso. Nos desenhos há uma espécie de traçado regulador, que controla e define os espaços. O que pode parecer expressionista é muito controlado geometricamente. A geometria curva é uma continuação de investigações anteriores em concursos e projetos não construídos. Trata-se de uma preocupação que desenvolvi provavelmente depois de ter descoberto Alvar Aalto e Frank Lloyd Wright, cujas publicações começavam a chegar a Portugal na época. Mas a razão principal para essas geometrias distorcidas é permitir a entrada de luz no pátio da casa adjacente, uma construção magnífica do século XVIII, comprada pelo banco junto com o terreno. Essa foi a primeira ideia, complementada depois por intenções adicionais, como a proposição de espaços que dão uma dimensão mais ampla ao espaço interior. Eu havia acabado de visitar a Cambridge Library, de Stirling, e tinha ficado muito impressionado com o edifício.

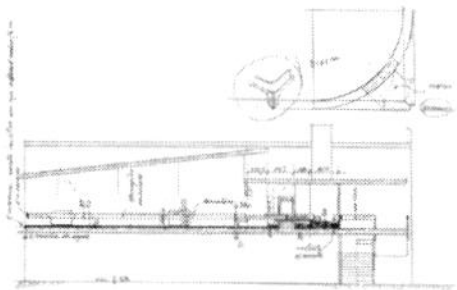

Cantina da Refinaria Angola, Matosinhos, 1960

Banco Pinto & Sotto Mayor, Oliveira de Azeméis, 1971-74

No Banco Borges & Irmão em Vila do Conde, a curva tinha outra origem: os clientes queriam um edifício que marcasse presença, mas a frente do terreno era pequena demais para fazer algo significativo. A curva serviu para ampliar a escala da fachada, estendendo-a até o muro lateral. Era preciso criar também um acesso a uma nova praça e a curva servia para produzir uma clareira no espaço urbano.

AZ Em todo caso, parece que há uma pesquisa sobre determinadas linguagens ao longo de sua obra: no começo você utiliza uma linguagem mais vernácula e concreta, que depois se torna mais racionalista ou abstrata...

Banco Borges & Irmão, Vila do Conde, 1978-86

AS Sim, a influência de linguagens distintas é inevitável, mas apenas como instrumento de desenvolvimento de uma ideia cujos argumentos mais poderosos estão na relação com o contexto ou com a estrutura do programa. A linguagem supõe sempre uma relação com o contexto cultural, com o momento... Mas nunca deve ser entendida como limitação, antes como multiplicação de informações e ponto de apoio para a transformação da expressão arquitetônica. É verdade que nessas primeiras obras a influência de certas linguagens é mais evidente que na obra mais recente.

AZ Depois desses projetos você trabalhou para as operações do SAAL [Serviço de Apoio Ambulatório Local]. Qual é hoje sua impressão sobre aquele momento?

AS O SAAL foi a oportunidade para toda uma geração de arquitetos de trabalhar no centro histórico. No Porto, a maioria das operações se concentrava no semicírculo que envolvia o centro histórico, onde ficavam as habitações operárias, de construção muito pobre. Além de podermos trabalhar no centro histórico, foi uma chance de experimentar na escala do planejamento urbano. As operações do SAAL também deram início a um verdadeiro debate público sobre a arquitetura, não por meio de representações, mas num confronto direto com as associações de moradores. O conflito foi inevitável e por isso as operações foram violentamente atacadas.

Conjunto habitacional SAAL, São Victor, Porto, 1974-79

AZ Parece haver uma grande mudança entre a abordagem que você adotou nesses projetos e o tipo de experimentação mais centrada no objeto. Foi a primeira vez que você começou a se interessar por problemas urbanísticos?

AS Não é que eu não estivesse interessado na cidade antes, mas claro que esse foi, sim, o momento em que tive a oportunidade de intervir mais ativamente em sua construção; não só teoricamente, mas com todas as limitações inerentes ao clima político da época. Sempre há limites que já vêm na encomenda... Certo é que quando se tenta ir além do que a natureza de um projeto permite, ou se faz algo genial, ou o projeto se torna totalmente irrelevante.

O conjunto habitacional em São Victor é um projeto que foi iniciado antes da Revolução, para o Ministério da Habitação. Os responsáveis pelo

SAAL conheciam esse projeto e me chamaram para refazê-lo, mas com padrões inferiores. Os construtores mais capazes não queriam trabalhar para o SAAL, porque os orçamentos eram muito baixos e porque passávamos por um período de esvaziamento e indefinição política. Tive sorte, pois o projeto foi passado para um grande construtor do Porto – os empresários mais inteligentes buscavam se adaptar ao novo regime democrático. Mas o projeto nunca terminou porque o SAAL se dissolveu e os trabalhos em andamento foram bruscamente interrompidos. As casas não estavam concluídas, mas os futuros inquilinos, temendo por suas moradias, ocuparam o edifício, o que gerou uma degradação promovida inclusive pelos próprios políticos, a ponto de ainda hoje continuar na mesma situação. Os inquilinos periodicamente me chamam para tentar encontrar uma solução, e periodicamente os políticos locais prometem que depois das eleições o conjunto será concluído... e, você sabe, nada acontece.

AZ Nesses projetos, é interessante ver como você estava à margem das ideologias urbanas dominantes na época: a arquitetura da cidade, a morfologia urbana... Essa construção estoica se deve a razões econômicas ou puramente pragmáticas, ou, ainda, à sua marginalidade em relação aos discursos urbanos contemporâneos?

AS A influência de Rossi em Portugal se evidenciou mais tarde; ainda não havia chegado às escolas de arquitetura. Ele chega depois de 1974: lembro-me de um importante seminário sobre a cidade realizado em Santiago de Compostela, organizado por Aldo Rossi, do qual participaram todos os integrantes de minha equipe. Eu mesmo fui lá dar uma palestra. Rossi investiu muito nesse seminário. Dentro do SAAL havia tendências muito diferentes, políticas e profissionais, que incluíam desde equipes que levavam os processos de participação cidadã às últimas consequências até equipes baseadas numa rigorosa disciplina urbanística. Nós queríamos era responder à necessidade urgente de construir para fixar a construção do território.

AZ Quer dizer essa atitude pragmática de sua equipe, frente a outras posições mais ideológicas, permitiu que vocês levassem a cabo – na medida do possível – o trabalho empreendido?

AS Sim; as equipes que tentaram desenvolver um processo mais rigoroso se perderam nas dificuldades da situação política e econômica do momento. Isso não é uma crítica – de fato, creio que eram opções muito válidas –, mas simplesmente não funcionaram devidamente naquela situação.

AZ O bairro de Malagueira [conjunto habitacional Quinta da Malagueira], em Évora, fez parte do SAAL?

AS Não, ali foi uma ação da municipalidade, que havia desapropriado uma grande área de terreno para a extensão da cidade. Eles conheciam minha relação com as operações do SAAL, que acabara de deixar de existir devido a acusações de irregularidades administrativas.

Assim, a operação de Évora foi financiada por cooperativas abertas, com um ritmo muito irregular de investimento. É por isso que algumas fases desse projeto ainda estão em construção.

AZ Depois de Évora você começou a trabalhar no exterior. Com exceção de algumas casas unifamiliares em Portugal, seus maiores projetos estão na Alemanha, na Holanda, na Espanha... A que você atribui essas mudanças?

AS A partir de 1976, acontecimentos políticos muito importantes ocorrem em Portugal. A operação de Évora foi praticamente boicotada em termos de financiamento público porque no Alentejo tinha maioria comunista, e o repasse de fundo do governo central havia se tornado muito complexo. Minha situação no Porto também não era boa: o projeto de espaços comerciais para a prefeitura local havia sido interrompido. Nessa situação, fui convidado pela IBA [Internationale Bauausstellung, Exposição Internacional de Arquitetura] para participar nas operações em Kreuzberg, que era um bairro de Berlim com maioria turca e alguns problemas sociais. Convidaram-me devido a minha experiência com outros projetos participativos: de repente eu tinha me transformado num especialista em estratégias de participação cidadã, quem diria!... Creio que também me beneficiei da atenção que a imprensa internacional dispensava a Portugal naquela época, por conta do processo político pelo qual o país estava passando. Nunca se tinha visto tantas publicações de arquitetos portugueses como naqueles anos... Enfim, isso veio a calhar para mim, porque eu quase não tinha trabalho em Portugal naquele momento.

AZ É interessante notar que as residências que você projetou simultaneamente em Portugal – Avelino Duarte, Maria Margarida, J. M. Teixeira... – parecem evoluir numa progressiva redução formal e material, maior compacidade e rigor, e técnicas de composição fundamentalmente subtrativas. Quais os motivos para essas mudanças em sua linguagem plástica?

Casa Avelino Duarte, Ovar, 1980-84

Casa Maria Margarida Aguda, Vila Nova de Gaia, 1979-87

Casa J. M. Teixeira, Taipas, Guimarães, 1980-91

AS Por conta de minhas incumbências no exterior, nessa época viajei bastante, fiz muitos contatos e vi muita coisa que ainda não tinha visto. Foi uma etapa de formação bem importante e acho que tudo que assimilei influenciou meu trabalho. Passei a ficar cada vez menos interessado nos projetos que chamo de brilhantes, e cada vez mais interessado no rigor, na unidade de uma obra e em sua relação com o entorno urbano. Creio que até certo ponto minha experiência no exterior me apresentou ao futuro da construção em Portugal, e isso foi importante no desenvolvimento dessa linguagem mais austera a que você se refere. O contato com a construção industrializada teve um efeito muito importante nas casas que você mencionou; não porque haja algum tipo de industrialização em sua construção, mas porque minha exposição ao rigor do processo me fez questionar muitos gestos que de repente me pareceram desnecessários. Acredito que uma boa arquitetura sempre está bem sincronizada com as tecnologias em uso, e meu contato com a construção do norte da Europa, de certo modo, me preparou para enfrentar a mudança tecnológica que estamos vivendo hoje em Portugal.

AZ Como foi sua experiência na Holanda?

AS As habitações em Haia foram uma encomenda também motivada por minha especialização nas estratégias de participação cidadã. Fui convidado por [Kees] Duijvestein, que naquela ocasião era prefeito da cidade e hoje é diretor do Museu de Arquitetura de Roterdã; um personagem importante da arquitetura holandesa contemporânea. A encomenda consistia na realização de moradias no bairro de Schilderswijk, onde metade da população é composta de imigrantes islâmicos. Sua agenda incluía especificamente a acomodação desses grupos minoritários, com uma consideração especial por seus costumes. Minha ideia era não fazer casas especificamente projetadas

Conjunto habitacional, Schilderswijk, Haia, 1989-93

para os imigrantes islâmicos, mas que pudessem abrigar outros grupos sociais, às vezes antagônicos. Claro que tal problemática é difícil de ver nas revistas, porque esse tipo de questão não se comunica facilmente por imagens. Mas, para mim, esse é o cerne do projeto. Houve um grande apoio das equipes da prefeitura; eu dispunha inclusive de um sociólogo turco, com o qual eu tinha de conversar por meio de dois tradutores, do inglês para o holandês e do holandês para o turco... As associações de moradores não queriam galerias porque elas haviam gerado graves problemas de segurança e manutenção, de modo que comecei o projeto levando em conta certas tipologias locais em que cada moradia tem acesso direto à rua através de um sistema de escadas relativamente complexo. A solução que propus despertou muito interesse entre as associações de moradores, mas foi radicalmente rejeitada pela cooperativa que construiria as moradias. O fato de lhes propor uma tipologia antiga e o uso do ladrilho nas casas foram interpretados como atitudes reacionárias! É muito curioso como na Holanda o conflito entre a vanguarda neoplástica e o expressionismo ainda continua em vigor hoje no debate estético. Para mim, as principais razões da recusa se deviam fundamentalmente ao fato de a proposta não se encaixar perfeitamente naquela maquinaria da construção que, como você sabe, os holandeses possuem. Aconteceu que Duijvestein teve que levar a querela ao parlamento holandês, e acabou sendo aprovado. Na segunda fase, que depois me encomendaram, a tipologia foi logo aceita pela cooperativa.

AZ Por que você acha que essas moradias são adequadas para culturas diferentes?

AS Na Holanda, as casas populares convencionais têm uma estrutura que se caracteriza por um espaço de circulação ligado também aos banheiros. Isso coloca problemas para os habitantes islâmicos, cujo costume é que haja uma parte da casa absolutamente privada, que deve permanecer fechada a estranhos. Os homens devem poder receber visitas em casa sem que as mulheres tenham que ser vistas pelos visitantes. Isso é muito reacionário, mas, ao mesmo tempo, minha ideia era não forçar o curso da história, realizar uma adaptação cultural sem que fosse preciso violentá-la. Por isso, propusemos um duplo espaço de circulação, que poderia ser fechado ou aberto dependendo das condições dos usuários, permitindo várias situações em termos de áreas públicas e privadas. Depois que terminamos, saíram algumas críticas num jornal local questionando o bom funcionamento desse espaço. Fui visitar as casas com o arquiteto de lá e, na primeira que fomos, um grupo de mulheres estava sentado no chão do espaço de circulação, comendo: tinham transformado a circulação em uma espécie de salão privado. Claro que isso me encheu de satisfação e, a duras penas, consegui convencer o dono da casa a me deixar fazer uma foto da cena, que para mim é a prova de que a ideia funciona. Pode-se ver agora que a pesquisa em Haia era basicamente funcional, programática...

AZ Parece que agora você voltou a ter trabalhos importantes em Portugal, depois de seu périplo europeu. Como é a experiência desse retorno? Muita coisa mudou?

Faculdade de Arquitetura, Universidade do Porto, 1986-96

Escola Superior de Educação, Setúbal, 1986-94

Biblioteca, Universidade de Aveiro, 1988-95

AS Tive várias encomendas grandes em Portugal: a Faculdade de Arquitetura da Universidade do Porto, a Escola Superior de Educação de Setúbal, a Biblioteca da Universidade de Aveiro e, em Lisboa, a revitalização do bairro do Chiado e a sede da Fundação Cargaleiro, integrada no projeto de reconfiguração da Praça de Espanha... A maioria delas está embargada ou teve problemas graves durante sua construção. Infelizmente encontrei uma situação muito difícil nessa fase: os construtores estão sistematicamente falindo, a administração não paga no prazo, a gestão dos projetos é um desastre... A crise econômica e a reestruturação do setor da construção em Portugal dificultam muito a chegada dos projetos a um bom termo, ainda que, por outro lado, Portugal pareça ter se convertido no oásis dos arquitetos europeus...

AZ Os anos 1980 foram anos de euforia na Europa, de grandes ambições políticas nas quais a arquitetura desempenhou um papel bastante privilegiado em relação a outras profissões, e se nutriu de um entusiasmo econômico. Como você enxerga o futuro da arquitetura nos anos 1990?

AS Acho que está ocorrendo um fracionamento perigoso das fases do projeto, inclusive nos países onde tradicionalmente havia uma importante estrutura de produção artesanal. Amigos arquitetos na Espanha me dizem estar muito preocupados com a tendência, cada vez maior, a uma divisão entre projeto e construção. E isso que a Espanha desfruta de um momento bastante equilibrado na construção, com um bom equilíbrio entre a introdução de novas tecnologias e uma estrutura de produção mais artesanal. Há uma boa tradição de controle na construção – a figura do *aparejador** é muito interessante – e uma maior flexibilidade do que, por exemplo, no norte da Europa. É um ambiente muito agradável, muito equilibrado, e claro que isso afeta a qualidade média de sua arquitetura.

Todos nós deveríamos evitar essa divisão entre projeto e construção, tentando direcionar o processo num sentido inverso, instigando um contato maior entre a indústria e o pensamento arquitetônico. Exis-

* Profissional comum na Espanha, com formação híbrida de arquiteto-engenheiro, que não trabalha projetando mas faz a supervisão da obra junto aos engenheiros. [N. E.]

tem métodos de trabalho que permitem essa relação. Não só na Europa, mas toda a arquitetura depende muito do resultado dessa batalha.

Algo que me parece positivo neste momento é a sensação de uma modéstia maior, de uma compreensão melhor da proporção das coisas, de moderação. Acredito que é muito importante avaliar com mais precisão o equilíbrio entre meios e resultados. Refiro-me a essa busca irrefreável por brilho e representatividade que encontra seu apogeu em Paris... A consciência de que a cidade não é apenas fogo de artifício, mas que necessita dos ritmos, do equilíbrio entre tecido e autonomia... Isso, para mim, é muito positivo. Em todo caso, a redução no ritmo da construção nos propiciou uma reflexão muito necessária...

AZ Você não acha que, embora seja importante uma reflexão crítica sobre os excessos dos anos 1980, é perigoso que as forças políticas e sociais deixem de reconhecer a arquitetura como instrumento decisivo da construção do tecido social? Para tomar um exemplo oposto ao de Paris, consideremos o sistema americano, no qual o reconhecimento público do valor da arquitetura tende a ser muito escasso...

AS Não acredito que nos Estados Unidos haja um problema de falta de reconhecimento, e sim uma elevação do nível de acesso aos projetos, por conta da industrialização da estrutura profissional de lá. Mas, sim, eu estou de acordo que esse sistema é perigoso, pois pode levar a arquitetura a ser determinada pela mídia e pelas companhias de seguros. E essas tendências podem chegar à Europa, há muitos indícios nesse sentido...

Enfim, com relação aos aspectos positivos de um possível interesse dos políticos pela arquitetura, acho que isso nem sempre é, de fato, positivo; às vezes tem mais a ver com estratégias publicitárias que com um interesse genuíno pela qualidade do ambiente construído. Em tudo há fatores positivos e negativos... Por isso, meu relativo otimismo pelo futuro está carregado de dúvidas!

ENRIC MIRALLES

***El Croquis: Enric Miralles,* n. 72, 1995.**

ALEJANDRO ZAERA-POLO Nos últimos cinco anos você teve a oportunidade de construir alguns projetos de notável envergadura em que, de algum modo, as estratégias com as quais você vinha operando em seus primeiros projetos provavelmente sofreram importantes modificações. De uma prática principalmente artesanal, forjada sobre uma enorme atenção ao detalhe, você teve de saltar para a execução de grandes projetos e para a consolidação de um escritório relativamente grande com obras não só na Espanha, mas também em outros países, como Japão e Alemanha. Foi também uma época em que seu trabalho foi publicado internacionalmente e você desenvolveu atividades docentes em várias escolas europeias e americanas. Como descreveria o momento em que se encontra hoje? De que modo você interiorizou essas mudanças? Em que medida precisou elaborar um discurso que superasse as condições específicas da prática em nível local para poder operar em âmbitos mais diversos? Você acha necessário um discurso mais paradigmático, mais mediado, para dar conta dessa nova situação?

ENRIC MIRALLES Sobre esse período de que estou saindo agora, o mais interessante é que o fato de eu ter conseguido consolidar minha prática me obrigou a trabalhar ao mesmo tempo com problemas distintos. Meu escritório cresceu bastante, mas ainda não chegamos a alcançar um tamanho em que as equipes de projeto são perfeitamente organizadas e independentes entre si. É um escritório relativamente pequeno, onde o modo de gerir as coisas não é fragmentário; os projetos vão se sobrepondo uns aos outros, as pessoas passam por vários projetos, por várias tarefas, dependendo do que for mais urgente... Outra coisa importante desses últimos anos foi a possibilidade de chegar a construir os projetos. A obra construída lhe dá uma enorme liberdade de interpretação; a necessidade de racionalizar as coisas no momento de iniciar um projeto é muito diferente do que ocorre ao longo do processo de execução. A princípio a interpretação não existe, há apenas propósito. A construção de uma obra abre as possibilidades de interpretação.

O conjunto de projetos apresentados nesta edição [de *El Croquis*] visa ser uma exposição do trabalho paralelo à construção dos grandes projetos que realizamos durante essa época. São trabalhos que seguramente nos dão a liberdade de começar de modo menos complexo, partindo de algo que já é parte de nosso trabalho, uma sugestão, um teste... Diferente de outros projetos nos quais se começa do zero, onde todo o projeto tem de estar pronto. De algum modo, construir as obras nos dá muito mais liberdade para lidar com elas, enriquece-as muitíssimo. O tempo de trabalho durante essa época foi um tempo contínuo, em que se agregavam coisas à medida que a própria construção as ordenava. Quando esses grandes projetos enfim são concluídos você se depara com todo o material que foi se acumulando e crescendo à sombra do processo de construção, revelando de repente um processo de investigação menos direcional. Acho que num escritório de arquitetura os avanços importantes ocorrem em períodos como este, quando a sequência de trabalho muda e é preciso redescobrir um ritmo de trabalho possível. É preciso valorizar o fazer as coisas para encontrar esse ritmo, que não depende do efeito do acaso, da encomenda, da situação.

Até hoje, e também por decisão minha, trabalhei com temas muito coerentes; quase sempre em locais periféricos onde o assentamento urbano é algo que se deve propor; quase sempre relacionados a programas públicos já estipulados... Esses temas foram resultado também do processo de construção de obras públicas ocorrido na Espanha. É uma situação interessante porque seu trabalho se junta a um projeto mais global: por exemplo, intervir nas infraestruturas de uma cidade, ainda que a partir de uma encomenda pequena...

O fato de começar a ter encargos em diversos locais da Europa ou do Japão faz com que você também reformule seus modos de operar, a forma como explica as coisas, o que tem a oferecer... É nesse momento que começamos a questionar a necessidade de operar no que você chama de modo paradigmático... Mas não estou muito certo de que isso seja possível; não sei se é possível estabelecer claramente algumas regras de operação que sejam válidas em qualquer situação... Não creio que se possa estar à frente do trabalho e ir puxando ele; penso que de algum modo o próprio trabalho vai conduzindo as coisas através de pequenos desvios.

AZ É verdade que você trabalhou quase sempre fora da cidade... Isso é casual? São conjunturas ou escolhas?

EM Talvez de um ponto de vista realista possamos dizer que são conjunturas, mas eu diria que ao interpretar os projetos de certa maneira isso se transforma numa escolha. Isso porque, por exemplo, o fato de estar trabalhando na periferia lhe permite decidir de que lado da linha se colocar – se refaz a cidade ou se está mais interessado em dar forma a essa borda urbana de modo mais abstrato. Logicamente, essa decisão vai tingindo os outros projetos e acaba por influenciar também as encomendas seguintes, mesmo no caso de se darem num meio mais urbano... Quando você trabalha num centro histórico, sente que não é o lugar que é periférico, mas o tempo. O tempo se torna periférico quando você começa a trabalhar com edifícios do século XVI, que são os limites, as bordas da atualidade. Você não consegue identificar com precisão cada camada do tempo, de modo que é preciso redefini-las.

AZ Essa mudança de algo que começa numa localização espacial circunstancial e se torna um modo de operar é muito interessante em si e em sua relação com a situação específica da Catalunha nos últimos anos. Penso que podemos classificar os arquitetos em "arquitetos retratistas" e "arquitetos paisagistas", – aqueles que trabalham com configurações ou variações de uma configuração e os que trabalham com texturas ou ritmos. Embora eu imagine que você resista a ser classificado como parte de uma "escola", o caso da Catalunha é muito esclarecedor porque acredito que tenha dado origem, nos anos 1980, a uma importante geração de arquitetos paisagistas, que trabalhavam em perfeita coerência com uma situação geográfica e cultural muito específica e estavam em busca de novos referenciais. Creio que há em seu trabalho muitas das técnicas que caracterizam essa tendência, como a propensão à desintegração das formas, à desfiguração, a projetar com texturas ou ritmos incoerentes entre si, à delicadeza ou à instabilidade da construção, à eliminação de referências espaciais – acima, abaixo, esquerda, direita, centro, periferia... O fato de você explicar sua obra como a passagem de uma situação conjunturalmente periférica para outra intencionalmente paisagística é quase uma verificação matemática dessa hipótese...

EM A distinção que você faz é muito bonita e não tenho nenhuma objeção quanto a figurar ao lado dos paisagistas... Por quê? Porque muitos desses trabalhos na realidade refletem uma atitude de aprendizagem, de apropriação das coisas. Creio que do lado dos paisagistas há uma liberdade maior de trabalho, uma confrontação com uma realidade mais complexa... Mas, passando para o outro lado, eu diria que o *modus operandi* é mais o de um retratista. As ideias não estão presas a uma imagem de cidade, à noção de rua ou à de centro histórico... Certamente quando começo o retrato de uma rua, que ao final acaba se dissolvendo na paisagem, tenho que buscar a melhor forma de trabalhar com ela... Mas a intenção continua sendo fixar coisas. Há uma técnica muito elementar de que gosto muito: tratar tudo como igual, isto é, considerar da mesma maneira a colocação de uma árvore, um programa específico, uma construção... Aprendi isso ao fazer o Cemitério de Igualada, onde consegui construir um lugar quase exclusivamente destinado ao crescimento protegido de algumas árvores. Nos edifícios, há sempre uma inauguração, mas logo vem o uso, que é sempre brutal... E essa é uma das coisas mais impressionantes a respeito

Cemitério de Igualada, Catalunha, 1984-94

de um projeto, quando você tem a sensação de que aquilo está funcionando por conta própria; quando ele se situa no tempo. Existem partes de uma obra que ficam abandonadas a si mesmas, abandonadas simplesmente à limpeza, ou à sujeira, ou à chuva... Isso é um pouco o que acontece na periferia, locais abandonados que funcionam sozinhos porque alguém deixa as tralhas ali...

AZ Isso tem a ver com uma capacidade para interpretar os sinais e ler configurações decodificadas sem significado reconhecível. Em seu trabalho parece existir um esforço importante de analisar e registrar os dados do lugar: as curvas de nível, as linhas de sombra, os caminhos abertos pelos habitantes... Pode-se dizer que seu processo de trabalho se origina desse registro gráfico das condições do local, e é sucessivamente transformado, seguindo avanços que não estão determinados desde o começo, mas evoluem numa linha errática que muda de direção dependendo daquelas condições locais específicas...

EM Às vezes esses sinais possuem um significado, se você souber interpretá-los, entendê-los. Mas com frequência você precisa se deter como um forasteiro, aceitá-los porque estão ali, porque você os encontrou, como quando encontra inscrições numa rocha. Interessa-me esse trabalho de ir aceitando os resultados que vão surgindo.

A esse respeito eu diria que o processo não é tanto como uma linha; seria mais como um feixe. Um projeto consiste em saber amarrar múltiplas linhas, múltiplas ramificações que se abrem em direções distintas. Meu modo de trabalhar está muito ligado à ideia de ser curioso ou de se distrair. Uma vez determinado o problema, o passo seguinte é quase esquecer a finalidade do que você estava fazendo, ficando quase distraído; em seguida você volta a precisar o problema, mas há um componente de distração, de comportamento errático, em que os saltos são fundamentais, mas são saltos curtos, não de grande distância.

AZ Isso é interessante porque parece revelar um modo de fazer radicalmente pragmático, experimental, de memória curta. Você coloca em dúvida a validade dos paradigmas como base de operação, é cético com a fixação de parâmetros de atuação; você explica a história de seus projetos como uma sucessão de experimentos sem continuidade, mas mesmo assim com uma especificidade clara no tempo e no espaço em que se produzem. A translação literal de uma parte de um projeto a outro é, curiosamente, paradigmática de um *modus operandi* e de um conhecimento estreitamente ligados ao processo de fazer, de produzir, em vez de imaginar primeiro e concretizar depois. Aqui as ideias parecem originar-se numa materialização prévia – os códigos são construídos através da matéria...

EM Bem, não sei se chegaria a ponto de dizer que não há uma ideia, não por medo de dizê-lo... Acho que se você trabalha a partir daquilo que registro, em vez de impor, comprova logo de saída. Eu substituiria a palavra "ideia" pela palavra "diálogo"; há, sim, mais conversa que ideia. Com certeza, a pior coisa num projeto é seu caráter de imposição. Todos esses projetos enormes que acontecem em Berlim neste momento não são nada mais que uma imposição em grande escala – obviamente não se pode dialogar, perguntar...

Muitos de meus projetos são construídos dialogando com o que existe. É quase uma conversação clássica: "onde está a ideia e onde está o ideal?". Está um pouco nos conteúdos comuns que promovem acordo dessas coisas com outras. Eu diria que o conteúdo ideal consiste em saber com que família você relaciona os dados do lugar, para onde você está levando esse sítio. A ideia deve vir atrás, nunca na frente...

AZ É esse o motivo para afirmar que é na obra construída, *a posteriori*, que se produzem as condições ótimas para interpretar eficazmente o trabalho?

EM Colocado assim me dou conta de que, no fundo, o que pensamos foi depreendido da obra, dos comentários de outras pessoas... Do mesmo jeito que se aprende a ler ou a entender o que os outros dizem: sempre através das consequências. Na melhor das hipóteses, simplesmente, vemos a obra acabada como se outro a tivesse feito; a encontramos e olhamos para ela. O que me interessa da obra construída é que no momento em que se mostra mais complexa, também fica mais esquemática, finalmente liberada das dúvidas do processo. Só sobrou o que era realmente importante. E ao mesmo tempo é um esquematismo diferente daquele do começo do projeto, que foi se enriquecendo durante a construção. É uma marca que não foi feita por você...

Nesse momento pode-se entender mais o pensamento, a forma das coisas, quando a urgência e a necessidade de decidir desaparece, quando as coisas vão voltando... É isso que é interessante: manter certas formas ou certos modelos de reconstrução do espaço. Nos trabalhos recentes tentei evitar que alguns projetos ficassem "sozinhos"; que o que foi necessário para realizar um projeto continuasse... Nunca pensar os projetos como peças acabadas. Por isso cada vez me interesso mais pelos deslocamentos como técnica. No fundo é uma técnica para romper com a mimese que tem sido a principal base de operação da arquitetura tradicional. Hoje é difícil sustentar que a condição mimética ou repetitiva das coisas seja um valor aceitável.

A mimese talvez possa ser um mecanismo fantástico de aprendizagem, mas jamais deve ser vista como um mecanismo de valor... Isso é algo que experimentei recentemente com meus alunos da Städelschule em Frankfurt, quando lhes pedi que projetassem algo para determinado lugar e, na metade do projeto, disse que deveriam transferir aquilo para outro lugar, de modo que o objeto que começavam a construir servisse de instrumento para revelar uma série de problemas existente no outro lugar. Assim evitamos as tautologias entre hipóteses e resultados que nós, arquitetos, costumamos perpetuar.

Em meu trabalho também existe essa transferência de informações de uns projetos para outros, como se a busca ocorresse simultaneamente em vários territórios. Isso talvez se deva ao fenômeno de sobreposição dos projetos a que me referia antes. Por exemplo, as portas e as cruzes do Cemitério de Igualada foram pensadas para alguns chalés que nunca foram construídos e o terreno onde encontraram seu lugar perfeito foi na entrada do cemitério... O caso mais extremo talvez seja o do projeto da ponte industrial para a fábrica Camy-Nestlé, construída sobre uma translação literal de uma peça do projeto – não realizado – para o edifício de salas de aula da Universidade de Valencia. A ponte de Camy foi um teste. Não havia feito isso em nenhum trabalho anterior e provavelmente não podemos tomá-lo como um método. É como a jogada de alguém que joga xadrez mal: não é muito elaborada, mas é prova de que tem essa espécie de caráter mais cristalino: sacrificar a natureza específica da situação na aplicação a uma realidade alheia... Creio que isso tem a ver com uma convicção muito profunda de que

Ponte industrial para a fábrica Camy-Nestlé, Barcelona, 1990-94

Edifício de salas de aula, Universidade de Valencia, projeto, 1991-94

os projetos nunca terminam, e sim entram em fases sucessivas nas quais talvez já não tenhamos controle direto sobre eles, ou quem sabe se reencarnem em outros projetos que fazemos...

AZ Você descreve seu modo de pensar como um processo de acumulação entre desenvolvimentos simultâneos entrelaçados, que vão passando informações um para o outro sem que se possa identificar a evolução sequencial das ideias ou determinar sua origem e seu final. Sei que talvez seja um tema difícil, mas essa ideia do projeto inacabado não vem confirmar, em última instância, a primazia do estilo sobre o problema específico? Note que não penso nisso como algo negativo ou como obstáculo a um diálogo inteligente com a realidade, mas como uma qualidade que provavelmente é fundamental num modo de operar que não é ligado a um território específico nem a um paradigma. É uma espécie de código desterritorializado que se reproduz em múltiplas variações dependendo das singularidades do meio. Você não acha que uma de suas grandes realizações foi ter desenvolvido um estilo depurado? Como definiria os traços fundamentais de seu estilo, de sua maneira de projetar?

EM Em primeiro lugar gostaria de insistir que o que entendo por estilo não é a repetição sistemática de gestos formais, mas algo que provém de um modo de operar. Os gestos que determinam minha obra nascem de interesses específicos, independentemente do resultado espacial que adquirem. É uma espécie de repetição sistemática de certos atos, que dão coerência às coisas. Boa parte do trabalho acontece quase por pura acumulação, por repetição. Repito trinta vezes cada desenho que faço, e meus colaboradores o repetem outras tantas. Creio que a repetição nos ajuda a encontrar a estrutura precisa das condições físicas do lugar, a escala, as dimensões...

Consigo entendo por que Palladio, que não foi um grande teórico mas um construtor e um grande inventor, teve que refazer todos os terrenos onde ficavam seus projetos para publicá-los nos livros de arquitetura.

Quando você reflete sobre um problema arquitetônico, no fundo está operando num nível muito elementar: que forma tem este terreno? Vejamos, aqui tem forma de quadrado, com uma espécie de hexágono irregular de um lado e em cima uma parte retangular... Quantos projetos em que trabalhamos são determinados por condições específicas, que estão longe de serem condições ideais! Na maior parte do tempo trabalhamos com perfis totalmente irracionais. O trabalho de racionalizar, de tornar coerente a realidade que encontramos com a nossa proposta se torna mais importante quanto mais abstrata for a proposta. Em meus projetos dificilmente você atribuiria o resultado à forma do terreno. Nenhum deles é diretamente condicionado por essas dimensões. O trabalho da repetição é muito importante para produzir o *embodiment* [materialização], como dizem os anglo-saxões, de uma ideia. É o trabalho mais longo, no qual a arquitetura se torna reconhecível para além dos dados concretos iniciais. Não opero com critérios visuais, mas construtivos, e portanto a repetição é muito importante porque cada novo desenho cria um esquecimento, e as leis geradas possuem uma coerência interna. Por isso, a geometria é muito importante para mim como instrumento para articular situações muito concretas, porque me permite esquecer, tornar as coisas menos identificáveis. Procuro sempre encontrar o critério de coerência na dimensão justa das coisas; é o trabalho que certamente me interessa mais.

AZ Essa ideia de repetição de um elemento gráfico como instrumento de esquecimento ou de descontextualização – e ao mesmo tempo de construção cumulativa de informações – parece insistir, novamente, num processo pragmático em que a separação entre os conceitos e sua produção tende a desaparecer...

EM Eu gostaria que essa separação não existisse; as ideias estão nas coisas. Por exemplo, creio que uma das coisas que mais caracterizam minha maneira de trabalhar é que nunca tenho uma ideia *a priori* do espaço que estou tentando construir; sempre trabalho a partir das plantas, nunca a partir de cortes ou simulações tridimensionais. Desde os primeiros registros, vou traçando plantas em níveis distintos, que no final constroem automaticamente os cortes. A forma tridimensional é feita somente no final do processo, nunca antes dessas seções horizontais. Esse trabalho de sobreposição coerente é o que no fim dá sentido a uma obra. O registro físico necessário dos distintos níveis torna-se também um problema de densidade do material com que você trabalha, é o momento em que você começa a avaliar o material: a densidade do solo, a densidade do ar, a consciência de estar a três ou a quinze metros do chão... Esse modo de trabalhar é mais abstrato, mais conceitual que projetar por meio de seções: uma seção tem um caráter arcaico, de perfilar as coisas, como se ainda estivéssemos trabalhando com as ordens clássicas, base, capitel... Estou muito mais interessado nesse processo de acumulação produtiva que no produto acabado ou na leitura estilística; a escolha do estilo tanto faz...

AZ Mas em seus desenhos parece existir também um mecanismo simultâneo de desmantelamento, de desestratificação, que não vem de uma orientação longitudinal ou transversal prévia, mas das exigências da construção geométrica do objeto.

EM Exato, porque o próprio modo de trabalhar ou de edificar constrói o espaço. Voltemos a Palladio, a um desses salões de quatro colunas que, ao ser construído, vai produzindo as pequenas abóbadas de canto que depois se encontram na abóbada central...

O que a seção informa não é tanto a retórica do construir, e sim aquilo que é necessário para determinar a forma. Os desenhos sempre são feitos para que alguém capaz de lê-los possa construí-los. Sempre busco fazer com que em todos os desenhos técnicos existam as informações necessárias para produzir o objeto. O resultado de seu entendimento não está neles, mas na cabeça de quem os lê; não são desenhos representativos, mas documentos informativos.

Por isso eu lhe digo que essa definição estilística está mais nos mecanismos de trabalho; está em minha obsessão pela geometria, pela estrutura e pela construção como instrumentos de coerência do projeto, mais que por imagens, símbolos ou representações. E isso deriva em outras atitudes, em mecanismos que evito sistematicamente – por exemplo, a utilização da perspectiva como instrumento de formalização... E logo é transferido para determinados gestos que se repetem em projetos distintos, como a incorporação do horizonte ao espaço de moradia para aplanar a perspectiva...

AZ Mas, em todo caso, afora um método que prioriza a construção sobre a representação, que opera fundamentalmente com a geometria, com a organização material e com a estrutura, creio que é muito difícil negar que existam preferências ao utilizar essas técnicas, que talvez possamos qualificar como traços estilísticos. Há uma espécie de estrutura psicomotora, uma empatia com determinadas configurações que te inclinam a usar certas operações geométricas ou distribuições e densidades materiais em lugar de outras. Refiro-me, por exemplo, a certa tendência a duplicar linhas, a decompor a construção em elementos majoritariamente lineares e leves, quase antigravitacionais... Algo como o substrato escultórico de sua obra. Você reconhece essas preferências como geradoras de um modo de fazer, de um estilo?

EM Isso parece aquela piada em que o chefe pergunta ao empregado: "Você se importaria em fazer isso?", e o empregado responde sistematicamente: "Para ser sincero, preferiria não fazê-lo". Há uma preferência por certas coisas, sim...

Acho que reconheço isso em outras atividades, não somente projetuais: por exemplo, na forma como organizo uma aula ou uma palestra... Gosto que as peças tenham um caráter próprio reconhecível, que possam ser tiradas do todo sem perder inteiramente sua identidade. O termo que você propõe, "empatia", é muito adequado. Creio que frequentemente opero por empatia, por identificação com os objetos que produzo. Em muitas ocasiões imagino as pessoas se movendo pelo edifício, atravessando as paredes e os pilares como num campo de forças em que os ocupantes são parte integrante da edificação. Se pesássemos o edifício, veríamos que o fluxo dos habitantes às vezes concentra um terço de seu peso.

Tenho sempre a obsessão de tornar todas as partes de um edifício acessíveis a essa massa humana que se desloca por ele; acho que é uma espécie de herança do canteiro de obras: em qualquer construção em andamento, o espaço deve ser totalmente acessível para se poder construir; é uma condição necessária. Insisto: para mim uma obra nunca termina; é como se o próprio edifício mantivesse permanentemente seus andaimes, que fizessem parte de sua natureza. Em quase todos meus projetos ocorre que essa necessidade de um acesso absoluto acaba por confrontar um acesso à estrutura, ou às instalações, à sala de caldeiras ou às máquinas de ar-condicionado. Interessa-me quando um edifício permite chegar exatamente aos mesmos locais que precisaram ser alcançados para ser construído... Em alguns edifícios clássicos isso é muito claro: a cúpula é sempre servida por quatro escadas secretas que sobem pelo intradorso, que conformam o espaço vazio da abóbada... De modo que sempre se pode reconstruir, ajustar as coisas, e isso é muito importante...

AZ Como você explica a tendência à complexidade formal que parece constituir um dos pontos fundamentais de seu trabalho?

EM Eu tendo a operar por variações... Quando penso na construção de uma parede, para exemplificar com um objeto muito elementar, estou interessado em pensar em todas as possibilidades que esse elemento pode ou poderia ter. É difícil imaginar uma parede sem pensar na possibilidade de um nicho, que revela a profundidade do espaço que ela ocupa. É difícil ignorar a estrutura que torna possível a parede, os contrafortes, as colunas, as múltiplas camadas que abrem o conceito de parede a uma multiplicidade de leituras... São qualidades materiais, independentes de interpretações subjetivas ou de generalizações. Quando falo em variação é porque me interessa que os elementos possam incorporar essa variedade de condições materiais. Não trabalho nunca por redução, mas tento revelar as multiplicidades, as singularidades...

AZ Você se sente parte de alguma tradição? Quando fala de sua forma de trabalhar – a ausência de paradigmas ou linhas de operação, a identificação entre as ideias e a manipulação da matéria, a geometria, a estrutura, o apreço pela paisagem, o processo de construção como atividade permanentemente inacabada –, você faz conexões extraordinariamente coerentes com uma genealogia local que remonta aos mestres góticos e que de algum modo continua até Jujol e Miró. Até que ponto você se sente participante dessa tradição?

EM Sinto-me participante da tradição que valoriza o fazer, o fabricar, como origem do pensamento. Sinto-me muito mais próximo dessa forma de operar que de uma tradição que busca a ideia abstrata como geradora da atividade construtiva. Recentemente voltei a estudar a obra de Bruno Taut. Me interessa muito o projeto que ele fez para sua própria casa, você conhece? Ele o fez como exercício sobre o que poderia ser uma casa, ao isolar cada cômodo e projetá-los em separado. Cada um é quase um pentágono por conta da forma da casa, e torna-se um elemento independente, a partir do qual dificilmente se conseguiria reconstruir a forma da casa, nem mesmo seria possível recolocar um cômodo ao lado de outro. Cada uma das peças possui uma lógica própria, que exige uma autonomia absoluta da disciplina para construir a casa. Creio que Taut é claramente um integrante dessa tradição com a qual me identifico, mais interessado na surpresa, na variação, que no conceito geral do projeto. O resultado da casa é excelente graças a um trabalho muito habilidoso de detalhamento: a colocação das peças, a unidade entre porta, mesa, janela, o aquecimento central... É uma tradição que mais do que nos fazer herdeiros de formas ou ideias nos ensina a olhar de um modo mais determinado, a ir encontrando coisas. Essa ideia de variação não implica necessariamente uma complexidade geométrica ou material. Por exemplo, há algumas obras minimalistas em que o sentido de variação se produz através de mecanismos muito sofisticados.

A ausência de variantes na criação de uma parede, de uma caixa, às vezes torna a variação mais evidente. A pureza dos melhores trabalhos minimalistas reside exatamente em evidenciar a ausência das variações, para revelá-las: para dar um exemplo, a parede metálica de Richard Serra tem a capacidade de evocar tudo o que ela não constrói literalmente... No entanto, parece-me que essas noções não possuem grande validade na arquitetura, e amiúde se convertem num qualificante extremamente superficial. O trabalho das variações num projeto é muito mais necessário porque essa parede no fim não é só uma parede, ela precisa ser parte de um sistema muito mais complexo. Como os aposentos da casa de Taut: unidades conectadas, com leis de dependência a processos de uma entidade superior. Em arquitetura a unidade não é alusiva, representativa, mas necessária, operativa.

AZ É curiosa sua referência ao minimalismo, que é, digamos, uma tradição oposta...

EM Não, eu nunca enxerguei o minimalismo como uma coisa oposta; vejo-o como algo que nunca me despertou grande interesse. Chegar a um resultado formal esquemático que estabeleça uma relação direta com o esquematismo ou a pureza minimalistas não me interessa em nada como arquiteto. O que num objeto de arte ou numa instalação pode ser adequado, pois consegue estabelecer um diálogo com uma realidade muito concreta, não é facilmente transferível para um projeto de arquitetura, acaba sendo uma espécie de camisa de força...

AZ Isso se encaixa perfeitamente a essa forma de abordagem que você vem delineando ao longo da conversa, em que as ideias não existem antes de sua materialização, mas se cristalizam em determinados momentos de um processo de construção errático, de memória curta, não determinado nem por uma origem nem por um final. Nesse sentido, a atitude reducionista e de algum modo estática implícita nos princípios minimalistas parece não permitir o tipo de operação que você vem propondo. Pode-se dizer que, em seu trabalho, há uma necessidade de materializar os conceitos ou produzi-los materialmente que não encontra lugar nas atitudes minimalistas...

EM Sim; em minha obra as ideias são um produto físico. Foi o que eu lhe disse antes, que um edifício tem de ser fisicamente acessível em todos seus pontos. De outro modo, sem esse contato físico, as múltiplas ideias e as variações não são admissíveis. Não me agrada a existência de segredos. Como disciplina, não como qualidade perceptiva, procuro sempre fazer com que as relações sejam físicas: é preciso poder olhar através, chegar, tocar... Não tenho qualquer interesse na realidade alusiva, na qual as conexões são feitas para trás no tempo e na história, ou para frente, para uma utopia; tampouco me interessa remontar a determinado paradigma ou linguagem. O que busco é uma espécie de incorporação, uma integração infinita...

FRANK GEHRY

***El Croquis: Frank O. Gehry, 1991-1995*, n. 74-75, 1995.**

Este texto é resultado de uma entrevista peripatética realizada no escritório de Frank Gehry em Santa Monica, Califórnia, em julho de 1995. Os objetivos eram descrever as técnicas desenvolvidas ao longo de uma extensa e reconhecida prática, e elucidar certas áreas importantes de sua obra, negligenciadas desde sua inclusão no grupo dos chamados arquitetos desconstrutivistas.

ALEJANDRO ZAERA-POLO Você iniciou sua carreira arquitetônica há quase três décadas, mas só alcançou reconhecimento público depois de vários anos de prática profissional. Sua trajetória não parece ter sido tão cuidadosamente construída quanto a de outros arquitetos famosos de sua geração. É intrigante, sobretudo à luz da obra produzida, observar uma carreira tão arriscada quanto a sua...

FRANK GEHRY Talvez essa sua impressão se deva à imprensa arquitetônica, com a qual procuro não me relacionar muito. Nunca fico tentando me posicionar ou criar situações que demandam um acompanhamento contínuo na imprensa, como faz Peter Eisenman, com suas constantes declarações polêmicas. Minha carreira sempre foi bastante linear. Fiquei feliz por você ter dito "três décadas". Normalmente as pessoas dizem: "Desde que você chegou aqui e fez sua casa...". Mas trabalho desde 1962! Em 1978, quando construí minha casa, já tinha dezesseis anos de prática.

Gehry House, Santa Monica, Califórnia, 1977-78

AZ Seu trabalho ocupa uma posição interessante entre profissionalismo pragmático e experimentação radical. Como acontece essa mudança, de certo conforto para posições mais radicais?

FG É tudo a mesma coisa. Arquitetos trabalham para clientes, isso é lógico. E também é evidente que os clientes dos arquitetos fazem parte do mundo, da comunidade. Clientes que querem certo tipo de trabalho nunca viriam a nós. Depois de algumas discussões, eles entendem que há um envolvimento pessoal. Também entendem que vou ouvi-los. Nunca direi: "Ah, isso eu não vou fazer; o fato de você ter muito dinheiro não me interessa; não me importa que haja um buraco no chão onde você vai dormir". Para mim, a relação com o cliente é muito importante. Se o cliente é uma corporação e não existe a possibilidade de falar com o presidente, não aceito o trabalho.

AZ Seu trabalho parece profundamente enraizado em Los Angeles. É como se sua obra envolvesse olhar ao redor, estar atento ao que acontece e reagir a isso, em vez de trabalhar numa torre de marfim. Como você acha que a vida em Los Angeles afetou sua sensibilidade e seu modo de atuar?

FG Às vezes me pergunto o que teria acontecido comigo se tivesse ficado em Toronto. Nunca se sabe. Quando vim para Los Angeles nos anos 1950, isto aqui era uma espécie de fronteira a ser explorada. Havia grandes possibilidades de trabalho: depois da guerra, Los Angeles cresceu muito depressa por causa do clima e do crescimento econômico do país. As pessoas foram atraídas para este lugar porque era uma terra de oportunidades. Los Angeles era uma cidade em constante movimento, tudo acontecia muito rápido; não era necessário construir com materiais permanentes por causa do clima e do desenvolvimento acelerado. Foi o lugar onde a cultura do *fast-food* do pós-guerra alcançou sua expressão máxima. Depois de ter passado pela guerra, queríamos tudo rápido...

O sistema estava todo orientado para conseguir as coisas de forma mais imediata. Não havia infraestrutura, não havia estrutura legal, não havia história... Por isso, pudemos responder rapidamente. Todo mundo queria fazer negócios. A política era expansionista e pluralista. Los Angeles era uma espécie de tela em branco: era virgem.

AZ Então, para você não era apenas um lugar de oportunidades. Havia também esses ingredientes que você conseguiu transmitir, quase em forma de declaração. É como se sua contribuição consistisse em revelar a profundidade cultural dessa civilização da imediatez criada nos Estados Unidos após a Segunda Guerra Mundial... Tal atitude é compartilhada com alguns dos artistas que trabalhavam em Los Angeles na época, com quem você teve contato frequente. Qual foi o papel de pessoas como Ron Davis ou Billy Al Bengston no desenvolvimento de sua carreira?

FG Minhas preferências artísticas estavam muito longe do ambiente em que eu vivia, e levei um tempo para me sentir confortável em Los Angeles. Me interesso por arte desde pequeno – minha mãe me levava a museus no Canadá – e esse interesse não cessou. Naquela época, os artistas aqui em LA não pintavam: sentiam-se muito atraídos por acabamentos de carro, pistolas de pintura... Modelavam e fundiam as peças... Era um fetichismo do acabamento, o exercício de um tipo diferente de perfeição. Bengston fazia superfícies metálicas com imagens de flores e símbolos militares, estrelas e listras, esse tipo de coisa. Com eles aprendi a encontrar inspiração ao meu redor, e a desenvolver uma apreciação pelas coisas cotidianas...

AZ Como começou sua relação com eles?

FG A arte sempre me atraiu. Quando me formei e comecei a trabalhar, os arquitetos não foram muito receptivos comigo. Eu estava fazendo vários edifícios em Los Angeles, então ia para o local e encontrava os artistas olhando a construção: Bengston, Ed Moses, Kenneth Price, Larry Bell e todas essas pessoas que eu conhecia apenas pelo nome. Era uma sensação estranha que meu trabalho interessara essas pessoas – pessoas que eu admirava muito mais do que admirava os arquitetos. Foi assim que aconteceu, e nos tornamos amigos. Era mais uma coisa social, mas eu também era incluído em muitos de seus planos. Eu era o único arquiteto com quem eles gostavam de conversar, e assim conheci Ron Davis, Rauschenberg, Jasper Johns, Richard Serra...

AZ Todos eles moravam em Los Angeles?

FG Não, mas eles vinham para exposições, para projetos etc. Havia infinitas festas, drogas e só Deus sabe o que mais faziam... Trocavam de namoradas... Tornaram-se uma espécie de família.

AZ Então, não eram só os nativos de Los Angeles, você também tinha uma ligação com essa cena artística mais flutuante...

Concord Pavilion, Concord, Califórnia, 1974-77

FG Sim, também me envolvi com o mundo da música clássica. Tinha feito o Concord Pavilion, e fui chamado pela Filarmônica, que tinha sede no Hollywood Bowl. Comecei a conhecer os músicos, não apenas os que eram daqui, mas aqueles que passavam por aqui, como Brendel e

Boulez... Faz tempo que não os vejo, mas ainda mantenho contato com eles. Conheci essas pessoas graças a meu trabalho. Eu estava trabalhando com eles, de modo que foi um processo muito natural. Mas nossa relação não era tanto de trabalho, era mais social. Eu levava esse tipo de vida... Mas nunca consegui nenhuma encomenda com isso.

AZ O que você ganhou com essas relações?

FG Um grande enriquecimento, um monte de ideias... Foi muito inspirador.

AZ No entanto, seu trabalho inicial mais autoral estava mais próximo de uma espécie de minimalismo regionalista do que do pop industrial de seus amigos artistas. Por exemplo, a casa e ateliê Danziger parece ter mais a ver com uma interpretação moralista da arquitetura de adobe do que com um manifesto da cultura da imediatez... Isso foi parte da cisão entre sua vida artística e sua atividade profissional?

Casa e ateliê Danziger, Los Angeles, 1964-65

FG A casa e ateliê Danziger realmente tinha um programa muito ideológico. Não foi absolutamente uma evolução natural da prática convencional. Há uma parte de mim com sérias reservas em relação a essa cultura da autoestrada e do *fast-food*. Danziger foi uma tentativa de criar um mundo controlado e separado no meio da desordem urbana de Los Angeles. Quando fiz isso, todos ficaram impressionados, mas percebi que negligenciar o potencial de uma relação com a cidade era uma atitude muito limitadora.

Depois desse projeto, eu me tornei muito menos moralista com respeito a Los Angeles e mais interessado em desenvolver uma relação produtiva entre a minha arquitetura e a cidade.

AZ Parece que o contato com o cenário artístico de certo modo o distanciou da prática mais convencional da arquitetura, onde sua carreira começou. O que o diferencia de seus amigos artistas? O que há de específico, para você, em ser um arquiteto?

FG Nunca tive essa distinção muito clara. É por isso que fiz os binóculos com Claes Oldenburg [Chiat/Day Building]. Estava interessado na mutação entre arquitetura e escultura. Tinha curiosidade em saber o que Claes faria caso se tornasse arquiteto. Descobri que as principais diferenças estão em como fazemos as coisas. Como arquiteto, você pode fazer formas maravilhosas, mas depois precisa perfurá-las em função dos usos internos. Há algo muito determinante na qualidade dos edifícios como recintos, como recipientes de um programa. Talvez eu já esteja com a mente distorcida, mas acho que as pessoas que se dedicam à arte são como uma espécie de comentaristas. Escrevem, pintam, desenham, constroem, mas é um comentário, uma crítica sobre o que está acontecendo;

Chiat/Day Building, Los Angeles, 1985-91

trata-se de pegar um pedaço do meio ambiente e torná-lo compreensível para as pessoas, acrescentando ideias aos fatos. A diferença é que os arquitetos têm de trabalhar com orçamentos, códigos de obras e leis da gravidade. Apesar de tudo, é o pintor que tem o problema mais difícil: a tela em branco, um pincel e uma quantidade imensa de cores. Como dar a primeira pincelada?

AZ Entretanto, ao mesmo tempo, como arquiteto você está mais diretamente envolvido na conformação do ambiente. Você constrói fisicamente a cidade, e por isso seu trabalho é mais condicionado, menos independente, e carrega uma responsabilidade mais imediata...

FG Mas isso é uma desculpa! Há muito tempo entendi que é com esse argumento que a arquitetura se isenta da responsabilidade de dar um passo adiante, de se posicionar e correr o risco de enfrentar a tela em branco. Os arquitetos se escondem atrás da funcionalidade e dos orçamentos, da regulamentação do edifício e leis da física, do cliente e do tempo... Tudo isso é pretexto! As pessoas se esquivam de suas responsabilidades porque são preguiçosas ou porque não têm talento ou ideias. Eu tenho que resolver todos os problemas, mas e depois? O que você faz?

AZ O que você pensa sobre todos esses movimentos e grupos de poder que têm se proliferado recentemente, sobretudo no cenário da arquitetura norte-americana, reivindicando responsabilidade social e ética ecológica e política? Para você, qual é a responsabilidade de um arquiteto que quer enfrentar a profissão como a uma tela em branco?

FG Tudo isso também é desculpa. O pêndulo oscila de um lado para o outro. Acabo de receber a revista do American Institute of Architects, e eles têm um comitê que está tentando fomentar a boa arquitetura e com isso estimular os negócios. Prefiro essa atitude à assumida pela revista *Progressive Architecture*. A *PA* está pregando, no jargão socialista de [Kenneth] Frampton, que o destino da arquitetura é ser simples, não muito doce, não muito confortável, apenas básica... Para que todo mundo seja igual. Creio que é um discurso demagógico, pois a questão não é ser uma coisa ou outra. Quanto dinheiro é gasto em entretenimento e lazer, em ir ao cinema? Esse dinheiro é bem gasto? Por que precisamos ir ao cinema? Por que precisamos ir a um jogo de futebol? Por que precisamos gastar tanto dinheiro nessas coisas triviais, quando existem pessoas pobres, famintas? É antissocial ir a um concerto? É elitista? Alguém mais intelectual é politicamente incorreto porque nem todos conseguirão entender o que ele diz? Claro que temos problemas sociais. Mas seria melhor resolvê-los antes de passar para a crítica da arquitetura. O importante é o preço pelo qual você se vende e cada um, eu acho, tem um preço. E posso assegurar que nunca aceitarei um trabalho do qual discorde politicamente.

AZ Talvez devêssemos dizer, usando o mesmo jargão neomarxista, que justamente por causa do atual regime econômico um setor crescente de quem trabalha com arquitetura está conseguindo o álibi moral perfeito para atuar como uma força desestabilizadora, em vez de reproduzir estruturas espaciais existentes. Se você faz parte desse setor necessário, o politicamente correto não se aplica a você...

FG Acredito que o papel dos arquitetos é inspirar as pessoas e enriquecer suas vidas; dar-lhes a esperança de que as coisas podem ser melhores... e engajá-las. Isso não é nossa responsabilidade apenas como arquitetos, mas também como pessoas, e independe do sistema de valores que se tenha; são princípios de comportamento pessoal, códigos de respeito mútuo... Ame ao seu próximo e tudo mais. Acredito em tudo isso. Eu nunca seria condescendente com o mau gosto. É um insulto menosprezar as pessoas. No entanto, existe uma grande imaturidade na profissão: os arquitetos acham que têm que salvar o mundo. É como quando uma criança pensa que se pisar numa rachadura vai quebrar as costas da mãe [ditado popular em inglês: *step on a crack, break your mother's back*]. Nunca ouviu crianças dizendo isso? É uma presunção de poder. Pois bem, os arquitetos assumem que têm um poder incrível para mudar o mundo, e, portanto, tendem a dar uma importância demasiada a seus atos. Estão sempre em busca do sistema que vai salvar tudo. Lembro que eu também tinha esse tipo de aspiração. A história prova que não fizemos nada. No final, você pode pegar 90% da arquitetura americana e jogá-la no lixo. O príncipe de Gales está certo sobre isso.

AZ Há outro tipo de responsabilidade implícita em suas palavras: ser consciente das condições do entorno, fornecer uma entidade cognitiva ao que, de outro modo, seria apenas uma satisfação imediata de necessidades. Isso está relacionado com a situação que você descreveu antes, da Califórnia no pós-guerra, onde uma poderosa cultura da imediatez se desenvolveu sem ser reconhecida. Uma das características mais polêmicas de seu trabalho, especialmente no começo – como na Ron Davis House, em sua própria casa ou no Temporary Contemporary –, é a utilização de materiais baratos, artificiais, produzidos em massa, materiais industrializados, como papelão, arame, madeira compensada, asfalto etc., e uma aspereza intencional nos detalhes. Uma estética do inacabado. Como você começou a considerar o potencial disso?

Ron Davis House, Malibu, Califórnia, 1972

Temporary Contemporary, Los Angeles, 1982-83

FG Graduei-me numa escola que seguia um programa de arquitetura bem convencional e passei por vários estágios, trabalhando com pessoas que me ensinaram a detalhar mármore, madeira, metal, gesso, pedra, enfim, todos os tipos de detalhes elegantes. Estudei os detalhamentos de Frank Lloyd Wright e dos irmãos

Greene, de Mies van der Rohe e de Le Corbusier. Quando eu mesmo comecei a trabalhar, em 1962, era muito difícil fazer esse tipo de coisa com os orçamentos que tinha. Tentei em alguns edifícios. Fiquei fascinado pela possibilidade de criar uma hierarquia perfeita desde o conceito geral até os detalhes. Tentei, mas não havia perícia profissional, simplesmente já não existia, e os detalhes tornaram-se fúteis e frustrantes. As pessoas que deveriam fazer essas coisas tinham perdido todo tipo de responsabilidade social para com seu produto.

Comecei a procurar outra maneira de lidar com isso quando conheci o trabalho de Rauschenberg e Jasper Johns... Eles estavam usando sucata para fazer arte, e isso me inspirou a explorar a mesma ideia na arquitetura. Achei que poderia transformar a imperícia construtiva em virtude ao assumir sua qualidade visual, em todas as suas vertentes; entendê-la cores numa paleta. Na época, eu achava que os alambrados eram como uma doença horrível – não entendia como as pessoas podiam usá-las... Eu construía edifícios que acabavam sendo cercados com alambrados! Tinha muita raiva. Achava aquilo antissocial, anti-humano... Mas, mesmo com raiva, comecei a olhar para aquilo. E concluí que os alambrados eram apenas um tecido, um acessório; o que faziam com elas é que as tornava indesejáveis. Fui a uma fábrica de alambrados e descobri que numa hora eles faziam grades suficientes para cobrir a autoestrada que vai do centro de Los

Angeles até a praia de Santa Monica. Em uma hora, com quatro pessoas trabalhando. Descobri também há centenas de fábricas que fazem esse material, pelo mundo todo. Perguntei-lhes sobre possíveis variações, porque eu queria explorar as possibilidades do material. Eles disseram: olha, nós fazemos esses tipos e vendemos tudo que fazemos; não precisamos de ideias novas, não queremos que ninguém nos diga nada, não precisamos de qualquer criatividade.

Depois, tive a mesma experiência com o papelão, quando fiz as cadeiras de papelão. As empresas de papel vinham me ver e se entusiasmavam com o que estava fazendo, mas não estavam realmente interessadas. Pensei que pudessem patrocinar alguma coisa. Foi a mesma coisa, eles vendiam toda a sua produção, então por que se preocupar...

Tudo isso me deixou curioso sobre o mundo lá fora. Percebi a negação cultural da própria existência desses materiais, que estavam sendo utilizados em quantidades enormes em todo o mundo. Se você dirigir por uma dessas estradas com desfiladeiros ao lado onde as pessoas mais ricas moram, verá que na frente de cada casa branca com colunas e arquitraves há uma quadra de tênis: ou seja, um alambrado. Todo mundo odeia o alambrado, mas ninguém a vê. O que eles veem é uma quadra de tênis, e uma quadra de tênis é um símbolo de riqueza. Como pode haver tal negação em massa e, em seguida, tal uso em massa? A contradição me parecia fascinante.

AZ Então você tinha que passar por uma espécie de suspensão terapêutica de sua moral estética antes de ser capaz de perceber o potencial do que estava acontecendo ao seu redor...

Santa Monica Place, Los Angeles, 1972-80 (demolido)

Loyola Law School, Los Angeles, 1978-84

FG Eu tinha que tornar meu entorno mais aceitável. Eu queria encontrar as qualidades inerentes que o faziam mais atrativo. Fiz a garagem do Santa Monica Place envolta por um alambrado. Mas, quando fiz aquele edifício, todo mundo ficou louco: o uso inevitável do alambrado era aceitável, mas usá-lo intencionalmente era uma provocação. Fui rejeitado em muitos trabalhos por causa de meus alambrados. Todos achavam que eu os colocaria em todo lugar. É engraçado como as pessoas simplesmente não resistem a colocar o rabo no burro. Quando fui contratado pela Loyola Law School, o cliente disse: "Nós adoramos seu trabalho, mas não queremos nenhum alambrado". Eu disse: "Ok, concordo; também não gosto disso". Projetei o prédio e havia uma estação de ar-condicionado que tinha que ser colocada na superfície. Para protegê-la, eles queriam colocar um alambrado ao redor. Pediram para eu fazer isso, e eu disse: "De jeito nenhum, prometi que não iria colocar nenhum alambrado". Fiz com que eles próprios tivessem que colocá-lo: só queria que percebessem a estupidez do que tinham dito no início.

Tenho um amigo que é advogado. Ele costumava rir de meus alambrados. Alguns anos atrás, ele comprou uma casa de 6 milhões de dólares nas colinas e estava tendo problemas com a cozinha. Ele me pediu para ir lá dar uma olhada. Quando cheguei, me dei conta de que do hall de entrada, da cozinha, da sala de jantar, da sala de estar, de seu quarto, enfim, de todos os lugares ele via uma quadra de tênis. Perguntei: "Você não está envergonhado?". E ele disse: "Por quê?". Respondi: "Eu te converti ao alambrado. Você realmente deve adorar". Ele disse: "O que você quer dizer?". E eu: "Bom, todos os cômodos de sua casa estão voltados para um alambrado". Ele é um homem muito inteligente – olhou para mim e disse: "É uma quadra de tênis". Acho que ele ainda não percebeu.

AZ Uma característica muito própria de seu trabalho é a experimentação com geometrias oblíquas e volumes desarticulados. A austeridade e a coerência estão entre aquelas coisas de sua educação convencional que você teve de rejeitar para seguir em frente?

FG Convenci Philip Johnson a voltar à simplicidade: ele me telefonou outro dia e disse que está de volta às linhas retas. Jura que é o que há de novo. É uma reviravolta, novamente... algo que entra e sai de moda. Em meu caso, sinto que, depois do Museu

Museu Guggenheim, Bilbao, 1991-97

Lewis House, projeto, Lyndhurst, Ohio, 1989-95

Guggenheim de Bilbao e da Lewis House, é como se tivesse atingido o limite daquela investigação, e acho que posso voltar a tentar o minimalismo. Ainda gosto do minimalismo, acredite se quiser.

AZ Mas, no seu caso, era apenas moda? Como um artista, não é você que deveria ditar a moda?

FG Eu não estava consciente disso, não via como moda... Vou dizer o que me prende hoje. Tenho pensado sobre isso. Se eu disser que estou vivendo no presente, e o presente é uma bagunça, posso ser aprisionado por ele sem saber. Mas, uma vez que estou falando sobre isso, provavelmente não serei.

AZ Esse é o perigo de sua proposta de viver permanentemente no presente; você precisa definir o critério para manter um distanciamento crítico, para ser capaz de escapar.

FG Mas refiro-me a viver no presente como você o definiu. Talvez seja isso o que eu deveria dizer para evitar problemas: só construo a partir de minha própria visão do presente, mesmo que o presente seja determinado por outros.

AZ Certo. Mas então por que você começou a brincar com geometrias oblíquas na Ron Davis House?

FG A mudança da ortogonalidade para a perspectiva veio do próprio Ron Davis, porque ele estava experimentando a perspectiva em seus quadros. Eu estava fascinado pelo fato de que ele podia desenhá-las, mas não construí-las; ele não podia convertê-las em objetos tridimensionais.

Decidi usar a casa para ensiná-lo a fazer isso, mas não tive sucesso... Escolhi um quarto e coloquei pontos de fuga na parede com uma caneta e, em seguida, peguei fios e os prendi nesses pontos, estendendo-os até a maquete do terreno, no centro da sala. Quando mudava os pontos de fuga, ele fazia desenhos estranhos no espaço. Isso estava relacionado com o modo que ele usa a linha em seus desenhos, e pensei que assim ele entenderia, mas nunca conseguiu. E via-se esses belos espaços tridimensionais feitos com os fios, suspensos sobre a maquete, dava para ver como iriam funcionar, e se podia manipulá-los para adequá-los à escultura ou ao terreno, deslocando as cordas até que as formas se adaptassem confortavelmente ao terreno. Foi assim que fizemos o projeto. O local era bonito e tinha uma excelente vista para o oceano. O volume resultou de uma negociação entre as vistas do lado de fora e as vistas do interior. Eu queria que a cobertura fosse paralela à inclinação do terreno, de modo que fosse possível olhar por cima da casa. A cobertura também se inclinava sobre esse eixo em direção à entrada de automóveis. Ao chegar da rua, o teto inclinado era acolhedor, e essa sensação se mantinha conforme você dirigia ao redor da casa e o perfil da cobertura se abria lentamente. Foi muito interessante e levei muito tempo até conseguir que o objeto tomasse controle do lugar. Também tivemos de orquestrar a sequência de entrada por meio desses experimentos. Dava para ver como tudo encaixava.

AZ Isso soa como um computador primitivo. Quer dizer que todas as deformações da ordem construtiva ortogonal provêm de uma abordagem meramente fenomenológica. Você estava interessado em saber como as coisas são percebidas ou experenciadas, e não nas qualidades estruturais intrínsecas do espaço oblíquo. No entanto, seu trabalho posterior continua a explorar a obliquidade sem uma abordagem metodológica. Mas esse argumento parece ser recorrente em seu trabalho...

FG Comecei a fazer isso porque me interessei pelas pinturas de Ron Davis, mas sempre tenho razões mais complexas para tudo; nada é tão simples. Uma vez que descubro alguma coisa, sempre tento fazer algo mais dela. No entanto, nunca é tão organizado quanto na Ron Davis House. Na verdade, eu não precisava ter colocado os fios. Só fiz isso para ele entender o que eu estava fazendo.

AZ Mas você sempre trabalha com maquetes em grande escala, nas quais pode ver melhor as percepções do objeto real. Ouvi dizer que você costuma observar essas maquetes colocando-as ao nível dos olhos, e que se move ao redor delas para corrigir os ângulos, quase como um arquiteto renascentista. Isso é verdade?

FG Sim, é verdade. É uma das partes mais importantes de meu método. Se eu tivesse que dizer qual é minha maior contribuição para a prática da arquitetura, diria que é conseguir uma coordenação entre as mãos e os olhos. Isso significa que fui me tornando muito bom em levar a cabo a construção de uma imagem ou de uma forma que estou procurando. Acho que é minha melhor habilidade como arquiteto. Sou capaz de transferir um croqui para uma maquete e daí para um edifício. Por exemplo, os primeiros croquis de Michael Graves são fabulosos, mas ele nunca consegue fazer um edifício que seja tão bonito quanto o desenho. Rossi é mais capaz que Michael, mas ainda não consegue transmitir totalmente a energia que há em seus desenhos. Eu sempre procuro focar o edifício; os desenhos não são tão importantes para mim; são apenas trampolins. Eles nem sequer se parecem com edifícios, mas por meio deles sei qual é o próximo passo a ser dado.

AZ Outra característica na Ron Davis House que é comum a muitos outros projetos é a natureza de continente que há na maior parte de suas obras. É como se a qualidade mais importante da arquitetura para você fosse a superfície, o fechamento, em vez do próprio edifício; o maior esforço é colocado na forma do envoltório.

FG Isso tem a ver com o que eu estava dizendo antes. Para mim, a qualidade mais marcante da arquitetura em relação a outras práticas é o fato de que ela encerra o espaço. Talvez seja por isso que eu tenda a me concentrar na manipulação da superfície envolvente: para mim é o que distingue a arquitetura da pintura ou da escultura.

AZ A casa que fez para Ron Davis também me interessa por outra razão: o fato de que foi totalmente revestida com um único material, o chapas onduladas de aço.

FG Eu buscava uma unidade, queria que uma ideia única fosse a protagonista. Na arquitetura, a cobertura é feita tradicionalmente de um material diferente daquele usado nas paredes. Mas, se você usar metal, pode usar o mesmo material em toda parte; essa casa precisava ser um volume único adaptado ao terreno. Se eu tivesse usado gesso nas paredes e asfalto na cobertura, o aspecto do edifício teria mudado radicalmente. Além do mais, tinha que ser barato.

AZ A razão pela qual essa ideia de unidade me interessa aqui é por pensar que trata-se de algo que aparece com muita frequência em seu trabalho – por exemplo, na mobília de papelão Easy Edges, no Gemini GEL, na Spiller House, no Center for the Visual Arts do Toledo Museum of Art, no Vitra Design Center, na mobília Bent Wood, nos laboratórios em Connecticut [Yale Psychiatric Institute], na Lewis House, no Museu Guggenheim de Bilbao etc. Pode-se até interpretar o uso da *balloon frame* [estrutura balão]

Mobília de papelão Easy Edges, 1969-73

Gemini GEL (Graphics Editions Limited), Los Angeles, 1975-79

como uma espécie de tessitura material californiana, algo que é fortemente coerente em seu trabalho. Essa tendência parece contradizer outra presença marcante em sua obra: a da fragmentação e da colagem, que costuma ser frequentemente realçada pela crítica. Contudo, a meu ver, isso não é totalmente verdade, e se há algo que diferencia seu trabalho do de outros arquitetos californianos aparentemente similares, é justamente a forte tendência à unidade, da qual esses projetos são a expressão mais clara.

Spiller House, Venice, Califórnia, 1978-80

Center for the Visual Arts, Toledo Museum of Art, Ohio, 1990-92

FG Nunca entendi por que os críticos classificaram meu trabalho como fragmentário. Mas sempre olhei para os jornalistas com certa curiosidade. Sou da opinião de que, se você ouve dez pessoas dizerem a mesma coisa sobre você, então talvez deva prestar atenção nisso, mesmo que não tenha sido intencional: não é possível que todos estejam errados – algo deve estar dando sinais a eles. Por esse motivo eu nunca os desafio. No entanto, falei com Derrida sobre isso uma vez. Seus comentários me pareceram ter um foco diferente; não me identifiquei com a descrição que ele fez.

AZ Você está se referindo especificamente a sua inclusão entre os assim chamados desconstrutivistas. É com o conceito de diferença que você não se identifica?

FG Na verdade não. Tampouco acho que Peter Eisenman soubesse do que estávamos falando. Porque ele falava de coisas distintas. Ouvi Derrida e Peter conversando, e parecia que eles falavam de assuntos diferentes. Não sei o que Kipnis pensa sobre isso. Nunca achei que eu fizesse parte disso. Era engraçado estar naquela exposição. As duas maquetes expostas lá eram a de minha casa e a da Familian House, e eu podia ver que se você diz "desconstrução" e olha para aqueles dois projetos, é quase questão de fato: a palavra soa como a imagem. Perguntei a Philip Johnson se ele realmente acreditava que eu fazia parte daquilo e ele disse que não. Ele apenas escolheu as maquetes, e a imagem escolheu a pessoa.

Mobília Bent Wood, 1989-92

Yale Psychiatric Institute, New Haven, Connecticut, 1985-89

AZ No entanto, você não pode negar que também há um enorme esforço em construir diferenças, em evitar uma ordem coerente no edifício. Se você observar sua casa ou as casas que fez em Venice Beach, há também uma tentativa de romper com a ordem modernista, o tipo de ordem produtiva presente no trabalho de [Craig] Ellwood ou dos Eames, onde há um sistema que ordena tudo.

FG Quando comecei a desenhar minha casa, fantasiei fazer cada janela como se tivesse sido projetada por um arquiteto diferente, uma do [Charles] Mackintosh, uma do Rossi, uma do Corbu... Interessava-me a ideia de que a casa pudesse se tornar uma minicidade. Pensei que eu podia ser três arquitetos diferentes ao mesmo tempo, mas é claro que não consegui: todas pareciam ser da mesma família, saídas da mesma mão. Não há escapatória. Posso tentar conscientemente fazer coisas diferentes, mas não ficarão tão boas quanto se forem feitas por meu processo normal. É nisso que eu emperro.

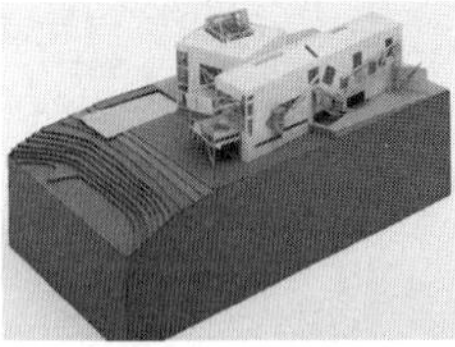

Familian House, projeto, Santa Monica, Califórnia, 1977-78

Steeves House, Brentwood, Califórnia, 1958-59 (depois Smith House, 1981)

AZ Mas por que então tentar?

FG Era o meu monte Everest. Era um desafio tentar fazer esses quebra-cabeças de coisas. Eu queria encontrar uma linguagem urbana para meu trabalho, depois de fazer o Danziger. Eu não tinha outros projetos, então usava meus trabalhos pequenos para experimentar ideias de escala urbana. Também me interessava pelas naturezas-mortas de Morandi, que para mim pareciam maquetes de cidades, e eu via uma afinidade delas com a arquitetura de Rossi na época... Foi então que projetei a Smith House, que deveria ser uma extensão da Steeves House, um de meus primeiros projetos. Eu estava obcecado por romper a ordem coerente dos meus trabalhos iniciais, baseados fundamentalmente na continuidade espacial da arquitetura de Frank Lloyd Wright. Dividi a casa em células, e cada uma delas deveria aparecer como uma entidade independente, como se o conjunto fosse uma pequena aldeia. No entanto, agora que penso nisso, havia sempre uma continuidade espacial e visual dentro dessas construções fragmentadas. Explorei essa noção de minicidade na Loyola Law School e na Wosk Penthouse. Na Smith, procurei fazer essa diferenciação usando os requisitos funcionais do cliente. Eles pareciam não esperar ver seu pedido transformado em tais formas extravagantes, mas acho que no fim gostaram. Houve mais dessas experiências: a Winton Guest House, a Casa para um Cineasta...

Wosk Penthouse, Bervely Hills, Los Angeles, 1981-84

Winton Guest House, Wayzata, Minnesota, 1983-87

Talvez tenha sido na Norton House, em Venice Beach, que essa ideia de fragmentação e relações urbanas tenham alcançado sua expressão máxima. Nesse caso, não pude inventar uma nova linguagem: literalmente tomei emprestado tecidos, formas e materiais da paisagem urbana que havia ao redor, para estabelecer relações com a cidade. Visualmente era satisfatório; convencia, mas senti que era também uma concessão. E não fiquei contente com isso. Era uma experiência oposta à de Danziger, um exercício

Norton House, Venice, Califórnia, 1982-84

extrovertido, mas não achei que tivesse ganhado o jogo ainda.

AZ Você acha que seu trabalho é contextual?

FG Sim, mas percebo que as pessoas não veem isso. Penso de forma muito contextual. Por exemplo, na França se constroem edifícios da maneira clássica, com uma entrada, uma *porte cochère*, ou seja lá o que for, e uma cobertura que é inteiriça. Mas isso não significa que sejam necessariamente contextuais: muitos edifícios em Paris se separam das extremidades, não são completos, há uma peça faltando. Mas ninguém vê isso, veem apenas o que esperam ver. Se meu trabalho é surpreendente para algumas pessoas, é porque tento evitar essas concepções prévias e construir com base na realidade das coisas. Não é que eu seja muito imaginativo, mas sim muito realista. Tento evitar os preconceitos, deixar minha imaginação mais livre...

Quando você chega a um lugar e encontra determinada composição de edifícios, você pode ou tornar o contexto e seu edifício melhores, ou fazer um edifício exclusivo e separado. Sempre escolho a primeira opção, embora muitos pensem o contrário ao verem meus edifícios. Mas eu nunca sou condescendente com o contexto. O edifício tem que ser uma afirmação forte, mas também procuro criar uma relação contextual, ser inclusivo em vez de exclusivo. Por vezes isso também acontece por um problema das publicações: você vê as fotos de um edifício ali e não consegue entender o todo, especialmente se for um projeto europeu. As revistas de arquitetura não apresentam os projetos no contexto, mas como esculturas. É irônico que as revistas europeias não mostrem o argumento contextual por trás dos projetos: se o público reage positivamente, então o projeto será idiossincrático e forte, e eu ganho crédito. Mas, se reage negativamente, o projeto vira uma afronta desrespeitosa.

AZ Para você, o que é contextual no Museu Guggenheim de Bilbao?

FG Bilbao é um projeto muito contextual, mas não no sentido convencional. É como um movimento de jiu-jítsu: tentar usar a energia da cidade a seu favor, para produzir algo novo. Espero que, quando as pessoas virem o edifício pronto, percebam que estou lidando com o contexto. Bilbao é uma cidade industrial muito dura, com um rio e uma paisagem verde fantástica. O terreno do museu fica numa curva maravilhosa sobre o rio. A cidade se situa acima do nível do terreno... O problema desse edifício era articular a cidade com o rio, trazer a cidade para o outro lado da estrada, e então envolvê-la até o rio. A rampa já está lá, mas talvez essa não seja a qualidade mais distintiva do edifício. No entanto, é muito boa, você pode vê-la, é forte... Todo o projeto começou com a localização. Na realidade, minha primeira decisão foi propor o terreno.

Quando me contataram pela primeira vez para falar sobre o Museu Guggenheim de Bilbao, a ideia inicial era renovar o Edifício Alhóndiga. Logo ficou evidente que para fazer qualquer coisa era preciso remover o telhado e a estrutura toda, e o edifício existente permaneceria como casca para o novo projeto. Não era uma ideia muito boa, e os poderes que estavam tentando preservar o edifício entenderam isso. A única maneira de preservá-lo seria utilizando-o tal como é o interior, sem tirar a cobertura, sem separá-lo de sua estrutura interna. Eu disse às autoridades que, se esse era o único terreno para o museu, eles teriam que demolir o edifício e construir um novo. Mas também lhes recomendei, por causa de sua importância urbana e beleza de sua arquitetura, que o convertessem num hotel, de modo que a remodelação preservasse a estrutura existente. Meu conselho foi mudar o museu para outro terreno.

Eu estava jantando com todas as autoridades e promotores, e depois de minha fala fez-se um grande silêncio... Eles ficaram em choque. Logo após o jantar, todos desapareceram; pensei que eu seria demitido. Fui para o hotel com o diretor do Guggenheim e algumas pessoas do governo local, conversamos e eles perguntaram: "Bem, onde você o colocaria?". "Perto do rio", eu disse, porque eles tinham comentado o dia todo que o rio estava sendo revitalizado.

Na manhã seguinte, subi as colinas do outro lado do rio e escolhi o terreno para o projeto. Gostei do local porque ficava sob a ponte. A prefeitura queria ver o museu desde sua sede, então pediram uma torre. Mas isso foi só depois que aceitaram o novo terreno.

AZ E então foi realizado o concurso para esse terreno. Ou seja, você basicamente decidiu o local do concurso...

FG Correto. Fica perto da Escola de Belas-Artes, e começamos a especular sobre uma possível conexão... Até comecei a fazer alguns croquis, e quando eu os vejo agora percebo quão precisos eram... Isso foi antes do lançamento do concurso, quando estive em Bilbao antes de todos... Tínhamos dez dias para terminar o projeto para o concurso. Fiz um esquema do programa e então comecei a fazer maquetes. No início a ideia era mais de um edifício principal com alguns elementos anexados. Eu queria que houvesse uma entrada para um grande saguão vinda da cidade... Desenvolvemos essa primeira ideia por meio de maquetes; fizemos uma por dia, e tiramos fotografias das maquetes do oitavo, nono e décimo dias, e as submeti ao concurso. Enviei todas as três para mostrar a direção que gostaríamos de seguir, em vez do produto acabado. As fotos submetidas foram feitas com filme de alta sensibilidade. São como quadros impressionistas. Foi uma maneira de nos ausentar de ter que fazer as coisas muito completas, de dar muitos detalhes...

AZ Então, o que você faz, basicamente, é transformar em arquitetura um grafismo ou um traço inicial. De onde você acha que vem esse traço?

FG Não sei exatamente. Algumas vezes pode ser um gesto, uma reação automática a algumas das topografias urbanas existentes, uma inspiração por algo que eu tenha visto, por exemplo, uma pintura... Meus projetos sempre se desenvolvem através de uma sucessão de testes com diferentes meios e técnicas até conseguir transformar um gesto em edifício... Por exemplo, no projeto que estou fazendo agora em Praga ["Fred & Ginger", edifício da Nationale-Nederlanden], partimos das fachadas do edifício existente: elas pareciam torres saindo do edifício, de modo que pensamos que nosso edifício deveria ter um espírito similar.

Fred & Ginger, edifício da Nationale-Nederlanden, Praga, 1992-96

Neuer Zollhof, Düsseldorf, 1994-99

AZ Nos desenhos originais, as torres parecem ser mais cúbicas... Isso também aconteceu no projeto de Düsseldorf [Neuer Zollhof] – a geometria se converte em formas curvas...

FG São velas; eu sou um marinheiro. Eu tenho um barco, sabia? Adoro velejar e gosto daquelas pinturas holandesas com veleiros, quadros do século XVI, você já viu? Quando você veleja, e quer mudar de rota, a vela está içada, e você a vira lentamente para a outra direção. Há um momento em que você está exatamente na linha do vento e ele vem igualmente pelos dois lados da vela. No segundo antes de pegar o vento na outra direção, ocorre uma pequena ondulação na vela, e ela se dobra... é muito bonito, você tem a sensação do movimento do barco nessa ondulação. Não consigo explicar, nem mesmo sei se poderia tirar uma foto disso.

AZ O que lhe chama a atenção nesse momento de instabilidade, quando a vela se move entre dois regimes diferentes?

FG É um momento mágico porque há um movimento interessante. Gosto dessas imagens. Quando fiz o primeiro croqui para o projeto de Praga, parecia a figura de uma mulher. Não intencionalmente, mas por causa das circunstâncias em que foi desenhado. Foi acidental, mas então se tornou deliberado. Comecei a desenhá-lo para de fato fazê-lo parecer uma mulher. O cliente não gostou e eu também não, de modo que continuei trabalhando numa direção mais abstrata. E depois gostei muito mais...

AZ Como você explica a melhora entre as duas fases? Talvez concordemos que a última versão é melhor, mas como você avalia suas conquistas? Ou, em outras palavras, como você explica isso para o cliente?

FG Bem, o cliente viu tudo, todas as fases. Václav Havel reclamou dizendo que eu era muito literal... A municipalidade me explicou muitas coisas, foram gentis... Gostei do processo, sobretudo por causa da linguagem que usaram. Realmente pensaram que eu estava tentando fazer algo kitsch, tipo Hollywood, e gostavam de mim o suficiente para me levar para jantar em seus clubes. Primeiro foi um historiador, depois outro historiador, e finalmente o próprio presidente. Cada um deles me disse que os tchecos têm muito orgulho de sua tradição intelectual e visual, e que costumam preferir a abstração à representação. Tentei explicar ao senhor Havel que eu não estava tentando ser figurativo: eram só as circunstâncias do processo e o esforço para avançar... Lamentei que aquilo não tivesse funcionado, mas queria que vissem o esforço. Eles viram cada maquete, cada desenho, tudo. Era necessário um referendo público para aprovar o projeto, e conseguimos 68% dos votos. O presidente apoiava, e sua esposa era contra.

Sempre explico ao cliente meu processo... Converso com todos francamente. Fomos indicados para esse projeto por Jean Nouvel. Eles queriam que ele fizesse o edifício, mas ele tinha dois ou três projetos maiores na cidade, e precisava concentrar-se neles. Acho que esse projeto era pequeno e muito comprometido, e Jean perderia os trabalhos grandes se não tivesse êxito com ele...

AZ Há vários projetos seus, como a escultura do *Peixe* [*Peix*] em Barcelona, ou o Fishdance Restaurant em Kobe, em que essas veias figurativas aparecem. Qual seu interesse no figurativo como técnica arquitetônica?

FG Foram dois exercícios muito isolados. Não acho que eu ainda esteja interessado neles. Foram uma espécie de comentário sobre o pós-modernismo. O pensamento neoclássico estava na moda e fiquei um

Peix, Barcelona, 1989-92

Fishdance Restaurant, Kobe, 1987

pouco constrangido de ter qualquer coisa a ver com ele. A arquitetura sempre se relaciona com a história, de uma maneira ou outra, mas tinham começado a exagerar... O *Peixe* foi uma brincadeira com essas referências ao passado. Todo mundo estava citando os edifícios clássicos, então eu decidi citar algo que era 5 milhões de anos mais antigo que a humanidade. Era também uma crítica ao antropocentrismo da arquitetura clássica, ao fazer referência literalmente ao corpo de um animal. Eu o vejo mais como um experimento dentro da cultura arquitetônica do que como uma característica significativa de meu trabalho.

AZ O processo do projeto do Walt Disney Concert Hall parece ter sido mais árduo que o normal. Como ocorreu?

FG Para mim é muito doloroso falar sobre esse projeto, porque é muito difícil falar sobre os mortos. Era um concurso em que participaram quatro arquitetos: Gottfried Böhm, Hans Hollein, James Stirling e eu. Disseram-nos que gostavam muito da Philharmonie de [Hans] Scharoun [em Berlim], e também queriam pessoas ao redor de todo o palco. De modo que começamos o concurso com essa base. Nós nos reunimos com um engenheiro acústico que disse que havia a possibilidade de conectar os dois auditórios, para usá-los juntos ou separadamente, como uma sala bifurcada. Ele estava errado: no fim das contas, você sempre tem que voltar ao esquema da caixa. Mas nosso projeto para o concurso partia dessa hipótese. Depois que ganhamos, nos disseram que não podíamos fazer assim. Falei com dois engenheiros acústicos importantes, um me disse exatamente o oposto do outro. Eu os levei para jantar em Berlim, e disse-lhes para que conversassem entre si, resolvessem suas diferenças e me dissessem o que eu deveria fazer: terminou em briga feia!

Walt Disney Concert Hall, Los Angeles, 1989-2003

Acabamos contratando o engenheiro japonês porque ele era mais novo e o cliente gostava do esquema da caixa. O projeto final era um híbrido entre o auditório bifurcado e a caixa clássica. Nós o testamos acusticamente com dois modelos grandes, e funcionou bem...

AZ Quando e por que a pele do edifício começou a arquear-se e descolar?

FG O conceito original tinha uma volumetria mais complexa no exterior, que agora devia alojar apenas a caixa funcional do auditório. Preenchemos os espaços extras entre os dois envoltórios com banheiros e outras coisas... Eu tinha que conectar os dois lados do auditório. Fiz uma espécie de plataforma, muito escultural... E então o envelope externo foi ficando cada vez mais livre de determinações funcionais. Comecei a olhar para ele como uma cortina feita de metal. Foi quando começamos a brincar com a pele. Trabalhamos durante meses desenvolvendo cada forma. Tivemos de produzir a parede no computador. Cada peça de pedra tinha que ser especialmente cortada, com precisão geométrica. Mas, quando propus isso, sabia que poderia ser construído.

As peças planas custavam um dólar, as peças com uma única curvatura custavam dois dólares; peças com dupla curvatura custavam dez dólares. O bom do computador é que permite que você tenha um controle muito preciso da geometria e dos custos. Não era mera especulação; era real.

AZ Então, você começou a experimentar superfícies curvas nesse projeto por causa da profusão de peles que sua sala de concertos gerava... De algum modo, parece que você aprendeu algo no Walt Disney Concert Hall e no Vitra Design Center que depois aplicou mais assertivamente no Guggenheim de Bilbao e na Lewis House. Nesses projetos, eu diria que você encontrou uma nova síntese entre estas duas direções contraditórias em seu trabalho: unidade e fragmentação...

FG Sim, mesmo estando muito decepcionado com a interrupção do Walt Disney Concert Hall [concluído depois, em 2003], acho que Bilbao é, em seu conjunto, um edifício melhor. Estou muito satisfeito com ele, agora que estou vendo como se materializa. E além disso tem sido uma experiência fantástica com o cliente,

Vitra Design Center, Basileia, 1988-94

tanto com a prefeitura quanto com o Museu Guggenheim. É de longe o melhor cliente que já tive. De fato, estou pensando muito seriamente em me mudar para a Espanha. Gosto muito de lá, e agora não estou com nenhum trabalho em Los Angeles – a maior parte de meu trabalho está na Europa. Não há nenhuma razão para eu continuar aqui. Pode ser o efeito dos problemas com o WDCH, mas estou farto de LA. Você dificilmente encontra pessoas que entendem de arquitetura...!

STEVEN HOLL

***El Croquis: Steven Holl, 1986-1996*, n. 78, 1996.**

ALEJANDRO ZAERA-POLO Seu trabalho parece estar colhendo agora os frutos de um extenso período de desenvolvimento. Depois de uma longa fase de pesquisa e estudo, seu trabalho atual emerge quase como uma conclusão lógica de uma prática mais experimental, estreitamente vinculada à atividade acadêmica e teórica. Você poderia falar sobre sua formação e sobre o início de sua carreira?

STEVEN HOLL Bem, estudei, muito despretensiosamente, primeiro em Seattle, na Universidade de Washington. Só fui me aprofundar nos estudos de arquitetura por influência de meu professor Hermann Pundt, que escreveu o livro *Schinkel's Berlin*. Seu método de ensino se baseava no estudo de quatro personalidades muito importantes na história da arquitetura: Brunelleschi, Schinkel, Louis Sullivan – dava quase vinte aulas sobre Sullivan; havia uma aula inteira dedicada ao Auditorium Building de Chicago – e Frank Lloyd Wright. Foi uma formação muito específica, muito focada – só fui saber quem era Le Corbusier depois de me graduar. Em seguida, fui a Roma e morei atrás do Panteão, num apartamento sem janelas. Todas as manhãs, eu me levantava cedo, caminhava um quarteirão até o Panteão e observava o círculo de luz que descia do topo da cúpula. Durante seis meses, mantive esse ritual diário de ir do meu apartamento sem janelas até o Panteão. Conheci Roma e estudei com Astra Zarina... Depois de Roma, em 1973, vim para a Costa Leste, numa espécie de tour por Harvard, Princeton, Columbia e Penn. Fui aceito na pós-graduação nelas, mas decidi não fazer o curso.

Naquela época, as principais figuras do pensamento arquitetônico eram Robert Venturi e os Cinco Arquitetos [New York Five], mas eu não tinha o menor interesse no trabalho deles. Quando visitei Penn, fui ao escritório de Louis Kahn e decidi que, em vez de entrar na pós-graduação, queria estagiar ali. Fui entrevistado e provisoriamente contratado, mas a pessoa que administrava o escritório disse que precisaria esperar a aprovação de Louis, quando ele retornasse de sua viagem à Índia. Voltei para San Francisco, encaixotei minhas coisas e estava me preparando para terminar minhas provas e mudar-me para a Filadélfia, mas aquela foi a viagem da qual Louis nunca voltou. Na verdade, ele faleceu na Penn

Station e ficou num necrotério de Nova York, sem identificação, por três dias... Esse é um capítulo da História da Arquitetura Americana: o arquiteto mais incrível dos Estados Unidos morreu na Penn Station e não foi encontrado por três dias.

AZ Por que você estava interessado especificamente em Louis Kahn?

SH Bem, queria fazer estágio e havia poucas personalidades que eu respeitava como arquitetos e pensadores, e uma delas era Louis Kahn. Sempre acreditei que cada projeto deveria ter uma ideia que guiasse o desenho. Os projetos de Kahn eram paradigmáticos nesse sentido: e então incrível Sinagoga Hurva consiste de nichos de velas monumentalizados, como um símbolo da intensidade da religiosidade judaica. A Exeter Library, cuja ideia reside no movimento da escuridão para a luz, em referência ao livro e à busca do conhecimento. Não era seu estilo que eu buscava, mas a clareza, a simplicidade e a objetividade intelectuais que outras personalidades, as principais da época, Venturi e os Cinco, rejeitavam. Quando meu professor da universidade me deu o *Complexidade e contradição em arquitetura*, em 1967, eu pensei: vou fazer exatamente o contrário!

AZ O que fez depois que seus planos de trabalhar com Louis Kahn foram frustrados?

SH Estagiei em San Francisco, trabalhando em vários escritórios durante dois anos; particularmente para Lawrence Halprin, o paisagista. Em seguida, fui a

Londres para fazer pós-graduação na Architectural Association. Naquela época, a AA era um lugar fantástico, com uma hiperatividade de debates intelectuais organizados por Alvin Boyarsky. Pessoas como Peter Cook, Charles Jencks, Rem Koolhaas, Elia Zenghelis e Léon Krier estavam todas lá. Imagine como foi maravilhosa essa experiência; um período de formação muito intenso. Depois voltei para San Francisco e trabalhei na livraria de William Stout, um lugar incrível dirigido por um obsessivo. Meu irmão é escultor aqui em Nova York e decidi visitá-lo. Ainda tenho o bilhete da volta. Nunca planejei ficar aqui, mas fui pego pelo debate intelectual intenso nessa cidade. Continuo a me perguntar se meu lugar é Seattle, onde nasci, San Francisco, que amo, ou Nova York. O fato de não ter um único projeto em Nova York é o que me faz pensar nisso. Amanhã voarei para San Francisco por conta de um projeto em potencial, tenho encomendas em Seattle, Helsinki, Japão e Coreia do Sul... mas nada em Nova York atualmente.

AZ Quando voltou de Roma, você trabalhou para Lawrence Halprin. Qual a razão para escolher estagiar com um paisagista?

SH Havia pouquíssimas pessoas com quem eu gostaria de trabalhar. Ele era o único profissional em San Francisco que trabalhava seriamente com ideias fortes e interessantes, e para mim isso é muito importante. Por acaso ele estava fazendo isso no paisagismo. Não era a paisagem que me interessava particularmente, mas as ideias. Busco a experimentação, não importam as categorizações. Halprin rompeu barreiras porque também estava mais interessado em ideias que na especificidade de uma categoria disciplinar. Quando trabalhei lá, desenvolvemos um projeto paisagístico no qual não havia uma planta ou árvore sequer. Era tudo concreto: tratava-se de um projeto sensacional de revitalização da margem de um rio em Flint [Riverbank Park], Michigan, que ainda está lá. Os engenheiros estavam construindo um muro de concreto que cortava o meio da cidade, então contrataram a Halprin Landscape Architects para transformá-lo, torná-lo mais humano. Construímos três fontes; uma que era um edifício subterrâneo – submerso na lama, com três salas –; outra que era uma espécie de parede com placas de concreto; e uma terceira que era um Parafuso de Arquimedes. A ideia por trás do Parafuso de Arquimedes era a seguinte: havia uma represa no rio com cerca de um metro e meio de água e, ao aproveitar sua energia, poderíamos girar esse parafuso, levando a água até o canal artificial e depois fazê-la percorrer noventa metros em sentido descendente pelo parque através de um tubo em forma de "u" sob a rua que, então, movimentava as fontes.

Riverbank Park, Flint, Michigan, 1974-79 (no escritório de Lawrence Halprin)

Era o ano de 1975 e eu fora encarregado de elaborar e desenhar todo o projeto. Halprin nem prestou muita atenção a ele. Agora estou com um trabalho não muito distante dali, no campus da Cranbrook, em Bloomfield Hills, Michigan, e fui ver o local há seis meses. Não ia até lá desde 1976. O projeto está de pé há vinte anos e aconteceu exatamente o que eu suspeitava em 1975. A cidade desligou as fontes motorizadas por causa dos custos de luz, mas o Parafuso de Arquimedes ainda girava. Vinte anos depois, rangendo e gemendo, elevando a água até o canal, que depois descia pelo muro de água. Cidades americanas como Detroit se tornaram completamente decrépitas, mas ali estava um parque às margens do rio e havia alguns senhores negros pescando e algumas crianças brincando, e o Parafuso de Arquimedes ainda girava, vinte anos depois. Foi muito emocionante porque senti que o projeto era minha contribuição para aquele parque público. Gostei de trabalhar no escritório porque Halprin se importava com ideias e permitia que conceitos fortes tivessem a primazia sobre qualquer tipo de determinação estilística. Ele era uma pessoa inflexível e um construtor de paisagens maravilhosas.

Anexo ao Cranbrook Institute of Science, Bloomfield Hills, Michigan, 1993-98

AZ O que você fez para sobreviver em Nova York?

SH Eu vivia quase como um indigente, dividindo um apartamento de dois metros e meio de largura por cinco e meio de comprimento; um pedaço de um quarto de pensão onde eu desenhava. Andrew MacNair, do Institute for Architecture and Urban Studies, convidou-me a participar de um concurso para uma ponte no South Bronx, e propus um edifício híbrido chamado Gymnasium Bridge, no qual trabalhei por muitos meses. Era um concurso extraoficial e recebíamos apenas duzentos dólares para participar, mas era interessante trabalhar naquele lugar, conhecer o Bronx, entender aquela paisagem de desespero e tentar imaginar algum tipo de esperança. Foi meu primeiro projeto em Nova York e acabou publicado, vencendo, no fim, um prêmio da revista *Progressive Architecture*; Richard Meier estava no júri. Logo depois, Werner Seligmann me telefonou e ofereceu um emprego como professor do terceiro ano de arquitetura em Syracuse. Pouco a pouco, as oportunidades começaram a aparecer. Acho que foi no semestre seguinte, quando lecionava na Parsons School of Design, que um de meus alunos pediu que considerasse a possibilidade de construir um anexo atrás de sua

Gymnasium Bridge, projeto, Nova York, 1977

Edícula e ateliê de escultura, Scarsdale, Nova York, 1980-81

garagem, em Scarsdale, com uma edícula e um ateliê de escultura. Era o ano de 1979 e o construímos no ano seguinte. Tinha apenas seis metros de largura por três de comprimento, com dois andares, mas cada detalhe foi pensado com paixão e tudo funcionou bem. A *House and Garden* decidiu publicar vinte páginas só sobre aquele anexo e as pessoas ficaram muito entusiasmadas com o projeto; logo depois, outra pessoa me contratou para reformar seu apartamento. Não conhecia ninguém aqui, não tinha contatos, nenhum modo mais fácil de começar, mas acabei conseguindo. Acho que é a agitação de Nova York, essa esperança de que, com alguma energia e um pouco de talento, é possível fazer algo – algo que talvez não seja possível em Seattle ou San Francisco. Foi um modo diferente de começar.

AZ Desde o início, e por meio de certa abordagem metafórica e narrativa, seu trabalho evitou as manipulações formais e linguísticas – que predominavam no debate arquitetônico norte-americano nos anos 1970 e no início dos 1980 – e buscou um retorno às qualidades físicas da arquitetura – um modernismo tardio fora de moda, na época. Foi uma reação contra Venturi e os Cinco, expoentes dessa manipulação linguística?

SH A intuição me levou a essa abordagem híbrida entre o conceitual e o fenomenológico. Eu achava que luz, textura, detalhe e sobreposição espacial constituíam um significado silencioso e muito mais forte que qualquer manipulação textual. Comecei a formular melhor minhas intuições quando li *Matéria e memória*, de Henri Bergson. Era 1979 e eu estava tentando começar o projeto do anexo sem um argumento gerador, à exceção da esperança de que uma arquitetura ultramoderna pudesse ser vinculada ao arcaico. Estava lendo Rudolf Steiner, que escreveu que a história do lugar físico tem uma presença e um significado. Pode-se escolher reconhecer isso ou ignorá-lo, mas, ainda assim, ela existe. Esse se tornou um dos polos de meu trabalho; o outro foi minha ambição de criar uma nova forma de arquitetura moderna. Afinal, estamos agora chegando ao fim do século XX e o que poderia ser mais estimulante que uma arquitetura com uma dimensão ultramoderna? Não estava interessado no pós-modernismo ou em criar um estilo pessoal para mim, mas queria explorar esses dois polos, do antigo e do ultramoderno, em cada lugar que projetasse. Naquele primeiro projeto, havia um velho muro de pedra no perímetro do terreno, e desenvolvi o conceito de "muros dentro de muros". Delimitei um pátio de aproximadamente cinco metros quadrados numa seção áurea com paredes em estuque cinza, uma composição assimétrica que se relacionava com as perspectivas do espaço. O material, os detalhes e as conexões estavam subordinados a gradações de luz. O anexo se tornou um laboratório para explorar esses dois extremos: as conexões de perspectiva e as gradações de luz. Por exemplo, o nível inferior era muito escuro, ao passo que o nível superior era muito luminoso.

Por volta de 1987, escrevi o texto do *Anchoring*, meu primeiro manifesto sobre as relações entre arquitetura, lugar, fenômenos, ideia e história. Era uma filosofia operacional; não tentava encontrar receitas, mas abraçar o imprevisível, no sentido de que sempre recebemos um novo terreno e uma nova situação, e temos de trabalhar de acordo com essas novas condições.

AZ Apesar de sua rejeição do pós-modernismo, acho que muitos aspectos de seu trabalho se relacionam com algumas das coisas abordadas pelos arquitetos pós-modernistas. Por exemplo, sua atenção ao lugar, ao contexto, à história etc., todos esses argumentos que o pós-modernismo explorou como formas de diferença, em oposição ao espaço moderno homogêneo e indiferenciado. O próprio texto do *Anchoring* é revelador da importância, em sua abordagem, das especificidades históricas e de lugar. O que talvez distinga seu trabalho dos arquitetos mais claramente pós-modernistas é que você explora essa diferença por meio da percepção, das qualidades físicas da arquitetura, e não da linguagem. E é nisso que o discurso fenomenológico se torna relevante para seu trabalho, como uma percepção diferenciada da matéria...

SH Se observarmos a obra de Paul Ricoeur ou os últimos escritos de Merleau-Ponty, é possível encontrar ideias semelhantes; podemos chamá-las pós-modernas ou fenomenológicas. Certamente porque todos estamos vivos neste momento da história, e todos vivemos a década de 1980; há referências que todos compartilhamos. Havia certas características do movimento moderno, em projetos habitacionais, por exemplo, que não conduziam à construção de ambientes habitáveis. A padronização e a repetição criavam ambientes terríveis. Pensar numa individuação na habitação moderna; pensar em construir para mil indivíduos diferentes, singulares, em vez de para uma massa homogênea de mil pessoas; esse era um dos argumentos que explorei na docência e em meus projetos habitacionais. Agora estamos fazendo um conjunto residencial de duzentas unidades em Makuhari, Japão, em que a individualidade é obtida por meio da inserção de elementos únicos entre as formas básicas do bloco: é uma combinação de edifícios silenciosos, cuja estrutura são paredes portantes de concreto, e estruturas ativas que interrompem e mudam a percepção dos espaços silenciosos. O conceito veio de uma leitura de *Trilha estreita ao confim*, de Bashô, em que ele descreve uma jornada interior com várias paradas que são momentos no tempo e no espaço com grande intensidade poética.

Edifícios habitacionais Makuhari, Chiba, Japão, 1992-96

Edifícios habitacionais Nexus World, Fukuoka, 1989-91

Em Fukuoka [edifícios de apartamentos Nexus World], a individualidade é alcançada nos cortes.

Visto do exterior, o projeto parece mais um bloco habitacional japonês, mas cada apartamento se diferencia. Essa individuação da habitação teve uma recompensa humana. O cliente me disse: "Você é louco, ninguém saberá que cada apartamento é diferente...". Mas, em minha visita a Fukuoka em 1993, contaram-me que, entre todos os blocos construídos naquele empreendimento, o nosso era o primeiro a ter um grupo de moradores que se encontra na cobertura e faz festas regadas a saquê todos os meses. Perguntei-lhes: "Como esse grupo se formou?". "Bem", responderam, "quando nos mudamos, percebemos que cada unidade era diferente, então convidamos os outros para ver nossos apartamentos e foi assim que nos conhecemos...". Ou seja, a ideia teve desdobramentos sociais reais.

AZ Gostaria que fosse mais específico sobre essa relação entre ideias e projetos. Soa como se sua prática estivesse centrada na transformação de ideias em edifícios, sem recorrer à linguagem ou à manipulação linguística. Entretanto, eu me pergunto se, em seu trabalho, as ideias precedem a manipulação da matéria ou do espaço. Se é possível falar dos conceitos antes que assumam uma forma material, ou se a verbalização é uma reflexão tardia, não necessariamente formulada *a priori*... Como você descreveria suas ideias?

SH Há uma história sobre Louis Sullivan que diz que, em seu leito de morte, alguém veio lhe contar que o Schiller Theater estava sendo demolido. Ele respondeu: "Sabe, se eu vivesse o suficiente, veria todos os meus edifícios serem derrubados. Somente as ideias importam". Começamos cada projeto com um estudo do programa e uma visita ao local. Gostamos de começar o mais abertos possível; gostamos de experimentar e testar propriedades da perspectiva ou do espaço a partir das quais os conceitos surgirão. Não é necessariamente uma ideia, mas um conjunto de ideias que forma a espinha dorsal do projeto. O significado de uma obra de arquitetura surge se encontrarmos o modo de conectar todos esses fios. Então, o projeto assume vida própria e esse é o momento mais estimulante, essa combinação de percepções pragmáticas e subjetivas. Cada projeto é diferente; um pode tomar forma rapidamente e outro pode levar meses, como a Stretto House, em Dallas – a elaboração de seu conceito levou seis meses. Os clientes nos informaram apenas que tinham uma coleção de arte e um lugar bonito e disseram: "Você pode fazer o que quiser". Essa liberdade total me deu muito trabalho. Concentrei-me no terreno, que se caracterizava por ter quatro laguinhos com pequenas represas existentes. Por acaso encontrei um aluno meu, John Szto, e começamos a conversar sobre música. Perguntei-lhe se havia uma estrutura musical análoga à água que corria sobre aquelas quatro pequenas represas. Ele me falou

Stretto House, Dallas, Texas, 1989-91

do *stretto*, uma espécie de fuga, em que uma frase musical se sobrepõe a outra frase. Falou-me de uma peça de Béla Bartók que era baseada nessa estrutura. Sempre me interessei por Bartók por seu esforço em unir a música tradicional a composições modernas. Ele coletou e analisou a música folclórica húngara e encontrou escalas pentatônicas; estruturas harmônicas extraordinárias, introduzidas por ele na música moderna, reverberando essas melodias primordiais. Fiz um croqui em que a casa estava organizada em torno de uma peça de música com quatro medidas, dividida entre setores leves e pesados. Essa seria então a ideia, uma analogia operativa, na qual baseei o projeto da casa.

O interessante é que essa estratégia possibilitou que eu partisse espacialmente a casa, que era minha maior dificuldade. Há vários arquitetos que, quando deparam com uma casa grande, sempre tendem a dividi-la em pedaços. Mas, qual o sentido disso? O que significam esses fragmentos em seu conjunto? É possível tirar uma peça e colocar outra no lugar? Em caso afirmativo, o projeto não possui qualquer significado real. É uma operação puramente empírica. Pode até ser uma composição interessante, mas não é mais ou menos interessante que uma colagem de Kurt Schwitters. Para mim, essa técnica de colagem mina a possibilidade de um significado geral para o projeto; a possibilidade de construir algo em que o todo significa mais que as partes. Interessa-me criar algo em que se possa acreditar, para além das acrobacias empíricas. Em termos da construção da ideia, outro projeto que podemos discutir é o da Martha's Vineyard House, que também foi difícil de dar o pontapé inicial. Um dia, estava lendo uma passagem de *Moby Dick*, de Melville, sobre os índios que viviam na ilha. Para fazer uma casa, eles pegavam o esqueleto de uma baleia e aplicavam cortiça sobre. Imaginei a Martha's Vineyard House como uma espécie de cabana primitiva e comecei a trabalhar com uma estrutura de exoesqueleto. Quer dizer, a estrutura conceitual é sempre diferente, dependendo do lugar, da situação e do programa.

Martha's Vineyard House, Massachusetts, 1984-88

AZ Mas, no caso da Martha's Vineyard House, a analogia é também uma transformação linguística, uma narrativa, uma transformação metafórica, que não surge da simples manipulação do espaço e da matéria...

SH Não é linguístico, pois seu objetivo não é uma exploração da linguagem ou sintaxe. Não é dessa vontade que reside a estrutura conceitual. O significado real do projeto está nos fenômenos que vêm da experiência. Na Stretto House é o fenômeno de caminhar entre as pesadas represas de concreto e depois se deslocar pelo espaço leve da casa. Na Martha's Vineyard House é a vista fenomenal do horizonte do oceano por entre a estrutura do exoesqueleto. Não nego que tenho que usar palavras. Não acredito que meus projetos poderiam ser elaborados se não fosse capaz de descrevê-los numa frase. O diagrama da Samsung Family House é um tecido, uma trama. Mas o que importa são as possibilidades de existência dessa trama. Lembro de uma observação de Edgar Allan Poe: "Não começo a pensar de fato até me sentar para escrever".

Samsung Family House, projeto, Seul, 1995

AZ Penso que nos escritórios D.E. Shaw, em Nova York, você conseguiu obter as qualidades plásticas do projeto partindo pura e simplesmente das condições pragmáticas da encomenda: orçamento pequeno, construção rápida... Não há concessões a metáforas ou analogias, nem complacência com uma materialidade sofisticada. Em minha opinião, suas ambições de um método não linguístico alcançam nesse projeto um patamar muito mais sofisticado do que na Stretto House ou na Martha's Vineyard House.

Escritórios D.E. Shaw & Co., Nova York, 1991-92

SH Mas há também a questão do tipo de programa – tratava-se de uma companhia que trabalha 24 horas no mercado financeiro. A operação com bolsas de valores ocorre 22 horas e meia por dia em diferentes fusos horários. Esse "trabalho invisível" tem sua analogia no conceito da cor projetada a partir de superfícies ocultas.

Encontramos o conceito de cada projeto a partir de diferentes aspectos. Quando começamos o projeto de Helsinki [Museu de Arte Contemporânea Kiasma], não estávamos certos do conceito, porque veio muito rápido. Então testamos quase trinta esquemas alternativos. Depois de ganhar o concurso, deixaram-me ver todos os projetos inscritos – 516 –, no subsolo da Ópera de Helsinki. Todas as propostas que havíamos descartado estavam, de algum jeito, ali. Todos os nossos projetos começam do zero, o que significa muito trabalho. É por isso que mantemos um escritório mais enxuto. De outra forma, não seríamos capazes de fazer esse tipo de pesquisa; a natureza e a quantidade de trabalho nos forçaria a nos repetir a fim de dar conta. É por isso também que sempre terei um pé na universidade, como professor, porque é um jeito de compensar os períodos em que não há trabalho. Para mim, é importante encarar cada trabalho como um experimento e não como um modo de manter um escritório produtivo.

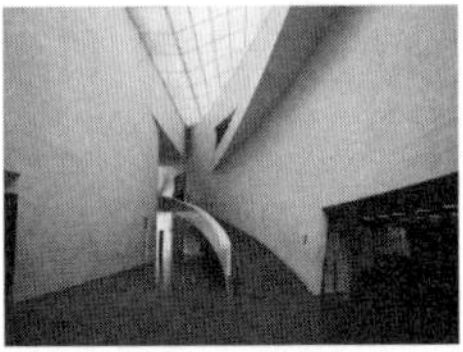

Museu de Arte Contemporânea Kiasma, Helsinki, 1992-98

AZ A leitura de seus textos leva a pensar que seu maior interesse é trabalhar com as qualidades perceptivas da arquitetura. Mas ao descrever seu método, você também parece interessado em certa natureza estrutural dos projetos. A partir desse interesse maior no caráter de artefato da arquitetura que em seu potencial representativo, seria possível seguir dois caminhos: atuar nas qualidades fenomênicas do projeto ou acreditar que ele tem uma qualidade estrutural interna que é, até certo ponto, independente do modo como é percebida. Não é que os dois caminhos sejam excludentes, mas gostaria de saber mais precisamente como você os articula. Sua referência a Louis Kahn é confusa nesse sentido, porque se poderia pensar que ele não fez muitas concessões ao lado perceptivo, fenomênico dos projetos...

SH Discordo. No Kimbell Art Museum, Louis também tratou da percepção. Acho que há alguns arquitetos hoje que estão interessados apenas no grau de experimentação de um projeto, e não no modo como ele é de fato percebido, mas eu não acho Kahn um bom exemplo dessa atitude. Ao contrário da filosofia, da arte ou da teoria linguística, a arquitetura tem o potencial de se comunicar com todo mundo. Se as pessoas entendem ou não a profundidade dessa comunicação é outra questão. Mas, se um edifício é realmente forte, as pessoas responderão em muitos níveis; não apenas os intelectuais mas também uma criança de cinco anos que simplesmente toque a parede. Isso é muito estimulante para mim, é o verdadeiro desafio. Agora estamos construindo um anexo, um museu, no Cranbrook Institute of Science. Quem frequenta o lugar? Crianças das escolas de Detroit – às vezes vêm sessenta num só ônibus. Além das implicações arquitetônicas do projeto, que eu aprecio ou que podem ser ensinadas, há outras maneiras de compreender a arquitetura. E talvez a mais frequente ocorra por meio da experiência material ou espacial direta, que pode ser sentida por qualquer um. Assim, sua pergunta é circular – o que é mais importante, forma ou conteúdo?

AZ Certo, mas acho que ideias podem ter diferentes origens, e estou tentando entender como você produz as suas. Há arquitetos que constroem ideias manipulando símbolos, ou por meio de diagramas programáticos. O que quero saber é se suas ideias surgem de um efeito fenomênico que você deseja que o edifício tenha sobre seus usuários em potencial ou de uma lógica interna de organização programática ou material...

SH A natureza filosófica das ideias como origem me interessa muito, mas não poderia parar aí. Quero encontrar o potencial fenomênico da ideia. Por exemplo, no caso de Fukuoka, há duas ideias em ação. Uma é o espaço articulado dos apartamentos individualizados, que se relaciona com antigo espaço doméstico japonês. O segundo conceito é o espaço vazio que não tem função alguma – é apenas um vazio com um espelho d'água que projeta, como uma lente fenomênica, todas as propriedades do céu, a luz, a sombra, o vento e a chuva, nos apartamentos. Há apenas dois conceitos nesse edifício e não é possível retirar nenhum deles porque interagem um com o outro. Assim, o que busco é conectar as propriedades fenomênicas com a estratégia conceitual.

AZ Em muitas ocasiões – lembro-me agora de sua proposta no concurso para a Porta Vittoria –, você declarou que procura definir a experiência perceptiva, fenomênica do projeto, antes de definir de fato a forma ou a geometria. Como isso se articula com o que chama de "estratégia conceitual"?

SH O projeto em Helsinki é um bom exemplo: pode-se ver todas as ideias interconectadas num conceito. Nós o chamamos Kiasma: um entrelaçamento. Desde o início do processo de projeto, o museu continha uma série de espaços perspectivados: salas separadas que eram conectadas por uma única perspectiva que se abria. Fizemos maquetes de gesso para estudá-lo melhor, porque a natureza do conceito era volumétrica e não linear. Então, partimos dessas maquetes de gesso – nas quais a estratégia conceitual estava vagamente definida – para desenvolver todos os aspectos internos. Desenhei perspectivas em aquarela, coisa que sempre faço antes de definirmos as plantas e os cortes. Muitas vezes construímos modelos com base nesses desenhos, e só depois fazemos representações mais técnicas, para que a perspectiva tenha precedência sobre o plano.

Porta Vittoria, concurso, Milão, 1986

AZ Mas há casos em que a estrutura adquire primazia sobre a experiência, como na Stretto House, e há até mesmo traços de certa tendência narrativa, como na Martha's Vineyard House.

SH Realmente não há como assinalar uma estratégia. Não há um método constante. Depende do projeto. Em Helsinki, fizemos uma análise da situação urbana. Fizemos as perspectivas e os desenhos conceituais em aquarela, encontramos a tectônica daquela armação curva de ferro, usamos o computador para fazer estudos com fotomontagens – porque tratava-se de um sítio urbano muito delicado –, construímos modelos maiores e, em seguida, uma réplica física em escala real para testar a curvatura dupla da parede de vidro... Juhani Pallasmaa, nosso contato arquitetônico em Helsinki, não é apenas nosso assessor técnico, é um grande teórico. Ele e eu escrevemos os textos de um livreto para a *Architecture and Urbanism* intitulado "Questions of Perception", em 1994.

AZ Por que usar sistematicamente a aquarela como técnica de desenho?

SH Porque estou muito interessado nos efeitos da luz. A aquarela permite fazer corpos de luz, passar do luminoso ao escuro. Quando estou fazendo perspectivas de uma série de espaços e pensando sobre a luz, a aquarela é melhor que o desenho a lápis.

AZ Você disse antes que uma das forças motoras de seu processo é a necessidade de encontrar uma ordem geral para o projeto, para além da mera soma das partes. É uma afirmação rara entre os arquitetos de sua geração, que lançam mão de estratégias de fragmentação ou colagem como crítica aos dogmas modernos...

SH Ouvi uma declaração interessante de um amigo, Mark Taylor. Ele disse: "Bem, a desconstrução finalmente atingiu sua conclusão lógica. Tentamos desconstruir, fragmentar tudo *ad infinitum*. Precisamos agora é de uma filosofia sobre como reunir as coisas". Insisto no valor do todo, sobretudo em se tratando de arquitetura.

AZ Quanto a isso, você afirma que não está interessado em estilo, mas em ideias. A linguagem ou a forma do edifício se tornam quase intrínsecas à situação, ao problema, ao programa, ao lugar. Mas, se pedir às pessoas – aos estudantes – que desenhem um edifício de Steven Holl, desenharão algo como uma forma que se distribui de modo desigual pelo espaço, talvez recortada e vazada aleatoriamente, gerando relações ambíguas entre a figura e fundo... Você não acha que seus interesses simultâneos na completude e na diferenciação geraram um tipo muito reconhecível de organização que funciona quase como um "estilo"?

SH Mas por que não desenhariam a estrutura de gaiola da Martha's Vineyard House?... Acho que você está descrevendo o beijo da morte para qualquer pessoa sujeita ao olhar público, porque você é transformado num estereótipo ou numa trivialidade... É por isso que proíbo meus alunos de criar qualquer coisa que lembre algo que eu já tenha feito. Toda vez que vejo um projeto na publicação da Universidade de Columbia que se parece com meu trabalho, ele vem do ateliê de outro professor...

AZ Então você rejeita terminantemente o fato de que há uma ideia espacial ou organização à qual está naturalmente inclinado?

SH Seria tolice dizer que não tenho inclinação para certas coisas. Mas eu me empenho e luto para superar essa tendência; gostaria de estar completamente aberto à experimentação no início de cada projeto. Assim, certas coisas se apresentam naturalmente, por exemplo, uma proporção de acordo com uma seção áurea dinâmica, seguindo as propriedades de uma espiral logarítmica.

AZ Não vejo um estilo necessariamente como um problema, mas como uma grande realização. De certo modo, acho que apenas arquitetos muito importantes foram capazes de criar um estilo, um modo de fazer e organizar as coisas que é identificável... Criar um sistema operativo, em vez de sempre resolver problemas específicos, não é um feito pequeno.

SH Ah, sim, comercialmente é a melhor coisa que se pode fazer. É se vender como uma espécie de entidade comercial, capaz de produzir eficientemente um produto reconhecível, de marca. Esforço-me para resistir justamente a isso, porque me parece ser o que há de errado com a arquitetura internacional. O encontro entre várias cidades, várias culturas, várias ciências é de fato algo muito estimulante e muito particular. Propor um estilo conhecido e empacotado para Kentucky,

Düsseldorf, Frankfurt ou Seul não é muito interessante, é um gesto desprovido de sentido. Qual é o significado de uma prática internacional que gera o mesmo conjunto de espaços e regras numa cidade a despeito de sua história, do terreno, da situação ou do programa específico? Discuto isso porque, se observarmos o Yale Center for British Art, o Kimbell Art Museum e a Exeter Library, de Kahn, veremos que são edifícios muito diferentes. Em última instância, a prática de alguém é uma questão de escolha, e eu escolho a intensidade e a individuação. A intensidade gira em torno do entusiasmo de encontrar, descobrir, experimentar algo; o entusiasmo daquele novo território...

AZ Minha impressão é que, a despeito das diferentes formas que os projetos possam assumir, há uma tendência sistemática em direção a uma estrutura unitária que é diferenciada para atender a condições específicas. Isso é muito diferente de Mies, que tendia a ser homogêneo e repetitivo em tudo, e dos chamados desconstrutivistas, em que há uma espécie de agregação de fragmentos incoerentes... E, para mim, isso é o mais interessante sobre seu trabalho em termos estruturais, para além dos efeitos experimentais... Acho que há uma intuição espacial coerente em toda a sua obra, que não depende das circunstâncias específicas. Você lê as especificidades do projeto a seu favor. Se observarmos Samsung ou Fukuoka, é o mesmo caso...

SH Gosto mais do termo "intuição espacial" que da palavra estilo. Não sou contra a possibilidade de que um estilo original possa surgir depois de um tempo e se tornar aparente por meio de várias obras, mas não me proponho a fazer isso. Se surge, não vejo como algo negativo, mas como algo a ser superado. Espero que você não consiga identificá-lo precisamente porque continuará se alterando; caso se torne muito identificável, estará morto. Quando entrei no concurso para a Porta Vittoria, sentamos e desenhamos o que achávamos que nossos concorrentes fariam, e estávamos totalmente certos. Sabíamos exatamente o modo como procederiam porque tinham um método fixo e o aplicariam em qualquer lugar. Acho que, quando é possível fazer isso com alguém, esse alguém deve tentar mudar o seu *modus operandi*.

AZ Você afirmou claramente que quer ocupar uma posição de resistência. Por que essa necessidade de reagir contra os processos ao seu redor? Tal posição não seria contraditória com sua reivindicação por um novo começo para cada problema? Essa atitude não exigiria uma referência fixa, uma abordagem uniforme dos problemas? Ou o que o leva a resistir é uma técnica de atrito sistemático com o que encontra?

SH Acho que uma das coisas mais interessantes na prática da arquitetura hoje não é o que se escolhe fazer, mas o que se escolhe não fazer. Para um arquiteto, é muito difícil fazer um trabalho criativo se quer construir e construir. É mais fácil desenhar e fazer alguns projetos promissores. Ainda não acredito que a vida de um projeto comece apenas quando é construído. Estou convencido de que é possível criar algo potente como projeto desde o início, com uma força que já existe desde o começo, e não precisa ser fisicamente construído para demonstrá-lo. Isso vai um pouco de encontro ao verdadeiro teste da arquitetura, que é sua natureza fenomênica. A questão então é conseguir planejar sua prática de modo que não seja morta pela pressão do trabalho. É preciso decidir o que não fazer e, portanto, deve-se resistir a certos processos; não se pode ser muito complacente. Isso é importantíssimo, porque você resiste nos momentos certos, ganha a oportunidade de devotar toda sua energia ao trabalho realmente criativo. Se não resistir, será consumido pelo trabalho. Quem sabe quantos grandes arquitetos há por aí que não conseguiram resistir...

AZ Quais seriam então seus pontos de referência, seus alicerces, nesse processo de resistência? Quero dizer, que critérios você utiliza para resistir? O que aceita e o que deixa de lado?

SH O ponto alto do trabalho é quando se tem tempo suficiente e um cliente que aprecia uma estratégia que contém significados. Também é preciso sorte, pois trata-se de um jogo de azar – é como ir ao cassino e colocar uma ficha na roleta: você só espera que de vez em quando um cliente o procure. Se não o procurarem, resta-lhe fazer projetos incríveis em desenhos e maquetes. Veja, por exemplo, um arquiteto como Sverre Fehn: ele tem poucos grandes projetos. E há muitos anos mantém uma prática profissional muito crítica, de resistência...

AZ Mas quais são os limites dessa resistência? Se você for extremamente rígido e opuser uma resistência infinita, nunca encontrará oportunidades. Continuará fazendo a mesma coisa, com o mesmo estilo, se não estiver disposto a encontrar saídas viáveis.

SH Por exemplo, há alguns meses, recebemos um fax de Seul, convidando-nos para um concurso para a residência do presidente de uma empresa. Meu primeiro impulso foi dizer não – temos uma pilha de trabalhos importantes aqui. Mas depois dei uma olhada no lugar do projeto e pensei que, se conseguíssemos pensar em algo de dimensões mais amplas, que fossem além de projetar uma residência particular, talvez a coisa se tornasse mais interessante. Por exemplo, um dos grandes problemas na Ásia é o esgotamento da superfície do solo. Os holandeses estão desenvolvendo uma espécie de tecido hidropônico que permite cultivar qualquer tipo de vegetal por meio de uma rede de "veias" em que os nutrientes são injetados por um sistema computadorizado. Num projeto como esse, poderíamos explorar essa possibilidade. Pensei também que essa residência poderia ser um local de experimentação, já que é a casa de um presidente de uma empresa de alta tecnologia. Imaginei que, se pudesse formular uma ideia interessante e se eles aceitassem a proposta de um projeto mais experimental, toparíamos o desafio. Tínhamos duas ideias diferentes: uma era um edifício "dialético", promissora porque era mais fácil de ser entendida e construída. A outra era essa ideia da trama. Por fim, decidimos adotar a abordagem mais radical. Nós nos dedicamos ao projeto porque enxergamos ramificações, e ele se tornou um veículo para outras possibilidades arquitetônicas, e não porque era a residência de um cliente abastado...

Mas o que me parece mais importante nessa ideia de "resistência" é saber que o que me motiva a projetar não é a possibilidade de ganhar a encomenda – qualquer tipo de encomenda –, mas a lógica interna dos próprios projetos, quando tornam possível que a arquitetura aconteça. Portanto, resistência é um ingrediente importante numa prática profissional tão diminuta como esta.

Exercer a resistência é ser capaz de enfrentar as situações com um conceito em mente: esse é o ponto crítico. Não se trata de uma resistência completa aos projetos – sou sempre receptivo, porque acredito que, quando se é realmente criativo, é possível encontrar um modo de fazer arquitetura a partir de quase todas as circunstâncias. Minha resistência surge quando o cliente não aceita o conceito que está surgindo ou quando pressiona o andamento do projeto por causa do tempo. Para mim, a criação de um conceito pode levar um dia ou seis meses. É assim que perco meus clientes. Quando me perguntam quanto tempo levará para que o conceito básico seja criado, sempre digo: "Bem, algo entre um dia e seis meses". Mas digo-lhe uma coisa: você sabe quando o tem e sabe quando não o tem. E é impossível começar quando não se tem a ideia. Esta é outra forma de resistência: se não tenho a ideia, não faço a proposta. A arquitetura exige tempo e não se pode esperar um projeto em dez dias. Posso tentar, mas se não encontrar uma solução, não posso fingir que a encontrei.

AZ Quando você fala sobre o modo como toma decisões, parece que há um interesse na dimensão ética, e não apenas estética, dos problemas. As possibilidades de fazer arquitetura estão restritas a certos domínios morais?

SH Isso é algo que me separa da linha de pensamento de Derrida. Estou mais interessado na obra de Emmanuel Levinas ou Walter Benjamin, no valor que seus comentários têm para nós que trabalhamos no final do século XX. Acredito que precisamos pensar no que ocorreu durante este século. Se o fizermos, não será mais possível agir como se fôssemos um indivíduo autônomo, especialmente sendo arquitetos. Hoje talvez seja possível atuar de forma autônoma como artista, mas não como arquiteto, porque seu trabalho tem repercussões muito importantes para as pessoas que moram em seus edifícios. No entanto, é uma questão difícil, porque tampouco acredito que seja o caso de reconstituir o clima dolorosamente moralista que existia em Berkeley, na década de 1960, quando parecia ser possível, de alguma forma, estabelecer as especificações sociais da arquitetura sem fazer um desenho sequer. Para eles, o que importava era uma espécie de lista de características sociais da arquitetura, que acabavam sendo uma cartilha a ser seguida. Tais regras são a morte da arquitetura. A arquitetura está viva nas ideias, no espaço, nas formas e na perspectiva... Ou seja, estou numa corda bamba, entre as duas formas de pensar...

AZ Parece que você precisa encontrar o valor da arquitetura em domínios externos à especificidade da prática arquitetônica. Isso significa que você não acredita na autonomia da disciplina? Você não acha que pode existir um pensamento especificamente arquitetônico?

SH Para mim, a importância da obra de um arquiteto não depende da habilidade de desenvolver e completar os trabalhos em si, mas do potencial de projeção e interação de seus projetos, para além de sua presença arquitetônica pura. Não creio na autonomia da arquitetura.

AZ Pergunto-me se é possível criar esse conhecimento fora da própria prática. Em outras palavras: os textos que você escreve para transmitir ou discutir suas ideias são realmente operativos para você ao projetar?

SH Há uma filosofia da filosofia. Se eu fosse filósofo, gostaria de falar sobre a filosofia do filósofo, bem como da filosofia em geral. Do mesmo modo, acho que há uma arquitetura da arquitetura que é mais profunda, e que me interessa. Não acredito que conseguiria manter meu entusiasmo pela arquitetura só fazendo um projeto atrás do outro... Talvez daqui a três anos esteja pensando sobre novas possibilidades de arquitetura e como articulá-las. E talvez não esteja mais usando a palavra fenomenologia porque, de certo modo, fenomenologia é algo que não existe em si, mas certamente há problemas fenomenológicos. Talvez o desenvolvimento de uma nova arquitetura surja da discussão de modelos científicos ou de algum outro tipo de modelo. Sou professor e, portanto, preciso falar e pensar em elevar a prática da arquitetura ao nível do pensamento!

AZ Talvez pudéssemos tentar reformular a questão moral de uma maneira mais específica. A materialidade é uma forte característica de sua arquitetura, e ela tem sido, historicamente, um dos campos de batalha da moral arquitetônica. Como você aborda esse tema em seu trabalho?

SH A materialidade é muito importante para mim. Quando fiz a Stretto House, tinha um cliente rico, que queria construir uma casa de 3 milhões de dólares. Eu quis desafiá-lo desde o início, para ver se valia a pena fazer esse projeto, para saber se ele estava realmente interessado em arquitetura ou se queria apenas uma residência suntuosa. Propus construir a casa com o tipo mais comum de bloco de concreto. Ele aceitou e deixou claro que estava preparado para desafiar as convenções. É nesse tipo de coisa que acho que a resistência é muito importante em meu trabalho. Não se trata de ser excessivamente provocativo com um cliente, mas de levá-lo a posições extremas. Se o cliente está disposto a aceitar, o projeto vale a pena, se não, você está demitido.

Um dos projetos mais interessantes que estamos fazendo agora, a nova capela para a Universidade de Seattle [Chapel of St. Ignatius], também se tornou um problema muito interessante em termos de materialidade, bem como um problema de economia. O terreno fica numa rua que corta o campus da universidade. Propusemos o prolongamento da estrutura da capela e a criação de um novo retângulo de espaço verde para os estudantes no oeste, no norte e no sul, conformando um novo espaço no campus como consequência da construção da capela. A Universidade de Seattle é a única faculdade jesuíta na costa norte do Pacífico. Nunca tiveram uma capela – sempre utilizaram vários espaços e enfim quiseram construir um local de culto especial para a instituição. Meu primeiro croqui foi um espaço semelhante a uma caixa de pedra com sete "garrafas de luz" em seu interior. Cada uma delas corresponde a uma parte da cerimônia católica jesuíta: procissão, nártex, reconciliação, reunião principal, coro, comitê e sacramento. Depois de fazer o desenho conceitual, testamos diferentes possibilidades por meio de perspectivas e de maquetes. Ao pensar o interior da capela, uma das dificuldades era a negociação entre os aspectos ligados à procissão e os ligados à vida comunitária. No final, posicionamos a área de

Chapel of St. Ignatius, Universidade de Seattle, 1994-97

assentos ao redor do altar, mas mantivemos o aspecto de procissão, característico da liturgia católica. Cada uma das "garrafas de luz" sobre os diferentes espaços tem uma cor diferente. Não podíamos arcar com grandes vitrais, mas podíamos fazer pequenas peças de cristal colorido, e colocar cor em alguns panos de vidro para que refletissem a luz. Os vidros coloridos e as lentes vitrais são de cores complementares, então, por exemplo, para o vidro azul, a lente é amarela. À noite, o efeito se inverte e as garrafas se tornam faróis que brilham sobre o campus. Fizemos uma maquete em escala real do coro para testar os efeitos. As placas de concreto das paredes externas serão pré-fabricadas na obra, como na King's Road House, de Schindler, em Los Angeles, mas numa escala muito maior. Para reduzir os custos, as placas serão feitas com a face para cima e colocadas com um guindaste num só dia.

Cada uma dessas placas pesa 77 toneladas; para suspendê-las, precisamos inserir pontos para ganchos nas placas, que permanecerão aparentes nas paredes – vestígios do método de construção. Os ganchos serão moldados em metal e aplicados quando a placa estiver seca. Projetarão sombra sobre as paredes, quando o edifício estiver acabado. Como você pode perceber, a realização tectônica, material, é crucial para nosso processo.

Algumas vezes o processo se inverte: parte do conceitual para o tectônico. Em nosso projeto para a

Amerika-Gedenkbibliothek [Biblioteca Memorial Americana] em Berlim, o conceito estava relacionado ao movimento pelo edifício. O percurso ficava marcado nas paredes de vidro, como um vestígio da ideia. No caso da capela da Universidade de Seattle, a ideia da caixa de pedra foi muito importante, mesmo que o edifício não seja construído em pedra. Mas as paredes permanecem como imensas pedras inclinadas... de concreto aparente.

Amerika--Gedenkbibliothek, concurso, Berlim, 1988

AZ Seu trabalho lida principalmente com a percepção de materiais, espaço, luz, peso, textura e outras qualidades fenomênicas de nosso meio ambiente. Mas como essa abordagem pode lidar com ambientes artificiais, que são cada vez mais experimentados através de percepções mediadas, como as telecomunicações, o controle remoto e a automação?

SH Acho que a arquitetura nos oferece a esperança de termos de volta todas essas qualidades da experiência – a luz, os cheiros, as texturas etc. – de que fomos privados pelos ambientes cada vez mais sintéticos das imagens em telas de vídeo. A arquitetura é um antídoto para uma existência sintetizada no espaço da tevê e vivida em edifícios de apartamento de gesso acartonado com tetos baixos e carpetes sintéticos. Quando você desliga o aparelho e pede comida chinesa pelo telefone, se dá conta de que está sentado num ambiente medíocre que não desaparece só porque você pode se plugar a um ambiente completamente sintetizado, virtual. O desafio é devolver à arquitetura seu papel de moldura de nossa vida cotidiana. Duvido que a simulação total do ambiente consiga se sobrepor ao espaço concreto da experiência. Acho que a arquitetura ainda tem um papel essencial a desempenhar no meio dessas tecnologias em desenvolvimento.

Fiz um apartamento no centro de Manhattan, no 49º andar de um prédio da 57th Street. O cliente me pediu que incluísse uma televisão gigantesca, de 1,20 × 1,20 m. A tevê foi colocada dentro de um móvel feito com seda de paraquedas [*airplane silk*]. Podia-se ligar a televisão enquanto ela ainda estava no móvel e tudo o que se via eram cores maravilhosas através da seda. A ideia era tirar todas as imagens e comerciais convencionais e transformar a tela numa experiência fenomênica. Acredito que o potencial da fenomenologia como ponto de partida para a prática arquitetônica está aumentando com o crescimento do ciberespaço, da realidade sintética. De que forma a experiência fenomenológica é compatível com essas novas tecnologias? Essas tecnologias têm o potencial de criar novas formas de experiência.

AZ Acho que os aspectos importantes não derivam tanto da possibilidade de simular ambientes, mas da aplicação das tecnologias da comunicação e da informação ao ambiente construído. Seu exemplo ainda se refere a uma espécie de fenomenologia da luz artificial. A fenomenologia da luz artificial já foi bastante explorada – temos luz artificial há um bom tempo –, mas acho que há outros fenômenos radicalmente novos e que não estão sendo suficientemente explorados: a automação e o controle remoto que criam novas formas de ambiente, o movimento mecanicamente aprimorado, a velocidade ou o *jet lag* que alteram os ciclos naturais e as formas de percepção... Especialmente de uma perspectiva fenomenológica, essas novas situações são muito promissoras...

SH Mas só são interessantes quando se tem controle sobre elas. Uma emissora de televisão tem um potencial arquitetônico importante – colapsos de tempo, colapsos de espaço –, mas me pergunto se está de fato sendo aproveitado inteligentemente quando, não importa onde estivermos no espaço e no tempo, ainda assistiremos ao mesmo tipo de material. Por exemplo, no verão passado eu estava na Islândia com minha esposa; decidimos alugar um carro e viajar pelo país. Fomos a uma cidade muito afastada chamada Höfn. Ficamos num pequeno quarto de hotel e, quando ligamos a televisão, lá estava Michael Jackson. A televisão poderia ser completamente redirecionada para aproveitar as possibilidades locais. Isso me deu uma ideia para uma exposição sobre os Grandes Lagos e seu sistema de rios no museu do Institute of Science da Cranbrook. Pensei em colocar uma câmera de vídeo em cada um dos afluentes e dos rios que alimentam os Grandes Lagos. Não sei quantos há, mas seria possível estar na exposição e ver simultaneamente detalhes de cada um desses rios, perceber como são diferentes. Seria possível usar a arquitetura para colapsar tempo e espaço através de meios que fariam o oposto do que me ocorreu na Islândia, onde vi os mesmos clichês que se vê em todos os lugares. O problema é que a comercialização dessas tecnologias elimina seu potencial.

AZ Mas essas tecnologias também não eliminam o potencial da luz do sol, da materialidade, da textura, do peso, da especificidade do lugar? Como você, sendo um arquiteto, lida com a fenomenologia do mundo contemporâneo?

SH Por alguma razão que não consigo entender, temos projetos no Japão, na Coreia do Sul, na Finlândia, em Amsterdã, na Noruega, em Seattle e Detroit, mas nenhum em Nova York, apesar de nossos esforços. Se tivesse uma filosofia diferente, poderia fazer todos os projetos no mesmo estilo, em todos os lugares. O que me entusiasma é fazer de cada um desses projetos uma criação única, baseada num programa específico e numa situação específica. O que tem sido muito estimulante nos últimos cinco anos é essa possibilidade de trabalhar em muitos lugares diferentes ao mesmo tempo. Já sonhei que trabalharia como aqueles arquitetos que podem lhe mostrar cada edifício que construíram recentemente num raio de oitenta quilômetros. Uma vida maravilhosa, mas que não é a vida com que temos de lidar, e não acho que isso vá mudar. Na verdade, acho que se tornará cada vez mais global porque, com a possibilidade de voarmos e de nos comunicarmos por fax ou modem, não é mais necessário contratar o projeto de um arquiteto local. Nas primeira gravações musicais, era preciso utilizar uma orquestra inteira. Hoje, a experiência musical ultrapassa a necessidade de estar sentado numa sala de concertos. Para mim, uma das grandes personalidades da música contemporânea foi Glenn Gould, que trabalhava com gravações sobrepostas de seus trabalhos em fitas e na televisão. Gould se recusava a fazer apresentações públicas, a fim de ganhar tempo para aperfeiçoar sua obra. Devo acrescentar que ele se recusava a dar entrevistas, o que me faz pensar em todo o tempo criativo que gastei nessa entrevista! Gould se aproximou do mundo dos lenhadores e condutores de trem canadenses justamente porque resistia à propaganda de sua própria fama. Ele via a tecnologia como redentora. Apreciar a genialidade da obra de Gould é encontrar uma forma criativa de equilíbrio, que nos permita resistir a esse mundo contemporâneo e ao mesmo tempo nos ocupar dele, nos engajar nele. Acho realmente que a resistência tem sentido: uma resistência criativa...

PETER EISENMAN

***El Croquis: Peter Eisenman, 1990-1997*, n. 83, 1997.**

ALEJANDRO ZAERA-POLO O aspecto de seu trabalho que acho mais revelador é o compromisso com um método gerador, baseado em regras, que produz o projeto sem recorrer a um conhecimento acumulado ou a uma experiência da disciplina, seja técnica ou cultural. Acredito que essa afirmação seja muito importante do ponto de vista do procedimento projetual, uma vez que explora a disciplina sem o conceito tradicional de sua história e talvez abra o caminho para uma prática não humanista. Mas se esse procedimento deve resistir de maneira eficaz às forças dominantes de nossa sociedade, e talvez revelar potenciais latentes da arquitetura, eu me pergunto se a premissa de arbitrariedade que você diz fazer parte do método é coerente com o que para quem está de fora pode ser visto como uma pesquisa particular sobre aspectos específicos da disciplina. A questão é se essa arbitrariedade é sustentável, se pensarmos que a prática arquitetônica é fundamentalmente produtiva, mais que crítica. Quando você estabelece as regras que vão gerar um projeto, é preciso definir, até certo ponto, o propósito das regras...

PETER EISENMAN Não necessariamente: o propósito das regras pode ser tanto crítico como produtivo. De todo modo, claro que o processo não é totalmente arbitrário. A arbitrariedade é uma metáfora para um começo, um jeito de começar sem um conjunto de valores originais decorrentes de uma disciplina conhecida da arquitetura. Também não há formas de imanência que levem a certos significados já incorporados. Nesse sentido, há arbitrariedade e também intencionalidade, uma intenção de reduzir o significado incorporado. A questão, em última análise, é a seguinte: com que fundamentos os resultados serão julgados?

AZ Mas esse é o ponto. Como podemos avaliar os resultados? A menos que você seja intencional no início do processo, sua máquina não produzirá nada de relevante. É como se você fosse um cozinheiro muito criativo que estabelecesse o seguinte cardápio: segunda-feira, carne; terça-feira, truta; quarta-feira, grãos; quinta-feira, tortellini... e assim por diante. Qual o interesse disso, além do fato de evitar qualquer convenção ou experiência? Não seria mais relevante programar a máquina com uma intenção precisa de construir algo que não poderíamos ter construído dentro das limitações de nossas convenções tipológicas, técnicas ou estéticas?

PE Você menciona a ideia de uma máquina de forma bastante casual. Tenho certeza de que você se refere às máquinas desejantes de Deleuze e Guattari, de *O anti-Édipo*. Mas é preciso lembrar que aquela entrevista foi dada antes de você escrever seu artigo sobre os aspectos maquínicos de meu trabalho no Aronoff Center for Design and Art da Universidade de Cincinnati. A questão do maquínico torna-se importante no contexto daquela entrevista, primeiro porque não tem equivalente em inglês. Mesmo nos termos de Deleuze e Guattari, não significa mecânico ou mecanicista (talvez signifique mesmo o contrário disso). Do mesmo modo, não se refere à técnica ou ao processo técnico. A melhor definição que conheço talvez seja a que foi dada pelo próprio Félix Guattari em seu ensaio intitulado "À Propos des Machines" [Sobre as máquinas]. Guattari diz: "Esta nova noção de máquina envolve agora um ser diferenciando-se qualitativamente e emergindo numa pluralidade ontológica, que é a própria extensão da criatividade de vetores maquínicos".

Aronoff Center for Design and Art, Universidade de Cincinnati, Ohio, 1988-96

Guattari disse: "A essência da máquina está ligada a procedimentos que desterritorializam seus elementos, funções e relações com a alteridade". Nesse sentido, o processo que uso é maquínico na medida em que tenta desestabilizar ou deslocar muitas das condições de significados imanentes ou incorporadas em suas origens. Por exemplo, em vez de começar com um diagrama funcional ou tipológico, começamos com um diagrama como o do cristal líquido, ou o das funções de ondas cerebrais. Embora suas formas possam ter um significado imanente, são tão alteradas por vetores externos que, ainda que as formas resultantes tenham semelhanças com os diagramas originais, nada têm a ver com as formas originais ou com as formas de funcionamento do edifício específico. Como Guattari disse, as máquinas não podem ser neutras. Elas já têm um desejo (ou, em suas palavras, intencionalidade) que vai produzir "vetores de ser" com diferentes meios de expressão.

Uma máquina de arquitetura começará, portanto, com algumas regras determinadas: gravidade, espaço, ocupação, função. Nesse sentido, a arquitetura sempre se parecerá com arquitetura, e como diz Jacques Derrida, sempre "significará". Mas, desde que Vitrúvio proferiu sua famosa sentença "solidez, utilidade e beleza", a arquitetura sempre se pareceu com alguma coisa. Vitrúvio não quis dizer que os edifícios deveriam ficar em pé – uma vez que todos os edifícios o fazem –, mas que deveriam parecer que se manteriam de pé. Esse foi o começo da arquitetura como representação, da função icônica da arquitetura. Para remover sua função icônica, sua condição já dada de corporalidade, é preciso separar a instrumentalidade da iconicidade da arquitetura, separar sua função estrutural e de uso do fato de que deve parecer que se mantém em pé. Isso implicaria um processo de tratar colunas, paredes e vigas, por exemplo, como índices puros e inteiros. No entanto, caso se pudesse prever as consequências finais da aplicação desses índices, o processo perderia sua força. Se soubéssemos aonde a aplicação de um conjunto de regras nos levaria, estaríamos num processo determinista. O que eu gosto sobre minha versão particular da máquina arquitetônica (porque todos os arquitetos têm algum tipo de máquina, mesmo que essa máquina seja um estilo ou expressão pessoal) é que, nas restrições que estabelecemos, identificamos um conjunto de coisas dadas e então permitimos que elas se movam, se entrelacem e encontrem seu próprio ser. Não sabemos onde ou como esse "ser" será. Não há previsibilidade no sentido tradicional, e se não há previsibilidade, o processo está de algum modo fora do controle autoral... Poderia ser um desastre no sentido tradicional de projeto!

AZ Um desastre sob qual critério?

PE Em primeiro lugar, temos que descartar o critério da intenção relevante ou original. Em segundo, a questão de uma origem do valor já foi descartada... Do mesmo modo, não estamos tentando fazer algo novo ou único. Assim, esses critérios já não são relevantes, nem a ideia de uma experiência estética clássica. Ao contrário, a máquina funciona para descobrir o que estava anteriormente reprimido nas convenções da arquitetura. Isso poderia levar ao que a sabedoria popular chamaria de desastre. Embora cada uma de minhas máquinas seja diferente, há algum nível de intencionalidade, porque a máquina seguinte é desenvolvida com base na máquina anterior. Por exemplo, de um tanque M34, para um M55 e depois para um M64, os russos foram corrigindo cada um para torná-lo melhor a partir da experiência do anterior. E nesse sentido eles os tornariam cada vez mais sofisticados e complicados de operar. Os operadores de minhas máquinas não podem vir e apenas trabalhar mecanicamente. São necessários pelo menos dois anos para alcançar um nível de competência com as máquinas em meu escritório...

AZ Sim, mas o tanque como máquina tinha certos objetivos. O designer do tanque sabe que ele deveria funcionar de certo modo, chegar a certa velocidade, conseguir certo alcance de tiro, um raio de giro etc. As técnicas para melhorar o tanque deveriam mudar, evoluir, se transformar, mas antes que se possa fazer isso, é preciso saber o desempenho que estamos buscando a partir do design. Caso contrário, estamos reduzidos a mecanismos de produção cegos, operações aleatórias. Mesmo em processos autogeradores, como os jogos de simulação da vida real [*life-games*], existem alguns critérios de seleção que determinam o comportamento do sistema. Não acredito que você possa projetar qualquer coisa puramente dentro de um processo "de baixo para cima", como suas reivindicações de arbitrariedade parecem indicar. Como "projetista", você sempre precisa de alguma referência "de cima para baixo"...

PE No entanto, o designer do tanque não sabe *a priori* como ele funcionará até que o construa e teste. Há um nível de correção que deve esperar a verificação empírica. O processo do qual falo tem um nível de verificação empírica. Você tem de construí-lo para entender seus defeitos. Essa é uma mudança a partir de minhas primeiras casas. Eu não acreditava que tinham que ser construídas. Quando fiz a House II, só fui ver o resultado um ano depois. Eu achava que não era necessário experimentar o espaço, que a experiência de espaço não era importante. Isso mudou da House II para a House III, porque comecei a pensar em como o espaço era experimentado. Em cada projeto, continuei encontrando novos problemas na arquitetura. Por exemplo, na House III, havia a ideia de confrontar a hierarquia espacial. Tentei fazer uma casa sem sistemas principais ou secundários... O que aconteceu na experiência real do espaço foi que havia problemas de percepção. A casa parecia pouco conceituada, justamente porque a mente e os olhos trabalham em conjunto tanto para separar as coisas quanto para ordená-las e foi precisamente essa separação que eu estava desafiando. Por causa desses problemas, na House IV e na House VI voltei a trabalhar com problemas mais indiciais – identificar a casa como um processo era um deles.

Claramente, os critérios para julgar essas casas não podem ser os mesmos empregados para julgar arquiteturas anteriores. Ideias como uma boa planta ou estética clássica já não são argumentos válidos. E se minha proposta de liberar a arquitetura de suas formas anteriores de legitimação for aceita, então categorias como funcionalidade, tipologia e iconografia podem estar presentes, mas não servem mais como argumentos de legitimidade, ou seja, como critérios de julgamento.

House II (Falk House), Hardwick, Vermont, 1969-70

House III (Miller House), Lakeville, Connecticut, 1961-71

É importante nesse contexto nos referirmos à própria definição de maquínico de Deleuze e Guattari: "um funcionamento imanente e pragmático, por contágio mais que por comparação, insubordinado tanto às leis de semelhança como às de utilidade".

AZ Se isso é assim, qual o propósito de seus tanques?

PE Entender e produzir uma arquitetura que tem sido tradicionalmente reprimida pelas leis de semelhança e utilidade. Como se faz isso em cada projeto específico é assunto de um texto mais longo em que estou trabalhando atualmente.

AZ Acho que, além de sua tentativa de redefinir a arquitetura fora dos parâmetros convencionais de estrutura, função, significado etc., você identificou certos assuntos, temas ou parâmetros que em sua perspectiva abstrata têm o potencial de se converter numa nova formulação da disciplina. Mas acho que, para desempenhar todo seu potencial, você precisa ter a coragem de assumi-los como intencionais, em vez de torná-los arbitrários.

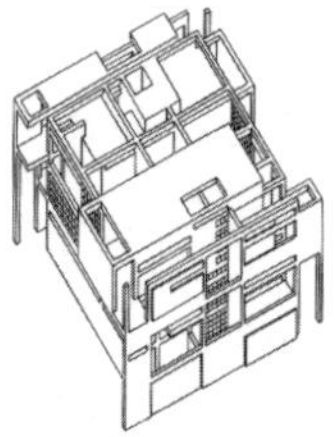

House IV, projeto, Falls Village, Connecticut, 1975

House VI (Frank House), Cornwall, Connecticut, 1972-75

PE Mais uma vez você está batendo na tecla da arbitrariedade. Em primeiro lugar, acho que é preciso definir ou redefinir a intencionalidade. Se os parâmetros de minhas máquinas começassem numa intencionalidade conhecida, já estariam limitando o resultado. Por exemplo, estamos trabalhando com a ideia do intersticial. Essa ideia foi definida por muitas pessoas, incluindo mais recentemente Colin Rowe em *Collage City*. Nosso uso do termo o afasta de qualquer historicidade, e, portanto, em certo nível, de qualquer intencionalidade anterior. Isso não significa que não temos outra intencionalidade em mente, mas *a priori* não sabemos qual é. Não estou dizendo que não há intencionalidade, mas que ela é consequência dessa decisão um tanto arbitrária, em primeiro lugar para examinar de maneira diferente a intersticialidade. Por exemplo, o primeiro movimento na descoberta científica é sempre arbitrário, um ato de fé. A partir desse momento há sempre uma intencionalidade, na forma de alguma ideia ou de um processo racional. Você pode dizer que os processos que usamos, como os cristais líquidos, são externos à arquitetura, e portanto arbitrários, mas é precisamente essa arbitrariedade que nos leva à questão da imanência. Todos os temas com que estou trabalhando, tal como a intersticialidade, já existem na arquitetura. Preexistem num estado reprimido que tento revelar. O que estou tentando fazer é entender como a intersticialidade afeta o local, o programa etc.

Para mim, estrutura e função são acréscimos à imanência da arquitetura, ou como dizem Deleuze e Guattari, "funcionam de maneira imanente". Portanto, eu poderia discutir justamente o contrário, que esses processos dão acesso a uma interioridade da arquitetura que já é dada.

Por exemplo, os conceitos de escala e campo [*ground*] são aspectos do que chamo a interioridade da arquitetura. Após fazer a House x, comecei a perceber que todas as casas foram problematizadas por essas questões em particular. Antes dela, as casas evitavam a questão do campo. Depois, os projetos passaram a envolver o campo de modo conceitual e prático (é interessante notar que agora voltei a excluir o campo; estamos fazendo projetos sem campo). Do mesmo modo, antes da House x, eu nunca havia pensado em escala. Isso porque eu sempre estava trabalhando com

House x (Aronoff House), projeto, Bloomfield Hills, Michigan, 1975

Wexner Center for the Arts, Columbus, Ohio, 1983-89

uma escala determinada. Quando comecei a trabalhar com o campo, também mudei para outra escala, mais urbana. Comecei a perceber que os temas mais interessantes se relacionavam à escala. O que se pode fazer com cem metros que não se pode com vinte? Há outra escala que interfere na arquitetura, referente à relação do corpo com o espaço, e a como o corpo entende essa escala. Mas quando se tem uma escala diferente, aparece a questão da repetição e, portanto, do tempo. As primeiras casas eram icônicas, uma vez que começavam a partir de cubos. Assim, havia um valor original atribuído a uma forma pura e as casas derivavam desse valor. Quando passei a me interessar pela desconstrução, percebi que a questão da origem nessas casas era problemática, pois partiam de um conjunto de valores *a priori*. Foi quando comecei a trabalhar para invalidar a origem como um valor necessário na arquitetura. Isso começou com um movimento do cubo para a malhas. O Wexner Center for the Arts foi o último dos experimentos sobre a superposição de malhas e o problema de escalas múltiplas.

O Aronoff Center reintroduziu um tipo diferente de malha: a caixa de arame de estrutura tridimensional. Embora existam colunas reais num padrão regular, o espaço não é conceitualmente reticulado. A ideia da geometria da caixa surgiu da observação das esteiras transportadoras nos aeroportos, placas que parecem se sobrepor e passar umas pelas outras.

AZ Então, cada um desses experimentos testa um parâmetro, em vez de um tipo?

PE Não, cada máquina testa vários parâmetros diferentes, seja tipo, função, forma, espaço, tema etc.

AZ Você afirmou repetidamente que a história é uma referência importante para seu trabalho, e também que seu trabalho opera dentro do *Zeitgeist*. Mas como você articula a busca pelos aspectos imanentes da arquitetura com esse reconhecimento da história e do *Zeitgeist*?

PE Meu trabalho não opera dentro, mas sobre o *Zeitgeist*. Para transgredir o *Zeitgeist*, que é o que faz um projeto singular e que tem uma assinatura, deve-se saber em que ele consiste. Se você observar um edifício construído nos anos 1920, pode achá-lo interessante, mas não poderia repeti-lo hoje em dia. Não seria interessante, porque o mesmo espírito que o animava naquela época não o animaria hoje. Não podemos repetir os ícones do passado no presente, porque eles não têm mais o mesmo valor icônico. A questão, portanto, é como fazer ícones na atualidade, ou mais precisamente se aceitamos que fazê-los é uma possibilidade. O argumento a que me refiro diz que as formas que incorporam significado, os ícones, não são mais relevantes hoje. Do mesmo modo, pode-se argumentar que nunca é possível saber quais são os ícones no presente. Minhas primeiras casas claramente não eram nostálgicas em relação ao movimento moderno, mas o tomavam como repertório indicial. A partir da leitura de Chomsky, Saussure, Foucault e então Derrida e Deleuze, comecei a pensar de forma diferente. A influência dessas leituras sobre meu próprio trabalho foi importante porque, de certo modo, esses textos constituem um aspecto do *Zeitgeist*. A escolha daquilo com que quero trabalhar sempre foi condicionada, para mim, pelo espírito filosófico da época. Mas, inclusive com a mesma potência, a interpretação equivocada desse espírito sempre esteve envolvida em minha relação com o *Zeitgeist*. Nesse sentido, meu trabalho não é linear, tem mudanças bruscas derivadas de condições externas não lineares que em qualquer momento constituem um *Zeitgeist*.

Portanto, meu trabalho mudou de formas valorizadas *a priori* e processos racionais nas primeiras casas, para analogias linguísticas e relações estruturais nas Cities of Artificial Excavation [Cidades de Escavação Artificial], e depois dessas analogias para outras preocupações que vêm diretamente da interioridade da arquitetura. Mas isso não representa progresso, apenas perambulações de uma mente inquieta. Não acredito na ideia de progresso mais do que acredito em qualquer outro ismo ou no passado. O *Zeitgeist* para mim é uma atitude moral de estar no presente. Talvez isso venha de uma herança judaica. Os judeus acreditam que não existe um estado futuro, só existe o presente. Acho que temos uma obrigação moral de lidar com a imanência da arquitetura como ela se apresenta aqui e agora. Não como era ou como será. Não acredito num bem futuro, ou nas glórias do passado, mas sim na realidade presente!

Meu trabalho consiste, em última instância, em conceituar outros métodos. Por essa razão comecei a trabalhar com computadores, porque tudo que podemos fazer como seres humanos é desenhar eixos e lugares. O computador conceitualiza e desenha de maneira diferente. Dependo cada vez mais dos computadores, porque através deles podemos produzir coisas que nunca poderíamos ter feito vinte anos atrás. Por exemplo, *morphing* é uma operação vetorial. Um eixo é um vetor neutro que não tem direção, magnitude ou intensidade. Um vetor tem direção, magnitude e intensidade. Ele confronta a forma e o espaço de modo diferente que um eixo. Os computadores podem analisar vetores de uma maneira que os seres humanos não conseguem. O vetor é outro mecanismo de medida do tempo e do espaço.

AZ Sim, mas o problema de fazer uma crítica de seu trabalho é que você não define no início, de maneira clara, qual é o propósito do experimento. Por isso é muito difícil avaliar o trabalho no final. Vemos esta fachada e dizemos: "Gosto disso aqui, não gosto dessa parte", e estamos de volta a uma avaliação baseada na experiência, subjetiva, de base cultural... Não faz nenhum sentido avaliar essa fachada se você não define com que fundamento foi produzida. Seria possível para você fazer uma avaliação do Aronoff Center à luz desses fundamentos?

PE Há uma meta-avaliação possível no projeto em Cincinnati, em relação ao resto de meu trabalho e à prática teórica em geral. O projeto Eisenman pode ser avaliado, e você pode ver que é diferente do projeto Moneo, nem melhor nem pior, mas diferente. Dentro do projeto Eisenman, essas diferenças acrescentam a uma história e teoria da arquitetura. Acrescentam uma dimensão à imanência da arquitetura, no sentido da forma como a arquitetura é conceituada. Alguns críticos me ajudam a definir e reajustar minha trajetória. Todavia, não mudam os parâmetros do trabalho. Outros não entendem meu trabalho. Essas avaliações podem ser laudatórias ou críticas, mas não penetram em meu discurso e, portanto, são de pouco proveito para meu trabalho. Posso contar o número de artigos que de fato me ajudaram a encontrar minha trajetória. Mas o que a maioria dos críticos faz é definir meu trabalho dentro de suas próprias trajetórias.

A crítica que faço de um projeto acaba sempre sendo o texto ou o programa para o projeto seguinte. Mas o programa nunca está definido de maneira clara como um programa para o trabalho. É por isso que minhas intenções nunca são expressas claramente. Tento permanecer suspenso entre o mecanismo e minhas próprias respostas subjetivas, de modo que não sou capaz de definir criticamente quais são os erros relativos à trajetória total da obra.

Eu diria que a única maneira de fazer essa avaliação seria experienciar o edifício, uma vez que estivesse construído.

AZ Isso teria qualquer relevância? Você disse antes que em algum momento de sua carreira esteve mais interessado na experiência do que na linguagem. Mas eu me pergunto se acaso depender da experiência como avaliação não invalida o potencial "maquínico", "inumano", de seu trabalho...

PE Vivemos num mundo midiatizado. A mente e os olhos se dissociaram do corpo. Você não precisa do corpo para vivenciar a mídia. No mundo da mídia, você só precisa do corpo para o sexo. Creio que o que tenho tentado fazer é restabelecer a experiência sensual do corpo e do espaço, fora do controle da mente e dos olhos. Tiveram que mudar as malhas inclinadas no Columbus Convention Center porque as pessoas ficavam com tontura. Não conseguiam manter o equilíbrio, perdiam a orientação. Isso acontece porque as pessoas estão acostumadas a se orientar pela geometria cartesiana. É a isso que Walter

Columbus Convention Center, Ohio, 1990-93

Benjamin se refere quando diz que as pessoas observam a arquitetura num estado de distração. Mas a geometria cartesiana é totalmente inoperante no mundo dos meios de comunicação. É por isso que temos de ir além. Como instaurar a experiência do corpo e manter o mecanismo funcionando?

AZ Poderíamos dizer então que seu objetivo principal é desafiar a construção histórica da experiência espacial?

PE Sempre levantei a questão da "presentidade". Presentidade para mim é a qualidade do espaço que permanece transgressor da tipologia e das normas consolidadas da arquitetura por um longo período. O Convento de La Tourette de Le Corbusier tem para mim mais presentidade que Ronchamp, porque Ronchamp foi sublimada e adaptada à produção cenográfica da arquitetura, enquanto em La Tourette as mudanças topológicas, as transgressões organizacionais ainda não foram absorvidas. Quanto mais tempo alguma coisa permanece inabsorvível por uma norma, um gênero ou um tipo, mais relevante a arquitetura. Acredito que a Biblioteca Laurenciana de Michelangelo, a Igreja do Redentor ou a Basílica de Maggiore, de Palladio ainda não foram absorvidos, enquanto a Igreja de Santa Maria della Salute, de Longhena, foi absorvida há muito tempo.

A capacidade de permanecer fora da norma é a medida do que chamo de presentidade ou transgressão. Creio que o Aronoff Center seja um edifício muito transgressor, não teatral ou cenográfico.

Acredito que opõe mais resistência à absorção que o Wexner ou o Columbus Convention Center.

AZ Mas isso não negligencia a ideia de trabalhar dentro do *Zeitgeist*?

PE Estou interessado justamente na transgressão do *Zeitgeist*, numa criticalidade. Isso é o que traz a possibilidade de ser no ser. A arquitetura me interessa não por sua presença, mas pela possibilidade de fazer uma afirmação crítica. Teríamos que inventar parâmetros para avaliá-la. No Aronoff Center, o que resultou do projeto não é o que eu previa. Não pensei que seria tão denso, tão indigesto.

AZ Eu me pergunto se é possível basear a "criticalidade" simplesmente no fato de que um edifício não está de acordo com as convenções, com as normas... Acredito que uma posição afirmativa, ainda que oportunista, pode ser ao menos tão crítica quanto sua definição de arquitetura crítica como puramente negativa e de resistência – de que um edifício é crítico porque não é legível, porque se opõe radicalmente a todas as convenções... Além disso, você pode ser aleatoriamente crítico...?

PE Essa é uma pergunta difícil de responder. Em primeiro lugar, não acho que meus projetos sejam negativos ou resistentes. Em vez disso, tentam descobrir o que está reprimido pelas convenções ou normas em determinado momento. Nesse sentido, a criticalidade, ou a "possibilidade do ser" no sentido kantiano, será sempre transgressora das normas então existentes. Se a criticalidade está dentro da possibilidade de ser, como oposta ao ser em si, então deve de alguma forma ser transgressora. Como eu disse antes, toda criticalidade é inicialmente aleatória. A Igreja do Redentor de Palladio parece ter sido uma crítica à tipologia da igreja cruciforme simples. A eventual criticalidade de sua cruz dupla pode não ter sido seu ponto de partida. Como Jeffrey Kipnis diz, você nunca deve perguntar ao autor qual é a intenção crítica, porque ele é a última pessoa a saber. Você deve perguntar à obra. Nunca sei o que estou fazendo até depois de tê-lo feito. Quando comecei o Aronoff Center, devo ter tido uma vaga intenção de borrar as fronteiras entre o velho e o novo. Agora que o edifício é bem-sucedido nesses termos, não significa que era isso que eu tinha em mente como intenção. De fato, a intersticialidade do edifício não era o que eu tinha em mente, mas agora, depois do fato, esta é mais uma preocupação em meu trabalho. Borrar as fronteiras é um efeito. Posso dizer depois do fato consumado que eu queria borrá-las e, portanto, o prédio é bem-sucedido por isso. Mas, quando as vi borradas no edifício pela primeira vez, fiquei espantado! Era isso que eu queria fazer? Será que o fiz conscientemente?

Acho que o Aronoff Center é um edifício escrito. Não é um edifício oral no sentido da arquitetura "parlante". A oralidade anteriormente era pensada como condição primordial – a desconstrução mostrou que a escrita não é menos importante. A oralidade é pensar pela primeira vez em algo quando o diz, por não ter pensado o bastante antes de dizê-lo. O Aronoff é um edifício escrito, porque os parâmetros são pensados com antecedência e então tenta-se escrever os meios para que esses parâmetros existam. A escrita, ou a arquitetura escrita, tenta tirar o leitor ou o espectador de um estado de distração, como diz Walter Benjamin. Claramente, a compreensão da arquitetura como uma linguagem não é fundamental. Se quisermos nos afastar de sua base linguística clássica, temos que desenvolver a escrita quase como uma segunda língua. Há duas maneiras de articular o que não foi dito. Uma é através da via oral, e a outra é por meio da escrita. A criticalidade é a escrita que surge da massa fundida da oralidade. Meu trabalho é oral em sua essência. Eu diria que a arquitetura crítica já está escrita antes de se constituir em *ser*.

AZ De modo que qualquer postura crítica do trabalho deve existir *a priori*... Isso não se contradiz com sua defesa da relevância da experiência? A crítica existe *a priori* porque está escrita antes que o edifício passe a existir...

PE Primeiro, deixe-me dizer que essa problemática da máquina de projetar, em última análise, desvirtua-se nas questões do arbitrário e do intencional. Portanto, não devemos esticar muito essa metáfora da máquina de projetar. Cada arquiteto tem uma máquina de projetar, o que continua interessante é por que e como a minha assim chamada máquina é diferente.

A crítica existe *a priori*, mas é encontrada *a posteriori*. A possibilidade de criticalidade já existe na arquitetura, mas tem que ser escrita para que se desenvolva, seja, exista. Já existe mas não pode se manifestar até que seja escrita. Você tem que provocá-la para que saia da massa primordial de condições sem valor, sem motivos, sem organização. Tem que permitir que chegue a ser, que venha a existir. A possibilidade de ser é escrever. O ser é a oralidade.

Para haver criticalidade é preciso escrever, mas não se sabe o que é isso, até que seja produzido. Pode-se saber o que é, mas não se sabe como produzi-lo. Posso querer escrever, mas não sei *a priori* como escrever. Sei que existe algo lá para ser escrito que é crítico, mas não sei como escrever até depois de estar escrito.

A crítica já existe, mas ainda não foi escrita. Há a possibilidade, mas ela não está no ser. A escrita lhe dá o ser. O edifício é a escrita. A massa desarticulada contém a possibilidade de muitos seres, não conhecidos na oralidade. O que digo agora, neste momento, não foi falado antes, e eu não sabia, nem havia pensado de antemão. Por causa de sua presença, no entanto, e suas perguntas, agora existe a possibilidade de ser dito.

AZ Portanto, a escrita não tem a ver com uma informação que produzirá um efeito oral...

PE Meu trabalho não é sobre um efeito ou uma expressão. Há uma diferença importante entre escrita e expressão – se eu disser: "blá-blá-blá", você sabe, por causa do mecanismo que tem em mente, que isso não é linguagem. Quando digo, "*Je suis Américain*", ainda que nunca tenha ouvido alguém falar francês, você sabe que trata-se de uma linguagem, porque tem uma estrutura que reconhece como linguagem. Talvez Joyce não soubesse escrever como escreveu, antes de tê-lo feito. É por isso que seu projeto é um projeto crítico. Minha escrita, como qualquer escrita, conterá informações mesmo que seja apenas sobre a escrita. Não se pode evitar isso. Se essa escrita tem um efeito ou não, permanece uma questão imprevisível. Embora se possa dizer que toda escrita arquitetônica tem um efeito simplesmente porque está escrita, a escrita de diferentes edifícios tem diferentes efeitos.

AZ Sou muito cético em relação a sua proposta de que a arquitetura é uma prática crítica, porque não sei se é possível chegar a um nível de desvinculação do poder que é necessário para desenvolver o tipo de prática que você está propondo. Você dirigiu o Institute for Architecture and Urban Studies, uma instituição que é creditada por salvar a cultura arquitetônica norte-americana das mãos da prática corporativa. Reconheço sinceramente seus méritos, mas, depois de uma geração de arquitetura crítica nos Estados Unidos, eu me pergunto se o resultado da desvinculação do poder não levou a profissão a uma grave crise em que você se torna ou um acadêmico crítico ou um profissional submisso. Eu me pergunto se a época de [Gordon] Bunshaft, [Bertrand] Goldberg, Albert Kahn e [Eero] Saarinen, quando a inteligência arquitetônica foi aplicada para encontrar oportunidades dentro das estruturas de poder, em vez de se opor a elas, em última análise, não foi mais produtiva para a arquitetura, em termos sistemáticos. Sua rejeição ao poder procura recuperar o controle sobre o projeto arquitetônico. Como você articula essa distinção entre poder e controle?

PE O poder lida com a presença, com o tempo presente. O poder permite atuar no presente. Bernini tinha poder, como Philip Johnson tem poder. O poder não leva necessariamente ao controle; o controle está fora do poder no sentido de que não tem nada a ver com o tempo presente. O controle tem a ver com o discurso e com a história.

Tenho controle sobre a história de meus projetos, mais que poder sobre as condições necessárias para realizar meu trabalho. O controle é um mecanismo interno, uma consistência interior. Ter um projeto crítico requer exercer um controle enorme. Alguns arquitetos realizaram projetos críticos e, uma vez que ganharam poder, perderam o controle. Por outro lado, acredito que os livros sejam instrumentos de controle. Rem Koolhaas entende isso. Ele gastou mais tempo em seu livro *S, M, L, XL* que em qualquer um de seus edifícios. Em última análise, seu outro livro, *Nova York delirante*, e este novo podem ser mais influentes do que qualquer edifício que ele poderia fazer. Os *Quattro Libri* de Palladio foram um instrumento de controle mais importante que qualquer um de seus edifícios. O mesmo ocorre com *Por uma arquitetura*, de Le Cobusier. Acredito que eu tenha muito controle sobre meu trabalho, mas pouco poder. Agora, a pergunta que se pode fazer é: se sou um autor que parece não ter controle sobre uma máquina supostamente sem autoria, como mantenho o controle? Parte de ser capaz de ser um autor autônomo é ter um controle tão incrível que torna-se possível deixar a máquina funcionar sozinha. Em última análise, acredito no controle sobre o poder. Isso talvez seja uma aposta que fiz com o diabo.

AZ Isso não supõe que, como um autor interessado no controle, você tenha necessariamente que ocupar uma posição de resistência? Onde estão seus argumentos para resistir? É possível ter controle sem intencionalidade?

PE Em primeiro lugar, não se pode ter controle sem intencionalidade. Deve haver uma metaintencionalidade. Pode-se ter uma falta de controle num momento específico do projeto, enquanto se mantém o controle sobre o projeto como um todo. Não acho que resistência seja necessariamente símbolo de controle. A resistência é um dos parâmetros da operação transgressora do projeto. Poderia haver uma prática acomodativa ou uma prática transgressora. A resistência à aceitação das modalidades de poder existentes sempre envolve algum grau de criticalidade. A resistência tem a ver com condições necessárias, e não com condições suficientes. É necessário mas não é suficiente ser moral, ter resistência. A resistência tem a ver com o projeto moral. Acho que Derrida é, afinal de contas, um pensador muito moral. Também tenho uma moralidade em relação à necessidade de fazer o que faço.

AZ Onde está a moralidade em seu projeto?

PE A moralidade de meu projeto está em meu compromisso com a pesquisa sobre arquitetura, em oposição à mera produção de arquitetura. É a diferença entre a pesquisa médica e a prática diária: fazer descobertas sobre doenças, em vez de apenas dar comprimidos cor-de-rosa para pacientes com câncer. Mesmo que ninguém mais esteja interessado, acredito que é necessário fazer o que faço. Portanto, essa dimensão moral tem certo nível de intencionalidade, controle e criticalidade. A moral sempre envolve trazer à luz o que pode estar reprimido pelo convencional.

AZ Isso não implica sempre um grau de resistência? Você se coloca do outro lado dos arquitetos cujos projetos são a personificação das tendências dominantes do poder financeiro ou político, contra os arquitetos que produzem "infraestruturas" para o sistema... O que você define como um projeto crítico parece se relacionar mais a um desafio às condições estruturais e, portanto, eu diria que é essencialmente de resistência. Acho que a moral de seu projeto é resistência pura, já que sua moral não está baseada na implementação de certo regime, paradigma ou sistema de valores particular... Mas e se eu disser que existe um projeto crítico a ser feito que não é resistente, e sim acomodativo...? Você ainda consideraria que tal projeto pode ser moral? Seria a necessidade moral de escapar da produção pura, ou do estruturalmente viável, o que guia seu interesse pelas disciplinas ou práticas externas à arquitetura?

PE Não acho que seja uma simples oposição. Em primeiro lugar, não me interesso apenas por práticas externas à arquitetura. Estou interessado na própria disciplina. Leio Tafuri e Rowe. Estudar Derrida e estudar Palladio não é a mesma coisa, é claro. Estudar Derrida ajuda a olhar Palladio de uma forma diferente. Estudar Palladio também ajuda a olhar Derrida de uma forma diferente. Interessa-me a possibilidade que Derrida e Deleuze nos proporcionam de olhar Palladio ou Serlio de uma forma diferente.

AZ Mas você também usa com frequência modelos importados de outras disciplinas. Não é só uma questão de "leitura", mas seu interesse se converte num processo produtivo...

PE Primeiro, uso modelos de outras disciplinas porque na arquitetura não temos hoje modelos que sejam adequados para descrever as complexidades do mundo. Em meu trabalho, tento definir modelos de outras disciplinas que nos permitam ser mais ou menos autônomos como arquitetos. Leio cada vez menos filosofia, e cada vez mais ficção. Acho que tem se tornado mais difícil separar as ideias de "memória virtual" (em Bergson e Proust) e "vetorização" (em [Thomas] Pynchon) de outras noções muito próximas que estão se desenvolvendo na arquitetura atual. Conformar uma interioridade da disciplina da arquitetura não é uma ideia nova. O conhecimento externo pode ser puramente um mecanismo heurístico para alcançar essa interioridade.

No entanto, a interioridade da arquitetura pode ser diferente da interioridade das outras disciplinas. A questão é como escrever essa interioridade em contraposição a qualquer outra disciplina. Isso ocorre porque a metafísica da presença, que está no centro de muitos dos debates atuais, é em última análise problematizada na arquitetura, porque a arquitetura será sempre presença. O problema, de fato, é saber se a arquitetura continuará ou não a ser legitimada pela presença.

AZ Como você vê o uso de modelos linguísticos ao longo de sua obra?

PE No início de meu trabalho, eu pensava que as analogias linguísticas eram úteis. Acreditava que, como arquiteto, precisava saber. E se você precisa saber, precisa entender, ser capaz de decodificar. Deixei de acreditar que o conhecimento seja mais importante que a experiência. Não acho que você precisa ser capaz de decodificar o Aronoff Center em Cincinnati. Temos informações demais no mundo de hoje. Nesse sentido, o edifício não é um fenômeno linguístico. Para criar literatura ou poesia, a linguagem deve colocar barreiras na relação entre o signo e o significante. Tem que tornar opaca essa relação, porque a relação signo-significante ou significante-significante é transparente. Na arquitetura, a relação signo-significante já é opaca. A coluna não pode ser separada da ideia ou da função de coluna. Para tornar a coluna "escrita", para "escrever" a coluna, temos que separar sua função de coluna de sua condição de "colunidade". Temos que tornar transparente a diferença entre a condição substantiva de coluna e sua condição funcional. Isso por si só é um ato difícil – separar a iconicidade da instrumentalidade. O que estou falando é o oposto de uma analogia linguística. Nós não temos um sistema de signos acordado na arquitetura. A linguagem não tem o mesmo componente afetivo que a arquitetura. Você poderia dizer que a fisicalidade de uma letra na poesia concreta e determinadas obras simbolistas têm esse componente, mas não como a arquitetura, na qual a coluna não pode ser separada do signo da coluna. A forma de uma coluna é, por conseguinte, fundamental. É sobre o fato de ser branca e quadrada, ou seja, sobre suas dimensões afetivas, que precisamos escrever.

AZ Temos falado, principalmente, sobre os problemas metodológicos de seu trabalho, sobre a moralidade dele, sua possível legitimação e suas implicações dentro de uma visão mais ampla. Mas onde estão os problemas específicos com que você está lidando neste momento? Como você articula essa investigação sobre as dimensões afetivas da arquitetura?

PE Embora você diga que temos falado sobre os problemas metodológicos do meu trabalho – referindo-se constantemente aos temas de intencionalidade e arbitrariedade –, eu não sou uma pessoa atenta ao método, e meu trabalho não tem nada a ver com a explicação de uma metodologia ou a investigação do método. Metodologistas não querem saber dos resultados afetivos da arquitetura. Estão interessados apenas no processo, no processo do processo, no metaprocesso. Não estou interessado no metaprocesso, e sim na possibilidade de uma metaescrita que vem do processo.

No momento, meu trabalho tem focado na noção de intersticial, nas possibilidades de repetições autossemelhantes em contraste à composição linear, e nos vetores em *morphing* em oposição aos eixos compositivos. Estou interessado na ideia de criar a partir de vazios iniciais, e não a partir de sólidos, e nos mecanismos necessários para começar a partir do vazio sem defini-los como opostos dialéticos, como fiz antes com a ausência e a presença. Interessa-me a possibilidade de uma relação não dialética entre figura e fundo, a possibilidade de produzir figuras sem fundo, de criar espaço em vez de formas. Nenhum desses temas nasce de uma metodologia ou teoria, mas de uma evolução de meu trabalho a partir da experiência. Em geral, quando um arquiteto começa a trabalhar, pega uma caneta, produz uma figura, faz um perfil, uma estrutura, enfim, faz uma composição. Isso é tudo o que podemos fazer tendo por instrumento a tríade mãos-olhos-mente. Para romper com o perfil e a composição, para afastar-se da moldura, da oposição figura-fundo, é preciso encontrar um modo de fazer uma figura sem fundo, começar do zero. Isso não tem nada a ver com metodologia.

Estou interessado em algoritmos autogeradores como mecanismo de vetorização do tempo e do espaço, para produzir espaços. Geralmente, nós só produzimos formas modificando as condições de figura-fundo existentes. Isso é o que o *morphing* faz. Aqui está uma figura, aqui está outra figura que entendemos como diferente, e podemos produzir algo entre elas. Mas suponha que não comecemos com isso, e sim com nada. Aqui está o limite, uma ideia de informidade, uma ausência de forma. Parece haver dois tipos dessa ausência de forma na arquitetura. Um deles é uma informidade do real, em que a forma não tem importância. O outro é uma informidade conceitual, que requer um começo, por assim dizer, a partir de um vazio, e produz forma a partir de sua ausência. Não estou interessado em projetos amorfos, mas em espacializar a ausência de forma.

Walter Benjamin disse que as pessoas viam a arquitetura, diferentemente da pintura, num estado de distração. Nós olhamos bem a pintura porque ela é emoldurada e colocada numa parede de um museu. A arquitetura está sempre, em certo sentido, emoldurada por um fundo, e vemos esse enquadramento como algo habitual. O Aronoff Center em Cincinnati, por outro lado, exige que você preste atenção. Você tem que se esforçar para não prestar atenção. Ele chama a atenção, mas sem ao mesmo tempo tentar dar lições. Isso me interessa como figura de linguagem. Meu trabalho envolve descobrir condições metafóricas na arquitetura, como a de figura-figura, relações que não são tropos linguísticos. Relações figura-figura situam a arquitetura numa estrutura sem fundo. Esse tipo de metáfora desloca tanto o sujeito quanto o objeto. O sujeito deslocado, deslocado do hábito e da distração, é então capaz de repensar a arquitetura. Isso não tem nada a ver com linguagem ou filosofia. É algo interno ao discurso da arquitetura. Vazios figurados não têm analogia na linguagem ou na filosofia. A única maneira que conheço para explorar esses tropos é através da própria arquitetura...

-KAZUYO SEJIMA & RYUE NISHIZAWA-

El Croquis: Kazuyo Sejima + Ryue Nishizawa, 1995-2000, n. 99, 2000.

ALEJANDRO ZAERA-POLO Uma forma de começar esta conversa poderia ser por linhas mais gerais, falando sobre como a prática de vocês tem se desenvolvido. Lembro quando fui a seu escritório pela primeira vez, cinco anos atrás: vocês dividiam uma pequena sala com outra pessoa. Na segunda visita, já ocupavam o andar inteiro, e, na seguinte, já estavam neste escritório novo, com muito mais espaço. Ou seja, nos últimos cinco anos, houve sem dúvida um grande crescimento do escritório. Como vocês têm lidado com essa situação? Quais foram os efeitos de trabalhar ou começar trabalhando em projetos pequenos, e de repente ter de crescer até o tamanho atual?

RYUE NISHIZAWA Na verdade, há três escritórios aqui. Há o escritório colaborativo, o escritório da Sejima e meu próprio escritório, muito recente e pequeno.

KAZUYO SEJIMA O SANAA é o escritório colaborativo.

AZ Certo. Talvez seja interessante saber também como tudo isso aconteceu. Vocês poderiam contar como vivenciaram esse processo de expansão, e quais são as vantagens e desvantagens dele?

RN Claro. Em 1985 tentei parar de trabalhar no escritório de Sejima, e montar meu próprio escritório...

KS Mas eu não queria que ele saísse [risos]. Então propus montarmos juntos um escritório colaborativo, além do novo escritório dele.

RN Tive que pensar um pouco a respeito, mas no fim aceitei. Assim, fundamos o SANAA no verão de 1995, e abri meu próprio escritório em 1997.

AZ E o que aconteceu desde então? Quando os conheci, vocês tinham cinco ou seis colaboradores, e agora são quinze. Como isso afetou o trabalho que fazem? Além disso, a maior parte da equipe parece ser composta de arquitetos muito jovens. O fato de a quantidade de trabalho e o tamanho do escritório terem crescido duas ou três vezes afetou a atitude de vocês em relação a isso? Vocês têm especialistas em construção, por exemplo, ou continuam mantendo essa estrutura mais flexível, com pessoas mais jovens?

RN Não há muita diferença entre a situação de cinco anos atrás e agora.

AZ Então, continuam as mesmas pessoas?

RN A maioria permaneceu; apenas um ou dois saíram.

AZ Acho significativo vocês trabalharem com um grupo de arquitetos mais jovens, por diversos aspectos. Tenho a impressão de que no Japão mesmo os arquitetos muito experientes parecem não ter a capacidade técnica que vemos na Europa. Talvez isso se deva à especificidade da indústria da construção japonesa, em que a maior parte dos projetos executivos é feita pelas empreiteiras. Em todo caso, pessoalmente acho que trabalhar com jovens no Japão é bem melhor que com pessoas experientes, pois estas se submetem aos empreiteiros e, sendo assim, não se dedicam a desenhar os detalhes, a defendê-los, já que outros estão fazendo isso por elas. Parece-me que um dos pontos fortes de um escritório como o de vocês, no Japão, é que está atraindo e formando principalmente gente jovem para trabalhar como vocês trabalham. Mas o que acontece com esses jovens que passaram cinco anos no escritório?

KS Eles normalmente trabalham aqui por algum tempo, talvez seis ou sete anos, e depois saem e tentam montar seu próprio escritório.

AZ Mas vocês não contratam pessoas com experiência?

RN Gostaríamos, mas pessoas com experiência são em geral muito caras [risos]. Cinco anos atrás, não tínhamos projetos tão grandes, então não achávamos necessário contratar arquitetos experientes. Agora nossos projetos são um pouco maiores, então... Com frequência, quando pegamos um projeto grande novo, pensamos em contratar pessoas experientes, mas na verdade isso nunca aconteceu.

KS Encontramos jovens com mais facilidade, normalmente. Sabemos que é muito mais útil trabalhar com pessoas experientes em alguns aspectos do processo de projeto, e às vezes sentimos que precisamos de pessoas experientes, mas ao mesmo tempo é muito difícil para essas pessoas se integrarem completamente a nosso modo de trabalhar. E isso pode chegar a ser problemático.

RN É, e acabamos sempre pensando que podemos fazê-lo nós mesmos.

AZ Você diz em termos do desenvolvimento do projeto?

KS Sim, é melhor desenvolver o projeto com jovens, mas...

RN Nós discordamos nesse ponto. Temos opiniões um pouco distintas... Sejima quer fazer tudo. Minha abordagem é tentar oferecer definições profissionais mais claras, de modo que possamos nos concentrar nos aspectos relativos ao desenho arquitetônico.

KS Eu prefiro a ideia de trabalhar com uma equipe jovem e impulsionar tudo em todas as direções.

AZ Sim, entendo perfeitamente, porque acontece quase a mesma coisa entre Farshid [Moussavi] e eu. Ela está mais interessada no panorama, e eu tento me concentrar nas especificidades do projeto. Começar com um escritório menor e crescer significa ter que definir em que medida sua participação afeta o projeto...

Vamos falar sobre temas mais gerais. Por exemplo, sobre como começaram a trabalhar em muitos projetos fora do Japão. Que diferenças notaram ao trabalhar na

Holanda, na Austrália e na Itália, em comparação com o modo pelo qual atuam aqui?

KS Essa é outra diferença em relação a nossa situação de cinco anos atrás: começamos a receber convites de outros países, mas na realidade ainda não terminamos os projetos, nem chegamos a construir fora do Japão. Por isso, acho que ainda não conhecemos outras maneiras de fazer as coisas. Estamos começando o processo justamente agora, com o projeto para o Stadstheater [De Kunstlinie] em Almere, na Holanda.

AZ Mas se dedicaram bastante ao projeto do Museum of Contemporary Art de Sydney, não é?

KS Não. Tivemos que deixá-lo em suspenso.

AZ Não chegaram nem a um projeto básico ou a um detalhamento? Em que ponto o projeto parou?

RN Parou logo no início.

AZ Entendo. De modo que realmente não tiveram tempo de explorar nada com ele. Mas e quanto ao projeto italiano, o da revitalização do centro histórico de Salerno?

KS Esse projeto, por enquanto, tem um futuro incerto.

AZ Vocês acham então que ainda não é possível avaliar o processo em outros países. Mas com o projeto holandês, por exemplo, estão formando uma equipe para trabalhar com um arquiteto local ou o estão fazendo por conta própria?

KS Encontramos um escritório local para colaborar conosco. Em todo caso, acho que, se comparado ao Japão, os clientes estrangeiros respeitam mais a opinião dos arquitetos.

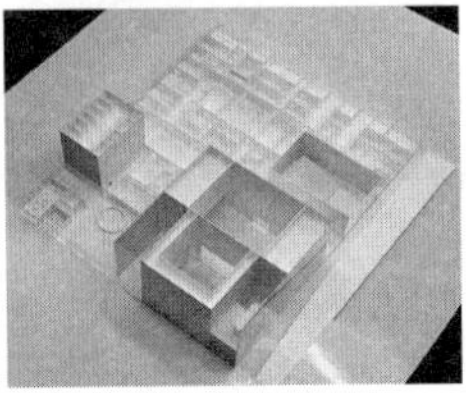

Stadstheater [De Kunstlinie], Almere, 1998-2006

Revitalização do centro histórico de Salerno, concurso, 1998

RN Um amigo sugeriu que trabalhássemos em conjunto com um escritório que oferece bom suporte técnico. Na Itália, os arquitetos parecem ter muita influência. No Japão não é assim.

AZ Concordo que o prestígio do arquiteto no Japão não é muito alto na escala social em comparação com outros países. Talvez aqui sejam vistos mais como técnicos ou algum tipo de especialista. Essa é uma das razões por que fiz a pergunta, pois trata-se de um aspecto paradoxal da situação japonesa – o fato de que, de algum modo, a ideia do arquiteto como consultor seja muito mais uma influência do Ocidente. É como se aqui o arquiteto fosse o empreiteiro, a pessoa que faz o edifício diretamente, e eu estava curioso para saber se vocês tiveram a chance de saber como era isso em seus projetos estrangeiros.

Vamos passar para um tema um pouco diferente. Estes cinco anos de que estamos falando coincidem com uma crise muito séria na economia japonesa. Ouvi algumas pessoas, mesmo entre meus clientes, dizerem: "Ah, a nova geração de arquitetos japoneses não está mais interessada nos excessos dos arquitetos locais da década de 1980, e estão muito mais interessados na função ou na racionalidade da construção". Como vocês relacionam suas práticas ou seus interesses com essa ideia? Vocês se consideram parte da nova geração de arquitetos japoneses, que talvez seja diferente da geração de [Shin] Takamatsu ou [Atsushi] Kitagawara, os arquitetos mais célebres dos anos 1980? Acham que seu trabalho foi afetado por esse contexto econômico, que requer mais contenção no projeto? Para mim, seus projetos são muito racionais, muito modestos. Creem que isso é parte de uma sensibilidade do momento atual – que os excessos já não interessam à sua geração? Ou acham que faz parte de suas tendências estéticas, de seus interesses?

KS Acho, claro, que a economia é um fator importante para toda prática arquitetônica. Mas não creio que tenhamos uma relação particularmente forte com a economia japonesa quando projetamos. Me parece que a geração mais jovem não está muito interessada em alcançar grandes realizações. Em Tóquio, os arquitetos mais jovens perderam o interesse pelas formas grandes, porque sentem que não fazem mais sentido.

AZ Então, em que medida vocês se incluem nessa nova geração, desse contexto japonês mais específico? Vocês se veem como parte de uma geração de arquitetos com interesses comuns, impulsionados pelas mesmas forças, ou não? Gostam de pensar que têm certas afinidades com Jun Aoki, por exemplo, ou com outros arquitetos, mais velhos ou mais jovens, que trabalham hoje no Japão?

KS Nishizawa e eu temos dez anos de diferença de idade, então acho que isso é um pouco distinto para ele. Aoki tem a mesma idade que eu, de maneira que me sinto próxima a ele nesse aspecto. Mas, em geral, tenho a sensação de estar entre uma geração mais velha e outra mais jovem. Se eu tivesse que escolher, diria que tenho mais afinidade com a geração mais jovem, mas creio que desse grupo sou a mais velha. A ideia de geração é na realidade imputada por outras pessoas, de modo que os envolvidos não sabem bem onde se encaixam.

RN Meus amigos que exercem a profissão são todos muito novos. Não têm muita experiência nem muitos projetos ainda. Acho que há muitos bons arquitetos fazendo um bom trabalho, mas quando você está nos seus trinta anos, realmente não dá para saber se será capaz de se tornar um arquiteto independente e, portanto, fazer parte de uma tendência geracional.

AZ Então, vocês acham que seu trabalho não é impulsionado pelas mesmas forças que afetam outras pessoas? Que em certa medida é independente ou único?

RN Você diz independente em relação à economia japonesa?

AZ Sim, ou em relação às situações que os rodeiam. Quer dizer, vocês acham que seu trabalho é, em certa medida, uma reação às limitações externas e condições sociais existentes – determinado não apenas pela economia, mas também pelas importantes mudanças sociais que estão ocorrendo hoje no Japão –, ou é impulsionado mais por uma lógica interna ou por preocupações relacionadas especificamente à organização arquitetônica, a interesses estéticos e formais ou a operações conceituais?

KS Logo que comecei, estava mais interessada em tecer algum tipo de relação entre o que chamo de ação e campo. Agora procuro pensar em vários tipos de limite ao mesmo tempo, não apenas os físicos, como entre salas ou espaços, interior e exterior. Mas acho que sempre me interessou a ideia de como desenhar a planta, que também significa como traçar limites.

AZ E o que isso significa quanto à relação com o exterior?

KS Devo dizer antes que, apesar de trabalharmos juntos, temos interesses ligeiramente distintos.

AZ Isso também é muito interessante: observar a contribuição de cada um no trabalho. Nesse sentido, a obra mais recente de vocês tem sido direcionada por fatores externos ou impulsionada por um interesse (talvez mais representado por Sejima) no refinamento de certos efeitos arquitetônicos, reduzindo-se assim a uma abordagem quase fenomenológica da arquitetura?

RN Todos os arquitetos devem responder ao ambiente que os envolve, e a percepção também é algo básico da arquitetura, de modo que a questão é saber o alcance desses aspectos, e como você realmente os vê. Por isso não acho que Sejima seja completamente...

AZ Eu sei, mas o que tentamos fazer numa entrevista é levar as coisas ao limite, exagerando até, porque, caso contrário, tudo se torna quase a mesma coisa. Por isso estou tentando forçá-los um pouco a definir, mesmo em parâmetros extremos, suas crenças ou seus interesses. Essa é a razão por que estou categorizando Sejima como mais interessada numa espécie de abordagem experimental e fenomenológica, e Nishizawa voltado a um interesse mais estrutural ou superestrutural, dirigido mais por restrições externas. Mesmo que, é claro, isso seja uma caricatura. Mas uma entrevista é sempre uma caricatura.

KS Entendo.

AZ Bem... Obviamente há algo em sua obra que se relaciona com as condições estruturais, as condições externas, e há também essa abordagem mais estética, fenomenológica. Talvez possamos retomar aqui duas coisas que Sejima mencionou antes. Uma foi que, ao contrário das gerações anteriores, você está interessada em programas, não em formas. A outra foi que lhe interessava uma relação quase psicológica ou perceptiva entre o sujeito e o edifício. Poderiam falar mais sobre isso? Porque são duas abordagens diferentes. Talvez o enfoque programático seja mais estrutural – tem mais a ver com o modo pelo qual as atividades são distribuídas no edifício e como os programas acontecem no interior da estrutura –, enquanto a outra abordagem se refira mais ao tipo de efeito fenomenológico que acontece no edifício. Acho que aqui estamos chegando a algum lugar, pois ao menos assim é minha percepção de sua obra: profundamente dedicada a trabalhar sombras e transparências, membranas ou percursos, mas ao mesmo tempo respondendo com muito rigor às encomendas, à organização das atividades no edifício. Sendo Sejima a atriz da operação fenomenológica, e você, Nishizawa, o ator estrutural, dono de uma abordagem mais programática, vocês poderiam agora desenvolver essas questões?

KS Na realidade, quando estamos tentando tomar decisões, com frequência Nishizawa é que pensa sobre como o edifício será percebido. E também, com relação a esses dois temas que você separou, minha impressão é que, no escritório, pensamos neles realmente como se fossem a mesma coisa.

AZ Eu sei, mas quero insistir, porque de fato queria falar sobre essas coisas, especificamente. Vamos então olhar para alguns projetos sob esses aspectos. Um exemplo muito claro para mim é o edifício de apartamentos Kitagata, em Gifu. Talvez vocês pensem de outro modo, mas entendo que o projeto foi gerado por uma ideia muito simples, que é tornar as unidades tão transparentes quanto possível. Converter um bloco de apartamentos em algo muito transparente, de modo que quase se possa ver a radiografia do edifício. Essa é uma abordagem fundamentalmente perceptiva: vocês buscam certo efeito, certa aparência física do bloco, o que os obriga a crescer o edifício em altura a fim de tornar o volume o mais delgado possível. Por isso, talvez nesse caso possamos dizer que há um enfoque perceptivo – uma espécie de questionamento fenomenológico desde o início do projeto – e que esse enfoque gerou a organização do edifício e do programa. Talvez possamos começar a falar sobre projetos específicos para tentar ver onde o interesse programático precede os efeitos fenomenológicos ou onde tais efeitos norteiam o projeto. Não sei – pode ser uma impressão minha, mas creio que o trabalho começa geralmente com alguma intenção fenomenológica, certa vontade plástica, ou com uma relação entre volumes ou com a materialidade dos edifícios, e que então toda a tecnologia, todos os sistemas e todos os outros aspectos vêm para sustentar de alguma forma a intenção original. Mas pode ser que não seja assim. O que acham? Talvez possam citar outros exemplos de edifícios que possuem um ponto de partida programático ou fenomenológico.

Edifício de apartamentos Kitagata, Gifu, 1994-98

RN No caso do edifício de apartamentos em Gifu, se eu tivesse que identificar o ponto de partida, diria que se há algum é o programa. No início, os clientes nos deram uma lista detalhada de quantas unidades precisavam e os requisitos de cada tipo. Deveria haver umas trinta unidades com dois quartos e 75 com três etc. etc., e cada unidade com área total de setenta ou oitenta metros quadrados etc. Começamos a partir dessa lista, e isso nos levou ao projeto.

AZ Mas não acho que seja isso o que gera um projeto. Isso são apenas dados que vocês têm de organizar. Na minha opinião, o que gera o projeto é uma declaração: dizer, por exemplo, "vamos tentar fazer esses apartamentos tão transparentes quanto possível".

KS Para nós, pensar em como organizar o programa significa, de fato, estudar a organização da parte da fenomenologia invisível, ou da experiência.

RN A organização programática toca nos princípios objetivos ou matemáticos da experiência, em vez de pensar a percepção puramente do ponto de vista do indivíduo. A ideia de experiência é algo problemático, já que para falar dela nos referimos à maneira como um corpo humano individual sente as coisas, e isso depende muito de você estar de bom ou mau humor, de o sol estar brilhando e o tempo estar bom. Então, tentamos pensar em algo que esteja além desse tipo de experiência. Sentimos que a percepção de cada indivíduo é tão dependente do emocional e de outras variáveis que escapam ao nosso controle, e que, como indagação arquitetônica, muito rapidamente se torna um fim em si mesma.

KS Estou mais preocupada com a massa arquitetônica, sua fisicalidade, como ela aparece em várias circunstâncias. Creio que a situação econômica é apenas uma das condicionantes, o fator estético é outra, e todos esses aspectos juntos configuram o todo.

RN Assim, por exemplo, em Gifu, o lado das escadas foi muito importante para pensar sobre a massa construída. Antes da conclusão dessa obra, havia uma densidade muito baixa naquele terreno, edifícios de dois andares, mas há leis no Japão que determinam que os conjuntos habitacionais devem ser reconstruídos depois de mais ou menos trinta anos. Quando esses são refeitos, sua área total construída deve se tornar quatro vezes maior, porque é necessário que cada unidade dobre de tamanho, e o número total de unidades por área de terreno também deve ser duplicado. Isso significou que de início enfrentamos uma questão fundamental: como lidar com um volume que devia ser quatro vezes maior que os blocos habitacionais existentes no terreno. Elaboramos muitas opções formais possíveis usando o mesmo volume total. No fim, entendemos que, mesmo que o edifício acabasse sendo muito grande e alto, se fosse delgado o bastante não seria tão ruim para o entorno.

AZ Sim, mas não acho que seu bloco pareça necessariamente menor. Foram convidados quatro arquitetos para o empreendimento em Gifu, e há abordagens diferentes para a organização do programa. Provavelmente os outros arquitetos também tinham certas prescrições determinadas pelo cliente, e no entanto...

RN Não é que quiséssemos realmente que parecesse menor, mas apenas controlar o impacto. As exigências programáticas do governo pedem de fato um monstro – não podíamos simplesmente ignorar esse aspecto sem ser irresponsáveis, mas também não podíamos apenas aceitar isso. Sc tínhamos que fazer um monstro, queríamos controlá-lo e tentar fazer o melhor dele.

KS No início, tínhamos duas opções para a implantação, que haviam sido preparadas pelo escritório de Arata Isozaki. As formas da volumetria foram então trabalhadas por todos os arquitetos envolvidos no projeto. Uma delas foi a que finalmente construímos, e a outra consistia em fazer um projeto de dois andares. Também era possível resolver o programa com dois andares. O projeto como um todo poderia ter sido uma extensão plana sobre pilotis. Mas os outros arquitetos do grupo estavam inclinados a fazer volumes de seis ou oito andares. Se de repente fizéssemos volumes de dois ou três andares, ficariam muito diferentes dos outros, então acabamos por...

RN Discutimos com todos os arquitetos envolvidos a ideia de Isozaki, de fazer volumes de sete ou oito andares de modo que os próprios edifícios pudessem conformar um limite dentro do plano diretor. A versão de três andares não se encaixava nesse traçado, assim finalmente decidimos fazer os blocos.

AZ Sim, todos os outros fizeram blocos, mas o seu é especial porque se propuseram a fazer um bloco que fosse o mais delgado possível. Não sei, estou tentando interpretar o que disseram. E parece que, uma vez que optaram pelo bloco, sua principal intenção foi fazê-lo o mais transparente possível. Ainda que usem elementos opacos, a maneira como os corredores de acesso aparecem na fachada leva à ideia de vocês queriam fazer uma espécie de radiografia do bloco, para que todos que o olhassem pudessem ver o que acontecia dentro dele, em vez de enxergar uma massa. Vocês parecem querer mostrar as atividades, os trajetos que as pessoas fazem para ir a diferentes lugares, o tipo de encaixe entre as unidades e que figuras elas formam. Por isso acho que, em diversos aspectos, a afirmação que vocês estão fazendo é de caráter fenomenológico. Trata-se de organizar as coisas de modo que se apresentem de certa forma, em vez de deixar a organização simplesmente ditar como as coisas vão aparecer.

RN Na verdade, eu não gosto da fachada sul do edifício. Com um orçamento tão baixo, o interior e o exterior tiveram que coincidir no lado sul. Prefiro a outra.

KS Essa planta, com corredores contínuos ao longo de cada fachada, implica que estamos tentando esconder o interior, preservar alguma privacidade. Não queremos que tudo fique visível do lado de fora.

RN De fato, a intenção original era garantir alguma privacidade para os moradores – por exemplo, construindo um segundo corredor interno. Mas, com esse orçamento, essa quantidade de espaço e a capacidade para fazer várias manobras arquitetônicas, o resultado foi que o interior ficou exposto.

AZ E é disso que vocês não gostam?

RN Esse é o tipo de corredor comum nas moradias tradicionais japonesas. Tais corredores eram dispostos ao longo da borda exterior, de modo que a elevação se parece com a desse nosso edifício, mas com portas de correr. O limite é muito suave, mas nunca expõe a privacidade do que está acontecendo dentro. Acho que essa ideia tem alguma conexão com nosso projeto.

AZ Bem, você está dizendo agora que a ideia por trás dos blocos de Gifu não é tanto uma vontade de transparência, mas sim de organizar os cômodos de modo que cada um tenha um espaço de transição em frente.

RN Sim. Por isso, quando disse antes que prefiro a fachada norte, estava falando sobre como a parede entre o exterior e o interior nesse lado não tem material transparente. Decidimos isso no início, pois o corredor de acesso é muito público. E então, por exemplo, quando o correio chega, a pessoa que faz a entrega não consegue reconhecer que casa é qual, e que unidade pertence a determinada pessoa. Isso significa que o interior não é revelado.

KS Ele quer dizer que em geral a extensão de cada moradia é claramente definida, onde ela começa e termina; as pessoas entendem que tal espaço é, digamos, de Sejima, a casa seguinte é de Nishizawa, e assim por diante. Mas, no caso de Gifu, é de Sejima mas também de outra pessoa, e logo Sejima aparece de novo na casa seguinte. Trata-se de um limite muito suave: apenas os materiais são opacos. Mas é muito difícil saber qual parte pertence a uma família em particular. Entende o que quero dizer?

AZ Sim, agora estou começando a entender.

KS Acho que, ao mesmo tempo, esse tipo de espessura fina é muito importante para mim.

AZ Por quê?

KS Queria fazer duas coisas. Uma é um novo tipo de limite, que é o que Nishizawa estava comentando agora: todo mundo quer ter alguma privacidade entre o espaço público e o privado. Normalmente conseguir privacidade significa ter que fazer uma parede muito espessa e sólida, mas queria encontrar outro caminho. Em Gifu, a composição da unidade dá alguma privacidade, porque ninguém consegue entender que parte pertence a determinada família. Isso fica evidente na elevação com o corredor público. É muito homogêneo, uma vez que existem muitas portas, mas sem tubulação ou janelas pequenas, de modo que de fora não se pode dizer que espaços são as salas de estar, quais são as cozinhas, e assim por diante.

Outra coisa que era um volume muito delgado, mas que tivesse uma planta que, mesmo delgada, as pessoas ainda não consigam entender o que está acontecendo no interior. O conjunto geral sim é apreensível, porque os orifícios dos terraços permitem ver, pela profundidade do edifício, o céu do outro lado.

RN Há muita habitação social no mundo – por exemplo, a Holanda tem muitos desses conjuntos habitacionais, com cinco ou seis andares, e o Japão também. Acho que tais edifícios acabam sendo sempre muito parecidos em todos os lugares. Se eu for a qualquer país em que nunca estive antes, provavelmente seria capaz de reconhecer quais edifícios são de habitação popular. Embora essas moradias sejam identificadas por certos tipos de edifício, acho que podemos fazer prédios bastante diferentes e que ainda assim se adequem ao uso mais acessível. Por isso, um dos grandes objetivos em Gifu foi reconsiderar essa suposta associação entre o programa e a forma, ou a ideia de que o programa se desenvolve de maneira simples ou natural até se transformar num volume determinado.

AZ Mas, em minha opinião, esse é um argumento negativo, é como dizer: "Estamos fazendo algo diferente, que é diferente pelo simples fato de ser diferente". Acho que há muitos outros argumentos positivos nesse projeto.

RN Se você olhar por dentro, o fato de ele ser delgado significa, por exemplo, que cada cômodo recebe luz solar. Externamente, a função de servir como um limite para o próprio terreno nos permite trabalhar com o espaço central, comum a todos os quatro projetos, e explorar até que ponto o volume é revelado ou escondido para a cidade.

AZ Creio que o sucesso desse projeto está no fato de que ele reúne alguns argumentos estruturais ou programáticos e outros mais perceptivos. Entre os organizacionais, posso ver as vantagens de ajustar-se à encomenda e fazer o volume e o jardim interno tão grandes quanto possível. Posso ver outras vantagens programáticas ou estruturais em reduzir a profundidade e fornecer luz direta do sol a cada cômodo. Também posso ver a vantagem ou o êxito de ter conseguido revelar de alguma maneira como as pessoas se deslocam pelo bloco. Por isso, gostaria de propor essa dicotomia que identificamos aqui: um interesse em questões estruturais ou programáticas combinado a um interesse em questões quase fenomenológicas ou experimentais.

Poderíamos agora passar para outro projeto, tentando ver onde os argumentos programáticos e onde os fenomenológicos e perceptivos aparecem. Por exemplo, o projeto do Stadstheater, em Almere. Como começaram o projeto? Qual é o argumento principal por trás do complexo na Holanda?

KS No projeto de Almere, a questão de como a massa construída se apresenta é realmente importante, pelo menos para mim. Antes, tentava expressar mais o interior que o exterior, mas aos poucos isso mudou. O modo como a massa existe está se tornando mais abstrato, porque estou pensando mais no entorno. Muitos aspectos do contexto que envolve o edifício me interessam, mas o que mais me importa no momento é o mundo da informação. Historicamente, os arquitetos tiveram que se relacionar com diferentes aspectos do entorno, mas sempre com as coisas reais – materiais ou formas, por exemplo. Hoje, quase metade de nossa vida diária está ocupada pela sociedade da informação – e, embora seja invisível, a arquitetura deve procurar ter algum tipo de relação com ela. Não sei que resposta seria, mas deve haver algumas possibilidades interessantes.

RN Há alguma relação entre essa sociedade da informação e a ideia de delgadez?

KS Sim, existe, mas não sei exatamente em que consiste. Pensar sobre a sociedade da informação parece ter a ver com especular sobre essa ideia de dimensão, do efeito da massa ou do volume sobre nós. Mas também com a capacidade refletora do vidro, em oposição a sua qualidade de transparência.

AZ Mas o argumento que vocês estão tentando construir parece se relacionar com a problemática da transparência, entendida como algo que, em vez de separar interior e exterior, conecta ambos, ou revela organizações. Quer dizer, agora estão assumindo a bandeira da influência social e programática em seu trabalho. De que forma será possível traduzir a sociedade da informação de maneira fenomenológica?

KS O que entendo por transparência é um pouco diferente de ser capaz de ver. Para mim, a sociedade da informação está mais relacionada ao não ver.

AZ E é por essa razão que estão cada vez mais interessados em certa opacidade, ou numa diferenciação entre a organização interna e a externa? Vocês acham isso uma interpretação adequada do que estão dizendo?

KS Não é só a diferença entre interior e exterior que nos interessa, mas também, em termos gerais, a definição do que há entre os espaços. Pode ser que na sociedade da informação não haja movimento físico nos limites entre os espaços, mas ainda é possível ter flexibilidade. Normalmente, quando se pede aos arquitetos que façam uma estrutura flexível, eles pensam numa estrutura com grandes vãos e pequenas divisórias móveis. Isso é muito difícil, e é claro que alguma mobilidade é importante para a flexibilidade.

No caso do projeto na Holanda, os espaços são muito comuns. Nada se move, mas as pessoas podem usá-los de maneira muito flexível. Quanto à estrutura, trata-se de uma questão muito prática. Quis pensar na hierarquia entre as divisórias e a estrutura, e tentar reduzir tal hierarquia. Normalmente, se o programa exige um hall muito grande e muitos espaços menores para diferentes cômodos, a estrutura torna-se muito grande e esses pequenos espaços são feitos dividindo o vão em cinco, seis ou dez partes; na contramão disso, o que tento fazer, se preciso de um espaço muito menor, é torná-lo realmente parte da estrutura exatamente como o espaço maior.

AZ Ou seja, associar a estrutura às dimensões do programa. Mas parece que agora vocês não estão mais falando sobre como percebem as coisas, e sim de como as programam.

KS Acho que, no interior, é possível alguém estar em qualquer espaço e ter consciência de todos os outros espaços ao redor. Mesmo que sejam espaços profundamente embutidos na planta, eles são vivenciados como se o exterior estivesse imediatamente ao lado. Essa sensação se desenrola incessantemente à medida que você se move em torno do edifício. Antes, por exemplo, com o conjunto habitacional de Gifu, a experiência estava mais relacionada a estar num espaço intermediário. Apenas por causa da forma do edifício, pelo fato de ser alto e estreito, a vivência do interior e do exterior era muito mais intensa, enquanto no Stadstheater a experiência é transferida para a relação entre os cômodos.

AZ Você concorda com isso? Que o tipo de organização que estão construindo na Holanda é radicalmente diferente da feita em Gifu?

RN Bem, acho que também há algumas semelhanças. Ambos buscam gerar certa flexibilidade do sistema ou método através da repetição de unidades espaciais. Só que no conjunto de Gifu isso é feito no corte, enquanto em Almere se faz na planta.

AZ Parece haver um vínculo entre a ideia de "cultura da informação" e uma noção de flexibilidade na maneira de pensar a própria parede, ou a unidade programática do espaço que é configurada por essa parede. No raciocínio que Sejima começou, ela dizia que há uma função, mas a função não se traduz necessariamente na forma. Isso porque no espaço "entre" há uma espécie de ideal, um modo genérico de construir a experiência das funções contemporâneas, como ditadas pela sociedade da informação. Por isso seria possível sintetizar essa "sociedade da informação" no exterior do projeto, que pode depois vir a retroalimentar a organização da forma. A forma não é organizada diretamente pelo programa, mas há um movimento que leva à definição de uma relação entre interior e exterior – um interesse em certas qualidades materiais, usado para formalizar a obra.

Agora precisamos saber mais sobre o tipo de experiência arquitetônica que vocês consideram característico dessa cultura ou sociedade da informação contemporânea. Talvez possam descrever as qualidades dos materiais em termos arquitetônicos, quanto à relação entre interior e exterior – sobre as relações materiais de transparência, translucidez e opacidade. As funções são imediatamente visíveis ou estão encerradas dentro de outra coisa, de modo que não se vê necessariamente sua corporificação? Essas são as coisas que gostaria de discutir sobre seus projetos.

KS E não apenas a sociedade da informação?

AZ Se seguíssemos esse raciocínio, diríamos que o cliente nos dá o projeto, o programa, e nós arquitetos apenas pegamos e aplicamos determinados critérios estruturais e os transformamos numa forma. Mas há certas qualidades formais ou materiais que lhes interessam, e que não são necessariamente ditadas pelo programa específico. Pelo contrário, são determinadas por sua sensibilidade a fatores externos que afetam o cotidiano, o modo como os edifícios são construídos, o processo econômico que afeta seu orçamento, ou o que quer que seja. Mas acho que estabelecer esse conjunto ideal de efeitos fenomenológicos seria interessante e esclarecedor a respeito da obra de vocês. Porque, por exemplo, vocês foram incluídos numa exposição sobre a leveza. É bastante óbvio para qualquer um que vocês estão interessados nos efeitos de translucidez, transparência.

KS Procuro uma transparência sem necessariamente usar um material transparente. Portanto, não se trata de uma transparência literal; ela pode ser alcançada, por exemplo, por meio de estratégias de desenho...

AZ Ok, mas estou tentando entender como você faz isso. Gostaria de saber de que modo faz a tradução entre a ideia funcional ou programática e o produto final. Acho que estávamos indo na direção certa quando você disse que estava interessada na opacidade ou numa oposição ou desconexão entre o interior e o exterior, e disse também que se interessava por uma junção entre a estrutura e a definição programática. Assim, por que não continua com a descrição do projeto do teatro na Holanda?

KS No projeto para o Stadstheater, foi muito importante para nós que não houvesse diferenciação entre divisórias e estrutura. Assim, parte de cada parede funciona dentro da estrutura total. Muitas partes pequenas da parede contribuem para a estrutura geral. E tentamos fazer com que as espessuras de todas as paredes fossem as mesmas. Isso significa que, em cada uma das paredes, uma parte é estrutural, uma parte é transparente, algumas partes são opacas, e outras partes são destinadas à acústica. De modo que todos os materiais têm o mesmo valor.

O conjunto geral é obtido pela reunião de programa, geometria, acabamento acústico e aspectos estruturais, todas essas partes. O edifício apresenta, portanto, certa estratificação, e cada parede produz uma sensação particular de cada um dos lados. Cada ambiente em si mesmo pode não parecer extraordinário, mas permitir que as próprias pessoas conectem os espaços significa que há muitos modos de perceber a arquitetura do todo. Assim, espero que cada vez que alguém entre no espaço vivencie algo diferente. É a soma de todas essas experiências que forma o edifício.

AZ Estou curioso sobre duas outras qualidades desse projeto. Uma é que vocês não criaram um espaço de circulação, ou evitaram, intencionalmente ou não, corredores que conectassem os ambientes: eles são atravessados sem um espaço específico de circulação. Por que acham que isso foi parte do conceito? Isso também acontece em algumas de suas outras obras. Em alguns projetos de casas e em outros, vocês também jogam com a ideia de mesclar os espaços de circulação no conjunto.

RN A arquitetura japonesa tradicional tem muitas variações de tipos de projeto. Por exemplo, há esse tipo em que a estrutura é muito delgada; seu peso material parece muito similar ao de uma porta: muito leve, nada resistente. Não é tão óbvio qual parte do edifício é estrutural – tanto a estrutura física quanto o arcabouço projetual. Todas as partes do edifício podem ter o mesmo peso porque tudo – planta, porta e função – é o mesmo. Diferentes cômodos são interconectados. É uma mistura, e não muito homogênea. Acho essa estrutura é muito interessante.

AZ Essa discussão sobre a estrutura me lembra outro tema que identifico em alguns projetos de vocês – a proposta do concurso para o New Campus Center do Illinois Institute of Technology, por exemplo. Me parece que foi uma ideia muito interessante eliminar quase toda a estrutura, transformando-a num bosque. Em vez de optar pela típica estrutura miesiana, creio que foi uma decisão muito inteligente dizer: "Vamos multiplicar a estrutura de modo que se torne algo mais, um bosque. Assim, criaremos uma continuidade estrutural que se estende por toda a planta". Talvez esse seja outro tema que vocês têm explorado: um enfoque na estrutura baseado também em algo...

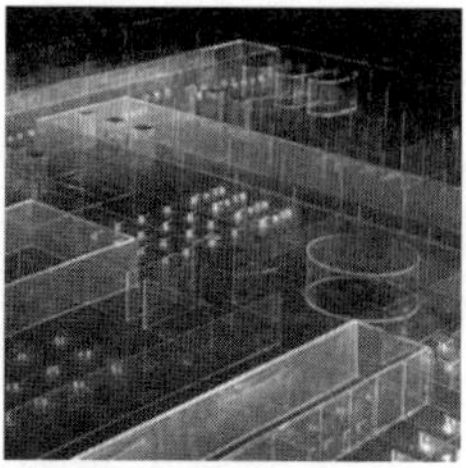

New Campus Center, Illinois Institute of Technology, concurso, Chicago, 1997-98

KS Nesse projeto, escolhemos um pilar muito pequeno, delgado, e um vidro muito espesso para as divisórias. Queríamos estudar uma ideia de reduzir a hierarquia usual entre estrutura e divisória, em que a estrutura vem primeiro e as divisórias são o preenchimento. Por isso tentamos fazer com que a estrutura desaparecesse e as divisórias se tornassem mais grossas e pesadas.

AZ De certo modo poderíamos falar aqui de uma transparência fenomenológica. Não que esses elementos sejam realmente transparentes ou que vocês eliminem a estrutura para proporcionar flexibilidade, ao contrário: o que estão fazendo é colocar esses elementos em seus lugares, e, em seguida, fazer com que desapareçam ao transformá-los em outra coisa, seja como divisórias ou simplesmente pela maneira geral como se vivencia o espaço. A imagem da estrutura fica desfocada.

KS Minha ideia sobre a flexibilidade não é a de uma flexibilidade literal, mas uma flexibilidade que pode ser entendida pelo indivíduo, através da própria experiência.

RN Há pouco, Sejima explicou esse projeto como se ela mesma estivesse se movendo através de todos esses espaços, mas acho que a palavra ou a ideia da "experiência" não é realmente apropriada para descrever o trabalho. Creio que há muita ênfase nesta conversa sobre o aspecto da experiência em nossa forma de pensar.

AZ Sim, concordo, mas isso talvez seja o interessante sobre a ideia de propor uma estrutura com uma experiência genérica em mente. Não se trata da experiência do corpo se movendo no espaço, e sim de uma orientação geral para produzir certo efeito, como eliminar a estrutura, ou fazer algo muito transparente ou muito opaco. Para mim, é como se houvesse uma espécie de regra geral que se aplica para organizar o projeto. Mas nesse sentido – e esta é outra questão relacionada aos pressupostos que vocês usam em seu trabalho – por que vocês têm ou parecem ter uma preferência por estruturas ortogonais, em malha? A malha parece fazer parte do modo como vocês estruturam as coisas, e mesmo que não seja o mais importante, o fato é que ela aparece com frequência nos projetos. Por que vocês tendem a usar essa malha ortogonal? Pergunto isso porque acho que essa é uma das principais diferenças entre seu trabalho e o da geração da década de 1980, que estava muito mais interessada em formas irregulares. É inclusive uma das principais diferenças em relação à obra de Toyo Ito. Ito também usa malhas, mas, definitivamente, joga com aquilo que está no interior delas. Creio que o trabalho de vocês, de algum modo, está mais interessado em explorar a própria malha do que algo fora desse sistema estrutura à malha ortogonal. De onde vem isso?

RN **A malha, na "versão Ito" – na qual há uma malha ortogonal e uma oval –, cria uma diferenciação clara entre a estrutura e a ação ou o espaço.**

AZ Provavelmente, Ito faz isso porque começa com certa estrutura, mas está mais interessado numa definição informal do espaço arquitetônico. Talvez a Mediateca de Sendai seja uma conquista em sua carreira, porque nela ele se afasta dessa contradição. Mas, no caso de vocês, acho que é como se aceitassem que a forma do programa não é tão crítica nem pode ser restringida e formalizada segundo uma malha ortogonal. Em alguns aspectos vocês não questionam a malha ortogonal. Acham que é adequada, que os mesmos efeitos podem ser alcançados sem questioná-la como geometria. Talvez usando outros materiais ou outros recursos. Para mim, um dos aspectos mais interessantes de seu trabalho é que parece guiar-se por uma definição formal muito precisa e rigorosa. Vocês não estão interessados no informe, ou em formas vagas. Preferem a definição geométrica, de contornos definidos. Mas, então, pergunto: por que decidiram aceitar a malha ortogonal como uma condição importante em seu trabalho? Apesar de que, por exemplo, da última vez em que estive aqui, creio que me mostraram uma pequena casa que estavam fazendo no centro de Tóquio, em que começavam a deformar a malha tridimensional. Mas até o momento, o trabalho de vocês não explorou outra forma de geometria, talvez porque a retícula ortogonal seja mais imediata – e mais fácil de fazer. Por que se interessaram pela definição formal? Por que decidiram limitar o trabalho de vocês, em sua maior parte, à ortogonalidade?

RN A realidade dos materiais de construção é que eles são ortogonais. E embora você possa dizer que o concreto, por exemplo, tem potencial plástico, as fôrmas são feitas de forma ortogonal. Então, quando faz algo com uma forma curva ou com alguma parte curva, fica evidente que está se esforçando demais ou sendo muito artificial.

No Japão, há dois tipos de construção, completamente distintos: a engenharia civil e a arquitetura, e ambas usam concreto. No caso da engenharia civil, as formas provenientes dela, mesmo que pareçam retas, são na verdade sutilmente curvas. Se construírem canais ou pontes extremamente retos, considera-se um esforço excessivo ou algo artificial. Por isso, não faríamos uma forma ortogonal se nos fosse pedido para projetar uma barragem. Mas no campo da arquitetura é o contrário. Se você se esforça muito para fazer algo curvo, está indo contra o próprio projeto. Ainda assim, tentamos fazer algumas curvas em nosso trabalho, embora cada vez que façamos isso tomemos muito cuidado com a maneira como isso acontece.

KS Outro motivo, em minha opinião, é que entendemos o programa de modo muito abstrato, portanto, não pode traduzir-se numa forma. Não pode transformar-se em algo que seja uma forma identificável, simplesmente porque é muito abstrato para ficar tão bem definido. Assim o mais importante é como as relações acontecem.

AZ Essa afirmação de que o interesse de vocês no programa tem a ver principalmente com suas adjacências ou contiguidades – em vez de tomá-lo como determinante formal –, é bastante reveladora. Voltando ao projeto na Holanda, essa adjacência não seria um argumento original no projeto?

KS A adjacência é o objetivo, mas decidir qual coisa vai ao lado de outra é impossível. Há muitas possibilidades, e de algum modo acabamos optando por uma. O mesmo acontece no projeto do conjunto habitacional de Gifu. No corte há muitos padrões, e por isso é difícil decidir sobre o final. Se tivéssemos mais tempo, continuaríamos a pesquisar e testar cada vez mais opções...

RN O programa não nos interessa em termos funcionais.

AZ Então, em que sentido o programa interessa a vocês?

RN Nós o levamos a sério, porque é muito importante. Mas não é possível passar do programa para a arquitetura num salto. Não é possível usar o programa como uma lógica geradora da arquitetura. Fazemos estudos esquemáticos baseados no programa e os usamos para tomar pequenas decisões. Ou seja, respeitamos o programa, mas não é suficiente – não podemos converter isso em arquitetura.

AZ Essa é uma explicação muito clara; acredito que saibam o que Rem Koolhaas disse dez anos atrás, sobre como o programa era muito importante. E agora todo mundo tenta fazer híbridos arquitetônicos, mas ninguém é capaz de falar sobre isso–portanto, já estava na hora de aparecer alguém dizendo: "Não, o programa não me interessa". Isso não significa não satisfazer as exigências do cliente, mas o programa é algo que está lá, que é fornecido pelo cliente, e o que você faz é organizá-lo ou usá-lo de certa maneira. Por isso acho essa afirmação muito forte.

RN É possível fazer muitas plantas distintas, com opções diferentes, a partir das mesmas exigências programáticas. Podemos gerar milhares de opções. Mas, como disse antes, o programa não é muito útil para decidir o projeto final. De alguma maneira decidimos, mas é muito difícil de dizer especificamente qual critério específico está influindo quando decidimos sobre a planta final.

KS Assim, cada projeto acaba usando critérios diferentes para decidir que cômodo vai em que lugar; os projetos são decididos caso a caso. Nada predomina: nem a estética, nem os detalhes construtivos, nem os regulamentos, nem a comodidade do interior. Apenas colocamos sobre a mesa todos os motivos, menores ou maiores, para tudo. Eles se sobrepõem, ou se juntam, em muitos padrões diferentes, e a partir daí tomamos uma decisão.

AZ Parece então que o tempo é um critério definidor, já que o projeto poderia durar para sempre. É como se o modo como organizam o trabalho fosse quase puramente experimental. Testam opções e mais opções, têm um conjunto vago de questões para o projeto, e não há critérios finais para tomar as decisões. Em vez disso, o projeto é finalizado apenas no momento em que expira o prazo de entrega. Isso é bastante diferente da postura de um arquiteto moderno, que diria: "Bem, este projeto é assim ou assado por causa desta ou daquela razão", e agiria como se seu trabalho tivesse o caráter de "terminado", que o edifício só podia ser daquele jeito, e não de outro, afirmando que haveria uma coerência interna nos argumentos. Mas vocês parecem estar renunciando ao momento final, ao encerramento do projeto, em favor de um desenvolvimento potencialmente infinito. Imagino que em cada um desses modelos haja razões parciais para explicar o projeto. Mas isso significa que vocês nunca se sentem totalmente satisfeitos com o resultado de um projeto, ou que não conseguem explicá-lo de maneira totalmente consistente?

RN Quando damos palestras, sempre nos dizem que a lógica entre o motivo e o resultado é convincente demais. Acho, por exemplo, que deveríamos pensar no conjunto de Gifu como um sistema, mais do que nas partes individuais que compõem esse sistema. Ninguém pergunta: "Por que esse tem forma de L e aquele de I?". Por motivos similares, nas palestras de Ito, ninguém pergunta em relação à Mediateca de Sendai: "Por que essa coluna é formada por 48 partes, em vez de cinquenta?", ou "Por que a divisória de vidro é composta de peças de oitocentos milímetros em vez mil?". Todos observam apenas o sistema, e há muitas coisas que tornam-se de fato invisíveis.

AZ Mas você acha que o sistema existe de fato? Você parece estar dizendo que não há um sistema muito claro para organizar o projeto; que o resultado do projeto é sempre o produto de uma espécie de conjunto nebuloso de interesses, problemas ou ideias, que não há nenhuma maneira coerente de desenvolvê-lo. Provavelmente um arquiteto moderno teria afirmado que seu trabalho funciona de determinada maneira por esta ou aquela razão, mesmo que fosse mentira. Alguém teria defendido o contrário, ou seja, que há um sistema perfeito e este sistema evolui para determinado resultado.

RN Ouvi um boato de que, na Unité d'Habitation em Marselha, a maneira de decidir aonde cada cor iria era pegando as três cores e usando-as ao acaso. Nós nunca faríamos isso.

AZ É uma afirmação interessante. Vocês nunca usariam um procedimento aleatório para determinar um projeto.

KS Sempre tentamos achar uma razão para tudo, mas isso depende do projeto. No caso de Gifu, tentamos limitar o número de tipos. Estudamos também muitos outros tipos, mas, para nosso próprio bem-estar e pensando no que seríamos capazes de desenvolver, limitamos o projeto a dez ou doze tipos de unidade. Esses tipos foram decididos fazendo malabarismos com muitos fatores. Por exemplo, as escadas públicas definiam um limite. Tentamos colocar o menor número possível de escadas públicas, nos mantendo dentro do regulamento, o qual também especifica quantos metros deveria haver da porta até o começo da escada, e que não se podia colocar portas de entrada em frente aos patamares. E muitos outros fatores também foram importantes – nesse tipo de situação, por exemplo, em que há dois jardins que se tocam diagonalmente nos cantos, o detalhamento se torna muito difícil.

Tentamos encontrar muitas razões para cada decisão, e assim finalmente conseguir decidir. Mas acho que sempre há outras opções possíveis...

ALEJANDRO ZAERA-POLO nasceu em Madri, em 1963. Formou-se na Escuela Técnica Superior de Arquitectura, e fez seu mestrado na Graduate School of Design da Universidade de Harvard. Trabalhou no OMA de Rem Koolhaas, em Roterdã, entre 1991 e 1993, antes de fundar seu escritório FOA (Foreign Office Architects) e, em 2011, o AZPA, hoje denominado AZPML (Alejandro Zaera-Polo and Maider Llaguno Architecture). É responsável por importantes e premiados projetos ao redor do mundo, como o Terminal Portuário Internacional de Yokohama. Sua atuação acadêmica tem igual peso: além de ser professor visitante nas universidades de Columbia, Yale e Califórnia (UCLA), lecionou na Architectural Association de Londres (1993-99) e foi diretor do Berlage Institute, em Roterdã (2000-05). Desde 2012, está à frente da Faculdade de

Arquitetura da Universidade de Princeton. Como teórico e pensador da arquitetura, é reconhecido por sua capacidade aguçada de identificar como questões políticas e sociais se traduzem no discurso arquitetônico. Publicou ensaios e entrevistas em prestigiosos periódicos do meio: além da *El Croquis* – da qual foi colaborador frequente desde muito jovem, começando aos 23 anos, seguindo assim até 2000 –, destacam-se *Quaderns*, *A+U*, *Arch+*, *Log*, AD e *Harvard Design Magazine*. Sua produção textual foi em boa parte reunida no livro *The Sniper's Log: Architectural Chronicles of Generation-X* (Actar, 2013).

MARTIN CORULLON nasceu em Rosário, Argentina, em 1973, e mudou-se com a família um ano depois para São Paulo, onde vive até hoje. Formou-se pela Faculdade de Arquitetura e Urbanismo da Universidade de São Paulo, com mestrado na mesma instituição. Desde 1994 tem colaborado frequentemente com o arquiteto Paulo Mendes da Rocha, e entre 2008 e 2009 trabalhou no escritório Foster + Partners, em Londres. Em 2000, fundou o Metro Arquitetos Associados, escritório de arquitetura que atua em projetos em diferentes escalas, de instalações temporárias a intervenções urbanas, e que possui forte presença na cidade de São Paulo e no Brasil, com reconhecimento internacional.

A editora e o organizador agradecem à revista El Croquis *pela cessão das entrevistas contidas neste volume.*

COORDENAÇÃO EDITORIAL Miguel Del Castillo
PREPARAÇÃO Maria Fernanda Alvares
REVISÃO Francesco Perrota-Bosch, Gabrielly Silva
PROJETO GRÁFICO Paulo André Chagas
TRATAMENTO DE IMAGEM Wagner Fernandes
PRODUÇÃO GRÁFICA Aline Valli

Nesta edição, respeitou-se o novo Acordo Ortográfico da Língua Portuguesa.

Dados internacionais de catalogação na Publicação (CIP)

Zaera-Polo, Alejandro [1963-]
Arquitetura em diálogo: Alejandro Zaera-Polo
Tradução: Cristina Fino e Cid Knipel
Apresentação e organização: Martin Corullon
São Paulo: Cosac Naify, 2015
352 pp., 126 ils.

ISBN 978-85-405-0765-4

1. Arquitetura 2. Arquitetos: entrevistas I. Fino, Cristina II. Knipel, Cid. III. Corullon, Martin. IV. Título

CDD-720

Índices para catálogo sistemático: 1. Arquitetura: 720

COSAC NAIFY
rua General Jardim, 770, 2º andar
01223-010 São Paulo SP
cosacnaify.com.br [11] 3218 1444
atendimento ao professor [11] 3823 6560
professor@cosacnaify.com.br

FONTE Brown, Celeste
PAPEL Yu Long Pure 80 g/m²
IMPRESSÃO OGI, China